农户创业与金融服务创新的协同机理及有效性测度

Synergetic Mechanism and Validity Measurement of
Farmer Entrepreneurship and Financial Services Innovation

张梓榆◎著

经济管理出版社
ECONOMY & MANAGEMENT PUBLISHING HOUSE

图书在版编目（CIP）数据

农户创业与金融服务创新的协同机理及有效性测度 / 张梓榆著. -- 北京：经济管理出版社，2025. -- ISBN 978-7-5243-0302-2

Ⅰ. F832.35

中国国家版本馆 CIP 数据核字第 2025SH0460 号

组稿编辑：赵亚荣
责任编辑：赵亚荣
责任印制：许　艳
责任校对：陈　颖

出版发行：经济管理出版社
　　　　　（北京市海淀区北蜂窝 8 号中雅大厦 A 座 11 层　100038）
网　　址：www.E-mp.com.cn
电　　话：(010) 51915602
印　　刷：北京晨旭印刷厂
经　　销：新华书店
开　　本：720mm×1000mm/16
印　　张：14.25
字　　数：261 千字
版　　次：2025 年 7 月第 1 版　　2025 年 7 月第 1 次印刷
书　　号：ISBN 978-7-5243-0302-2
定　　价：78.00 元

·版权所有　翻印必究·

凡购本社图书，如有印装错误，由本社发行部负责调换。
联系地址：北京市海淀区北蜂窝 8 号中雅大厦 11 层
电话：(010) 68022974　　邮编：100038

前　言

　　改革开放以来，我国农户创业主要是沿着两条路径进行：一条是在相对较高的非农工资水平诱导下，进城非农就业进而从事非农创业；另一条是在土地经营规模效应诱导下，通过土地、劳动力、资本、技术等要素重组开展农业创业，扩大农业生产。对于两类创业农户而言，都面临着生产方式由劳动密集型向资本密集型转换的过程，因此在短期内会产生大量的资金缺口，金融服务需求旺盛。在传统金融无法有效满足创业农户需求的情况下，对金融服务创新的需求则会被激发出来。当然，如果一味强调金融服务供给，而忽视创业农户与金融机构共同成长与互动的良性循环，则无法保障供给的可持续性。综上所述，要实现农户创业与金融服务的可持续发展，则必须要保障两者的成长能够有效地促进彼此的发展。为此，研究农户创业与金融服务创新协同无论是在夯实农户经济金融能力、促进金融服务创新方面，还是在推动供给侧结构性改革、实现乡村振兴方面，都具有重要的理论意义和实践意义。

　　本书遵循"理论借鉴—框架构建—现状分析—实证检验—政策建议"的逻辑思路，首先，在充分借鉴相关经典理论的基础上，对农户创业、金融服务创新、协同三大核心概念进行界定，构建起本书研究的概念框架，并在此基础上通过均衡分析构建本书的理论框架；其次，采用描述性统计方法，对农户创业与金融服务创新协同的演进历程与趋势进行分析，厘清两者协同的历史变迁和发展方向；再次，采用倾向得分匹配法对农户创业与金融服务创新的相互因果关系进行检验，判断两者协同性，并综合运用工具变量法、工具变量分位数法、数据包络分析法从供求两端对金融服务创新和农户创业协同的绩效进行评价，进一步地检验两者协同的有效性；最后，根据研究结论，结合中国现实国情，从夯实农户经济金融能力、加强金融服务创新、促进两者有效协同三个维度出发，提出促进农户创业与金融创新有效协同的政策建议。

与已有研究相比，本书可能的创新点主要体现在以下三个方面：

（1）基于协同视角，初步探索农户创业与金融服务创新的关系。从研究视角来看，既有研究往往单一地分析金融服务创新对于农户创业的影响或者农户创业对于金融服务创新的影响，未能基于协同视角，对两者的协同机理及有效性进行研究。本书基于农民经营特征变迁、盈利能力增强以及国家调整农业农村发展战略的双重背景，以金融服务合约达成的局部均衡条件为突破口，尝试构建了一个农户创业与金融服务创新协同的分析框架，并利用大量数据资料对两者协同的有效性进行了统计分析，对后续研究具有一定的参考价值。

（2）尝试构建了农户创业绩效与金融服务创新的指标体系，为协同有效性评价提供了一定的参考。从研究内容来看，本书基于微观调查数据，有机结合中国农户创业发展与金融服务创新的实际，在对农户创业、金融服务创新进行概念界定基础上，选择了创业收入、总收入、创业利润作为农户创业绩效的评价指标，选择了是否获得金融创新服务、金融创新服务获得数量、金融创新服务占比作为金融服务创新的评价指标，初步为两者协同有效性测度奠定了统计基础。

（3）综合运用多种统计分析方法，对农户创业与金融服务创新协同的有效性进行检验，并基于发现的问题提出针对性政策建议。从研究方法来看，本书利用倾向得分匹配法，实证检验了农户创业与金融服务创新之间的相互因果关系；利用工具变量法、工具变量分位数法从需求视角对农户创业与金融服务创新协同进行了绩效评价；运用数据包络法从供给视角对农户创业与金融服务创新协同进行了绩效评价，并在全面地透视农户创业与金融服务创新协同的有效性的基础上，提出了具有针对性的政策建议。

本书的主要研究结论如下：

（1）从理论上而言，在农户经营绩效提升与国家调整农业农村发展战略双重背景下，创业农户与金融机构之间有望达成均衡，实现协同发展。传统农业弱质性、农户缺乏有效抵押物是金融服务合约均衡条件难以形成的主要原因，制约了农户创业与金融服务之间形成有效协同。随着农户创业提升经营绩效，以及国家调整农业农村发展战略、强调金融机构"三农"投入，农户创业与金融服务创新将有望达成均衡，形成有效协同。

（2）改革重心从农村向城市转移导致农户创业与金融服务创新无法形成协同；进入新时期，两者的协同开始初步形成。改革开放以后，重心迅速向城市转移，金融市场化改革则进一步诱导金融机构"非农化"，农户创业与金融服务创新之间难以形成有效协同。2004 年至今，创业农户盈利能力显著提升，国家强调对"三农"的金融投入，两者之间已经形成初步协同，但有待进一步深化。

（3）农户创业与金融服务创新在一定程度上实现了协同，但有待提高；未来应加大金融服务创新对创业农户的支持力度，并改进支持方式。从实证结果来看，农户创业在一定程度上对金融服务创新的发展起到了促进作用，同时，金融服务创新也在一定程度上对农户创业绩效发挥了促进作用，两者已经形成了较好的协同，但有待进一步深化。今后应加大金融服务创新对农户的支持力度，并改善支持方式。

（4）从需求视角来看，金融服务创新对农户创业绩效具有较好的提升作用，但仍待进一步加强。金融服务创新可以帮助创业农户迅速实现规模扩张，提升其创业收入和总收入，但是未能显著提升创业利润，这可能与投资的时滞效应等因素有关。同时，金融服务创新对于创业农户绩效的提升作用还存在地域差异、农户内部差异等分层差异。

（5）从供给视角来看，机构金融服务创新业务静态绩效较差，动态绩效呈上升趋势，但上升幅度较小。静态分析结果显示，机构金融服务创新业务绩效属于偏低水平，亟待改善。动态分析结果显示，机构金融服务创新业务绩效呈现上升趋势，但提升幅度并不大。同时，金融服务创新业务也存在机构类型差异、国有和地方差异等分层差异。

结合研究结论，本书提出如下政策建议：

（1）依托国家战略，不断夯实农户经济金融能力。将新型城镇化战略与乡村振兴战略有机结合，进一步加快农民"非农化"与农业去"过密化"，鼓励农民进行非农创业和农业创业；加快构建培育创业农户的政策体系，完善适度规模经营的顶层设计；将发展多种形式规模经营与延伸农业产业链有机结合起来，构建现代农业产业体系、生产体系、经营体系。

（2）加大金融服务创新力度，构建完善的金融服务体系。深化农村产权资产交易制度改革，加快农村产权资产交易市场建设，破解当前金融服务创新存在的"交易难"、抵押物"处置难"等问题；合理处理金融服务创新各执行机构之间的关系，在完善当前"两权"抵押为主的金融服务创新的基础上，进一步推动农业保险、农产品期货、农业产业链融资等其他金融服务创新的发展，构建完善的金融服务创新体系。

（3）多措并举，促进农户创业与金融服务创新有效协同。通过创业农户信用体系建设、财务制度构建、金融能力提升规范创业农户的发展；加快农村资产产权确权、登记、颁证，探索农村产权资产还权赋能；实现创业农户、金融机构与技术供给服务的协调配合，建立创业农户、金融机构与行政部门的信息共享机制；加快农村金融立法，建立促进两者协同的制度体系。

目 录

第1章 绪论

1.1 研究背景与问题的提出

1.1.1 研究背景

改革开放以来，随着我国工业化、城镇化进程加速推进，加之城乡二元户籍制度的松动，城市经济逐渐具备了较强的农业劳动力吸纳能力，全国统一的劳动力市场开始形成，原本被固定在土地上的农业劳动力开始大量向城市转移（贺雪峰和董磊明，2009），农民逐渐"非农化"。同时，随着农业劳动力的持续转移，农民人均耕地面积开始逐渐增大，农业开始去"过密化"，我国人多地少的基本国情开始逐步缓解。

从统计数据来看[①]，我国总人口从 1978 年的 96259 万增长到 2015 年的 137462 万，增幅达 42.80%；城镇人口从 1978 年的 17245 万增长到 2015 年的 77116 万，增幅高达 347.18%，城镇化率也从 1978 年的 17.92%增长到 2015 年的 56.10%；同时，非农产业占 GDP 的比例从 1978 年的 72.06%上升到 2015 年的 91.17%；而农村人口则从 1978 年的 79014 万下降到 2015 年的 60346 万，降幅为 23.63%；第一产业就业人员从 1978 年的 28318 万降低到 2015 年的 21919 万，虽

---

① 总人口、城镇人口、农村人口、就业人口数据，1981 年及以前数据为户籍统计数，1982 年、1990 年和 2000 年数据为人口普查数据，1987 年、1995 年和 2005 年数据根据全国 1%人口抽样调查数据推算，其余年份数据为人口变动情况抽样调查推算数。1982~1989 年和 1990~1999 年数据分别根据 1990 年和 2000 年人口普查数据进行了调整。

然总量下降幅度为 22.60%，但是第一产业就业人员占总就业人员的比例从 1978 年的 70.53%下降到 2015 年的 28.30%，下降幅度高达 42.23 个百分点（见图 1.1）。综上所述，我国城镇人口和城镇化率自改革开放以来出现了大幅增长，非农产业对经济增长的贡献迅速扩大，对农村剩余劳动力的吸引逐渐增强，人口"非农化"趋势已经十分明显，农业去"过密化"的趋势已经较为明显。

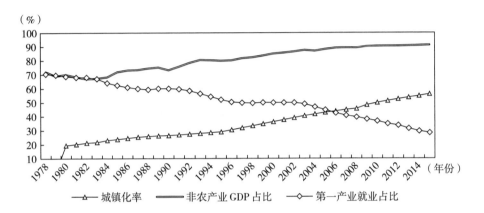

图 1.1　1978～2015 年我国城镇化率、非农产业 GDP 占比与第一产业就业占比

同时，从收入情况来看，我国农村居民的人均收入从 1978 年的 133.57 元增长到 2015 年的 11422 元，收入增长高达 11288.43 元，在剔除物价因素影响之后，增幅仍有 10 倍之多。工资性收入从 1983 年的 57.53 元增长到 2015 年的 4600 元，在剔除物价因素影响之后，增幅高达近 20 倍，工资性收入占总收入的比例则从 1983 年的 18.57%增长到 2015 年的 40.27%。经营性收入从 1983 年的 227.68 元增长到 2015 年的 4504 元，在剔除物价因素影响之后，增幅达近 3 倍，经营性收入占总收入的比例则从 1978 年的 73.50%下降到 2015 年的 39.43%。财产性和转移性收入从 1978 年的 9.52 元增长到 2015 年的 2318 元，其占总收入的比例从 1978 年的 7.13%上升到 2015 年的 20.29%①（见图 1.2）。从上述数据可

---

　　①　需要指出的是，在 1983 年我国农户人均经营性收入产生了突变，从 1982 年的 142.85 元陡然下降到 57.53 元，工资性收入占比从 52.89%下降到 18.57%。其原因在于，我国在改革开放以前实行的是人民公社制度，农村劳动力通过赚取工分来获得劳动报酬，这一收入之前被统计为工资性收入，而实际上这是一种经营性收入。20 世纪 80 年代初期，家庭联产承包责任制在全国实行，工分制被逐步取消，其后的工资性收入为农民通过就业获得的报酬，是真正意义上的工资性收入。因此，本书在对工资性收入进行比较的时候采用了 1983～2015 年这个区间。

以看出，虽然农村居民工资性收入和经营性收入在总量上均实现了迅猛增长，但是从两类收入占总收入的比例来看，工资性收入和经营性收入则呈现出了完全不同的趋势。随着我国工业化和城镇化的不断推进，农民"非农化"趋势愈加明显，农业经营已经不再是大多数农户的主业，经营性收入占总收入的比例呈现出了逐年递减的趋势。同时，随着非农就业的稳步提升，工资性收入对农村居民的作用也愈加重要，其占总收入的比例也呈现出逐年上升的势头。截至 2015 年，工资性收入占总收入的比例已经超过经营性收入占总收入的比例，成为农村居民第一大收入来源。同时，随着国家对"三农"问题的高度重视，宏观经济对农业采取"多予少取"的政策导向已经形成，财产性和转移性收入的总量也不断增加，其占总收入的比例也稳步提升，非农收入占农村居民总收入的比例正呈现出日益扩大的趋势。因此，从收入结构来看，农民"非农化"的趋势同样十分明显，这也进一步促进了农业去"过密化"。

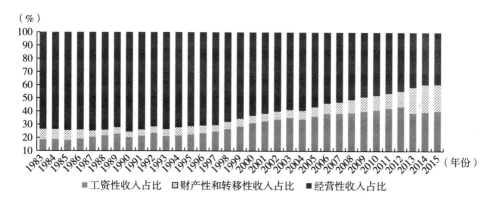

图 1.2　1978~2015 年我国农村居民收入结构变化情况

随着农民"非农化"与农业去"过密化"的推进，部分农户在相对较高的非农产业工资水平诱导下，进城非农就业进而从事非农创业；部分农户则在土地经营的规模效应诱导下，通过土地、劳动力、资本、技术等要素重组从事农业创业。据第三次全国农业普查主要数据公报统计，全国种养大户数量从 2012 年的250 万户上升至 2016 年的 398 万户，其中全国经营面积在 50 亩以上的专业大户达到 356.6 万户。截至 2016 年底，全国已有各类家庭农场 87.7 万家，其中，经农业部门认定的达到 41.4 万家，平均每家种植业家庭农场经营耕地 170 多亩。① 此外，虽然目前我国没有针对从事工商业经营农户的专门统计，但从改革开放以来我国城镇化率的变化来看，农民脱离农业从事工商业经营的趋势非常明显，相比农户经营的规模化与专业化，农户"非农化"经营群体无疑更加庞大。对于从事农业创业的农户而言，规模化、专业化的经营模式导致其在大量转入土地之后，势必会采取劳动力替代的资本密集型生产方式，其资本劳动比相对于传统生产方式会出现大幅提升，因此会产生旺盛的金融服务需求；对于从事非农创业的农户而言，他们从土地和劳动密集型的农业转化为资本密集型的工商业，资本对于土地和劳动力的替代必然需要大量增加资本要素的投入力度，从而产生强烈的金融服务需求。综上所述，无论是从事非农创业还是从事农业创业的农户，都面临着生产方式由原来的劳动密集型向资本密集型转换，在短期内会产生大量的资金缺口，对金融服务有着旺盛的需求。在传统金融服务无法有效满足他们金融需求的情况下，对于金融服务创新的需求则会被激发出来。

国家高度重视"三农"问题，一直强调发挥金融对于农业经济增长和农民增收的催化剂作用。从 2004 年开始，连续 14 年的中央"一号文件"都提出要促进金融发展，加快金融体制机制创新，推动金融资源向"三农"倾斜，支持农村经济。除了在宏观层面上给予指导，国家还高度重视从技术层面上对涉农金融服务进行规范。2007 年，为全面、完整、系统地反映金融机构涉农贷款发放情况，为国家制定政策及推进社会主义新农村建设提供信息支持，中国人民银行和中国银行业监督管理委员会（简称"银监会"，已于 2018 年撤销）联合印发了《涉农贷款专项统计制度》以及《涉农贷款专项统计制度》补充说明，希望从统计角度对涉农金融服务进行规范，以便对我国当前的金融服务现状有更加科学的认识和判断。此外，为解决长期困扰我国金融发展的抵押难问题，唤醒农村沉睡资产，2013 年，中国银监会和国家林业局（现国家林业和草原局）联合印发了《关于林权抵押贷款的实施意见》，要求银行业金融机构积极开展林权贷款。2015年，为进一步深化金融改革创新，国务院印发《关于开展农村承包土地的经营权和农民住房财产权抵押贷款试点的指导意见》，要求按照所有权、承包权、经营权三权分置和经营权流转有关要求，以落实农村土地的用益物权、赋予农民更多财产权利为出发点，深化金融改革创新，稳妥有序开展"两权"抵押贷款业务，

---

① https：//www.gov.cn/xinwen/2017-12/14/content_5246817.htm.

有效盘活农村资源、资金、资产，增加农业生产中长期和规模化经营的资金投入，为稳步推进农村土地制度改革提供经验和模式，促进农民增收致富和农业现代化加快发展。2018 年，以乡村振兴为主题的中央"一号文件"明确指出"坚持金融改革发展的正确方向，健全适合农业农村特点的金融体系，推动金融机构回归本源，要强化金融服务方式创新，更好满足乡村振兴多样化金融需求"，以期望通过金融供给侧结构性改革来促进农业经济、创业农户的发展。具体而言，本书的研究背景集中体现在以下四个方面：

（1）社会基本矛盾发生变化，国家提出乡村振兴战略。党的十九大报告提出"我国社会的主要矛盾已经转化为人民对美好生活的需要和不平衡不充分的发展之间的矛盾"。在我国社会的主要矛盾发生变化的背景下，国家的经济工作应当在继续推动发展的基础上，着力解决好发展不平衡不充分的问题，大力提升发展质量和效益。对于我国而言，最大的不平衡就是城乡之间的不平衡，最大的不充分就是农村发展不充分。为此，党的十九大报告中提出要实施乡村振兴战略，指出农业农村农民问题是关系国计民生的根本性问题，必须要始终把解决好"三农"问题作为全党工作的重中之重。从党的十九大报告中可以看出，产业兴旺是乡村振兴的重要基础。农业产业兴旺要坚持农业供给侧结构性改革的主线，为此，应鼓励农户创新创业，通过生产、经营方式的重组和创新，提高农业的全要素生产率，并以此为基础构建现代农业产业体系、生产体系、经营体系。生活富裕是乡村振兴的重要目标，在富裕农民中培育和发展一批规范经营、有较强引领能力的创业农户，推进农民创业创新，支持有梦想、有意愿、有能力的农民在现代农业和新农村建设中施展才能，发展现代农业产业，在充分实现个人价值的同时，带动更多的农民就近就业增收，有利于实现创新支持创业、创业带动就业的良性互动，保障农业可持续发展。综上所述，鼓励农户创新创业，提高农业生产率，实现农民增收和农业产业发展，进而实现乡村振兴是我国未来一段时间需要完成的紧迫任务。

（2）城乡一体化建设亟待加速。中华人民共和国成立初期，在"城市优先"的战略导向下，农业、农村和农民只能成为经济资源和经济剩余的源头，"三农"被迫服从于国家的整体经济发展战略，成为在国家强有力控制下，不断向工业和城市传输经济资源与剩余的管道（林毅夫等，1994；温涛等，2005），造成了我国经济典型的二元结构特征。当前，虽然我国已经进入中等收入水平国家行列，但是我国城乡收入差距仍然高居不下，这不仅影响着亿万农民享受改革红利，也不利于社会主义的公平与正义，威胁着社会的稳定。2002年11月，党的十六大根据全面开创中国特色社会主义事业新局面的要求，确定了全面建设小康社会的奋斗目标，指出：要在21世纪头20年，集中力量，全面建设惠及十几亿人口的更高水平的小康社会，使经济更加发展、民主更加健全、科教更加进步、文化更加繁荣、社会更加和谐、人民生活更加殷实。2017年10月，习近平同志在党的十九大报告中指出，从现在到2020年，是全面建成小康社会决胜期。为了实现全面小康，则必须解决城乡发展不均衡的问题，早日实现城乡一体化。为此，除了要引导"工业反哺农业，城市支持农村"，还需要鼓励农村的自我发展，进而实现乡村振兴的双重驱动。为了实现上述目标，则必然需要在农村培养出一大批"懂农业、爱农村、爱农民"的农业经营主体，进而推动农业农村的可持续发展。

（3）农业供给侧结构性改革，稳步推进培育农业发展新动能成为当务之急。当前，我国经济发展步入"新常态"，农业、农村内外部都发生了重大变化，"三农"发展迈入关键节点，农业资源约束日渐趋紧，要素驱动力逐渐减弱，生产成本不断上升，传统农业发展方式进入瓶颈，农业领域亟待转型升级，农业供给侧结构性改革势在必行。有鉴于上述诸多形势的变化，国家在近年来的中央"一号文件"中都提到，鼓励农户创新创业，健全农村创业创新机制。农户创业一方面通过在农业生产、经营等方面应用先进科学技术及组织方式，实现从生产规模小、科技含量低的"小农"生产向规模化、专业化的创业农户生产转变，进而加快农业领域的创新驱动，催生我国农业的又一次革命；另一方面通过农民经营领域由农业向非农产业转变，促进农业过剩劳动力由农村向城市转移，推动我国的城镇化进程，进而间接地促进城乡一体化。因此，要推动农户创业、转变农业发展方式，促进农业领域大众创业、万众创新，进而可以培育我国农业发展的新动能，实现我国农业发展动能的转换，保障农业可持续发展。随着"大众创业、万众创新"的不断推进，农户创业创新的土地、劳动力、资本等要素环境都得到了进一步改善，接下来的一段时间，进一步推动农户创业创新，推动我国农业发展动能走出传统模式的桎梏，必将成为我国"三农"工作的重点。

（4）金融机构加大"三农"投入，但服务有效性和精准性还有待提高。当前，中国经济进入高质量发展阶段，为确保农村经济和农民收入可持续增长，必须加快发展金融，改善农贷市场供求关系，充分发挥金融对农业经济增长的催化剂功能。2014~2017年的"中央一号"文件都指出：强化金融机构服务"三农"

职责，推动金融资源向"三农"倾斜，创新"三农"金融服务和重点领域的信贷投放，确保"三农"贷款投放持续增长。据此，农贷市场进行了加快金融体系建设、创新服务供给以及推进农村利率市场化等一系列改革。我国涉农贷款从2007年的6.11万亿元增加到2016年的28.23万亿元，增幅达362.03%，年均增长率高达18.8%，远远超过同期GDP增速；涉农贷款占各项贷款比例从2007年的22%提高到2014年的26.5%，提高了4.5个百分点，考虑到这一期间我国各项贷款的增速，这一增长仍然是非常可观的。我们进一步对涉农贷款进行细分，农村贷款从2007年的5.04万亿元增加到2016年的23万亿元，增幅达356.34%，年均增长率高达18.7%；农业贷款从2007年的15.06万亿元增加到2016年的36.63万亿元，增幅达143.23%，年均增长率高达10.7%；农户贷款从2007年的1.34万亿元增加到2016年的7.06万亿元，增幅达426.86%，年均增长率高达20.4%。由此可见，在国家对金融体系建设的高度重视下，涉农贷款规模出现了大幅增加，网点覆盖面得到进一步扩大。然而，宏观水平上的集聚容易让人产生农贷市场效率改进的错觉，就更能反映农贷市场真实运行状况的农户贷款与农业贷款而言，农户贷款仅从2009年的1.34万亿元增加到2016年的7.08万亿元，占各项贷款比例从4.81%增加到6.57%，仅增加1.76个百分点，农业贷款则从2007年的1.51万亿元增加到2016年的3.66万亿元，占各项贷款比例反而从5.41%下降到3.44%，下降1.97个百分点，两类贷款占各项贷款比例均远远低于第一产业的GDP占比（9.17%）。[①] 由此可见，各级政府高度重视的涉农贷款为主的金融资源对农民收入增长和农业现代化发展而言，存在明显的粗放供给、无效供给状态。非农工资的持续上升加速我国农业劳动力向非农领域转移，推动部分农户从事非农创业；农业逐渐去"过密化"则催生了规模化和专业化生产的创业农户迅速崛起，逐步由同质性的"小农"演进为异质性的家庭农场、专业大户等创业农户。因此，农户家庭经营特征分化，创业农户的兴起，也客观上催生了具有更强针对性和差异化的金融产品和金融服务创新供给。

1.1.2 研究问题的提出

金融是现代经济的核心，无论是在相对较高的非农产业工资水平诱导下，进城非农就业进而从事工商业创业的非农型创业农户，还是在土地经营的规模效应

---

① 数据来源于《中国农村金融服务报告（2016）》。

诱导下，通过土地、劳动力、资本、技术等要素重组从事农业创业的农业型创业农户，资本替代劳动力的生产方式都要求他们投入大量的资金，在自身储蓄不足的情况下，他们需要借助于金融机构，通过获得融资来缓解自身的资金约束，从事创业或维持创业的可持续性。一般而言，农户拥有良好的盈利能力以及符合金融机构要求的抵押物，是金融机构和农户能够达成金融服务合约的必备条件。然而，就中国的实际国情而言，我国特殊的农业经营制度与金融发展轨迹，极大地限制了农户与金融机构达成金融服务合约。

首先，从我国的农业经营制度来看，1978 年改革开放以后，我国实行了以家庭联产承包责任制为基础，统分结合的双层经营体制，这一制度创新有效地激活了农业经营主体的微观活力，在改革开放初期取得了极大的成就，粮食产量迅速增加，农民收入也大幅提升，甚至实现了"超常规增长"。但是到了 20 世纪 80 年代中后期，这一制度的弊端开始显现，细碎化、平均化的土地分配从制度层面决定了我国农业经营的"小农"模式，农业经营难以形成规模效应，农民收入在改革初期的"超常规增长"之后一度陷入停滞。同时，随着 20 世纪 80 年代中后期改革重心由农村转移到城市，以及户籍制度的松动，城乡工资水平差距诱导农村劳动力从农村转移到城市，农业经营逐渐兼业化和非农化，农业经营盈利能力的不足在很大程度上制约了金融机构向农户提供金融服务。同时，从农业资产的产权结构来看，我国农村产权资产的权属一直属于不明晰状态。以农户最主要的两类资产——农村土地和农村住房为例，农村土地的承包经营权①属于农民，但是所有权属于村集体，农村住房的财产权属于农民，但是宅基地所有权属于村集体，这也导致了我国农村产权资产在所有权和使用权上分离的格局，极大地制约了它们的金融价值。在最主要的两项资产均不具有金融价值的情况下，农户难以向金融机构提供符合条件的抵押物。

其次，从我国金融发展的演变路径而言，1949 年新中国成立后，在"城市化、工业化"的发展战略导向下，农业、农村和农民只能成为经济资源和经济剩余的源头，使我国的金融制度从建立之初就内生于国家的发展战略，而并没有内

---

① 1983 年 1 月中共中央发布的《当前农村经济政策的若干问题》正式确立了家庭联产承包责任制，之后，中国的农村土地制度改革实现了所有权和承包经营权"两权分离"，其中所有权归村集体所有，而承包经营权归农民所有。此后，我国的土地制度一直在此框架下运行。直到 2016 年 10 月，中共中央办公厅、国务院办公厅印发了《关于完善农村土地所有权承包权经营权分置办法的意见》，将土地承包经营权分为承包权和经营权，实行所有权、承包权、经营权分置并行，实现了从"两权分离"到"三权分置"的历史性跨越。

生于经济结构，金融结构的二元特征明显。而农村作为经济发展落后的部门，在"城市优先"的发展路径选择下，其发展长期被金融部门所忽视。改革开放后，金融机构的金融功能逐渐恢复，但是由于"小农"经济难以支撑正规金融机构的存在，以及 20 世纪 80 年代中后期改革重心向城市转移，金融并没有有效地支持"三农"的发展，甚至一度成为市场化条件下由农村向城市输送资金的渠道（周振等，2015）。

进入 21 世纪，随着我国的工业化进入后期，农民"非农化"以及农业去"过密化"的进程日趋加快，两类创业农户开始摆脱传统农业的小规模、细碎化经营，盈利能力开始大幅提升，同时经营风险逐渐下降。另外，随着城乡不均衡发展的社会矛盾日益凸显，国家加大金融机构的"三农"贷款投放力度，明确指出加大金融对农户创新创业的支持力度，并以农村产权资产抵押改革为核心，加快金融服务创新，以适应当前农户创新创业的金融需求。因此，无论从金融服务合约的供给方还是需求方来看，都发生了显著的变化：一方面，金融服务的需求方的盈利能力、担保能力得到了大幅提升；另一方面，金融服务的供给方加大了对"三农"的投入力度。那么，在这样的宏观和微观背景下，我国农户创业与金融服务创新是否实现了有效协同呢？同时，由于农户创业在我国方兴未艾，尚处于发展初期，因此无论是理论研究还是实证研究，国内的研究量都明显不足。农户创业与金融服务创新协同的核心概念如何界定？两者协同的理论框架如何构建？两者协同的有效性应当如何测度？下一步，金融机构如何围绕创业农户自身成长与演变的特殊性进行有针对性的金融服务创新？创业农户又应该如何根据当前我国金融市场和金融机构的发展特征对自身进行有效调整？以上这些问题都没有得到解决。然而，构建农户创业与金融服务创新的协同机理对于转变农业发展方式，推动农业供给侧结构性改革，构建现代农业产业体系、生产体系、经营体系，实现乡村振兴都有着至关重要的学理意义和实践价值。有鉴于此，本书将基于现代农业发展的客观要求，在借鉴既有成果基础上，围绕农户创业与金融服务创新的概念界定、理论框架构建、演进及描述性统计分析、协同性检验、供求绩效评价、政策建议等方面展开全新探索。

1.2 国内外研究述评

1.2.1 金融发展与企业创新创业

创业家是经济活动的主要引擎，也是一国创新与经济增长的基础（Cantillon，2017；Aghion 等，1998），创新经济学大师 Schumpeter（1912）提出，企业家作为创造性的破坏者，通过新技术的引用或对传统生产方法进行新的组合，创造出全新的产品或生产模式，从而实现"革命性的变化"，进而促进经济的持久、稳定增长。而金融的本质或核心就是为企业家的"创新"活动提供信贷支持，通过向创新企业家提供资金来促进技术进步，从而促进一国经济长期、可持续增长。但遗憾的是，在 Schumpeter 提出上述观点后的近 80 年的时间内，学术界均未对此观点产生足够的重视，以索洛增长模型为代表的新古典增长理论占据了经济增长理论的主流。新古典经济增长理论认为经济增长主要取决于资本的积累和外生的技术进步。但是如果资本收入反映了资本对产出的贡献，并且资本收入在总收入中所占的比例适中，那么资本积累既不能解释长期增长的大部分原因，也不能解释国家间收入差异的大部分原因。直到 20 世纪 90 年代，Romer（1990）提出了内生技术创新增长理论，他指出，质量改进的存在使高质量的新产品会替代低质量的产品，技术进步带来了"创造性破坏"。其后，King 和 Levine（1993a，1993b）利用全球 80 个国家 1960～1989 年的相关数据对金融发展水平和长期产出增长的关系进行跨国分析，研究结果发现，金融发展是通过支持企业家的创新活动而刺激长期经济增长的，从而得出了"熊彼特可能是对的"这一结论。King 和 Levine（1993a，1993b）之后又陆续发表文章，对他们的理论分析进行进一步补充，他们提出，一个运作良好的金融体系应该围绕企业家的创新活动提供系统的金融服务，主要包括以下四点：①评估并筛选最有可能成功进行"创新"活动的企业家，以保证资金流向最具生产率的领域；②筹集资金并降低筹资成本；③为创新提供风险分担机制；④揭示创新活动的潜在回报。King 和 Levine（1993a，1993b）的研究对熊彼特的"创新理论"进行了复兴，再次验证了企业家的创新精神是促进一国经济长期持续增长最可靠、最持久的源泉。而金融体系对于企业家创新的最直接的功能就在于甄别最有可能实现产品和生产过程创新的企业家，并向其提供资金来促进技术进步。

其后，众多学者沿袭 King 和 Levine（1993a，1993b）的分析脉络，围绕"金融发展与企业创新创业"做了大量研究。鲁传一和李子奈（2000）回顾了企业家理论的发展历程，给出了企业家和企业家精神的定义，分析了企业家在新古典经济理论中消失的过程和原因、当代经济增长理论和微观经济理论的新进展以及将企业家精神引入经济增长理论的可能性，并提出了将企业家精神引入经济增长理论的构想，认为企业家精神是经济增长中最关键的因素，然而现代经济增长理论中没有讨论企业家精神。庄子银（2003）在克鲁格曼的南北贸易框架下，将南方企业家的模仿活动纳入内生经济增长分析，得出了拥有较多企业家的经济会有更高的增长率的结论。李宏彬等（2009）发现，企业家创业和创新精神对经济增长有显著的正效应，进一步的稳健性分析和工具变量估计表明，这种正效应是因果性的，即企业家精神促进了经济增长。Buera（2009）认为，国家之所以发达，恰恰就在于其拥有大量从事创新活动的企业家以及支撑这些企业家发展的金融体系。金融发展可以通过缓解金融约束，降低其对企业家精神的抑制作用，促进经济增长，创造更多的就业机会，进而充分发挥企业家创新的正外部性，促进整个社会的经济增长。Rajan 和 Zingales（1998）、Laeven 和 Levine（2007）、Demirgüç-Kunt 和 Levine（2009）分别运用跨国数据进行实证分析发现，在金融发展水平更高的国家，新企业的产生率更高，这是因为运行良好的金融体系能够帮助企业家打破融资约束，并克服市场准入限制而进行创业和创新活动，进而带动就业。Beck 等（2000）、Demirgüç-Kunt 和 Levine（2009）认为，金融体系通过为企业家提供资金，支持其创新活动，提高新企业的产生率，而新企业产生率的提高势必会创造大量新的就业机会，从而缓解劳动力市场的就业压力，并使劳动力市场更有弹性。此外，金融发展通过支持企业家的创新活动不仅有利于促进企业之间的竞争，还有利于促进技术进步以及工资水平的不断提高（Buera，2009；Shin，2009；Bianchi，2012）。官兵（2008）指出，金融发展对于企业家精神的激励还需要良好的制度环境作为依托。Dabla-Norris 等（2010）则运用世界银行进行的包括 63 个国家的 14000 家企业的调查数据进行实证分析发现，金融体系支持企业家的创新活动是迅速提高一国全要素生产率的重要途径，这是因为金融通过支持企业家的创新活动能够使新技术或新工艺更快地运用于生产过程。尹宗成和李向军（2012）的研究发现，金融发展主要是通过为企业家创业提供资金支持来促进一国经济增长，但其增长效应存在地区差异；企业家精神对经济增长具有显著的促进作用，但企业家创新精神的经济增长效应远远低于企业家创业精神的经济增长效应。邵传林（2014）的研究结果表明，在金融深化改革程度越高的地区，企业家就越倾向于创业；在金融深化改革程度越高的地区，民营企业家和个体企业家就越倾向于创业；国有经济、开放程度、经济发展水平与金融深化的交互效应对企业家精神也具有显著的影响。于涛（2015）发现，金融发展和企业家精神的培养会改变博弈参与者的策略空间，从而影响产业结构的变动；同时，金融发展和企业家精神对产业结构具有正向作用。邓伟和刘萍萍（2016）发现，金融发展可以有效地促进企业家精神，缩小城乡差距。

1.2.2 金融约束与企业创业发展

金融约束与企业创业发展的理论来源仍然是金融发展与企业创新创业，因此，这部分的研究以对金融约束与企业创业发展的影响分析为主。Evans 和 Jovanovic（1989）提出了流动性约束下的创业选择模型，指出在已知自身企业家能力的基础上，企业家会根据外生的金融环境来做出创业决策。他们认为，创业决策和信贷约束函数均由企业家能力决定，并在分析过程中考虑了企业家能力和最初财富水平之间的相关性，但是他们在分析过程中不谨慎地断定企业家能力与财富水平不存在正向关系。这一致命性的缺陷使其研究结果——流动性约束限制了资本不足者的创业行为受到了后来研究的质疑。Black 和 Strahan（2002）及 Klapper、Laeven 和 Rajan（2006）的研究进一步显示，完善的信贷市场和充分的创业信贷支持将有利于促进创业的产生和企业的增长。Hurst 和 Lusardi（2004）对上述研究结论进行了重新检验，指出流动性约束与创业之间并不是简单的单调线性关系，流动性约束的放松并不一定会促进创业。这是因为财富对创业偏好的影响具有双重性：第一，财富的增加会弱化创业激励，反而是那些财富水平低的人更努力地去创业（Banerjee & Newman，1993）；第二，财富水平会影响家庭的风险和创业偏好，最高财富水平的人更愿意投入风险性很高的活动（Charles & Hurst，2003；Carroll，2001）。Schäfer 和 Talavera（2005）通过建立动态局部均衡模型，并利用 2000~2002 年的德国社会经济面板数据，对创业行为、意外收益与金融约束之间的关系进行了检验，发现意外收益会放松创业者的金融约束，当创业者获得意外收益的时候，他进行创业的倾向会增加；此外，中高收入水平人群创业的可能性大于高收入水平人群。Boháček（2006）通过建立动态一般均衡模型对金融约束与企业投资的关系进行了探讨，他指出，在存在金融约束的情况下，企业储蓄行为的最大激励是克服金融约束以及达到最优的经营规模。有鉴于此，政府旨在缓解金融约束的公共政策对于改善中小规模的创新型企业的生产效率、经营规模和资源配置有着重要的意义。Muravyev 等（2009）利用 BEEPS 数据，对创业者性别与其金融约束的关系进行了分析，发现金融机构对创业者存在着普遍的性别歧视，相比男性创业者而言，女性创业者更容易受到金融约束。此外，对获得金融支持的男性创业者和女性创业者而言，女性创业者所付出的利息往往要高于男性创业者。在对数据按国别进行区分之后，发现上述结果在金融最不发达的国家最为显著。Kerr 和 Nanda（2008）利用美国国家统计局数据对银行管制放松与企业家精神和创造性破坏之间的关系进行了研究，发现随着银行改革的进一步推行，企业家精神和企业倒闭率都呈现出了显著的增长，而在这些倒闭的企业中，大多是这些新兴企业自身。创造性破坏最为深远的影响是会带来大量的新进入者，然而成功者却是这众多新进入者中的少数。但是这些成功者都不是"事前的"，这也从侧面证明了对于运行良好的资本市场而言，准入平等是非常重要的特征之一。Buera（2009）利用动态模型对自身财富、借贷约束与创业行为的关系进行了研究，发现自身财富与创业行为存在着非线性关系，在低收入群体中，创业概率会随着自身财富的增长而上升；而在高收入群体中，创业概率则会随着自身财富的增长而下降。借贷约束会抑制创业行为，其对创业者的福利损失大约占到其终生消费的 6%。Bianchi（2012）通过建立金融约束条件下的职业选择模型，对金融发展对企业创新的影响进行了分析，发现金融约束的存在会阻碍企业的创新行为，导致劳动力需求降低，进而将部分个体挤出到低工资水平的自我雇用领域。而随着金融的发展，个人动机与职业选择将实现更好的匹配，从而提升企业效用。绝大部分研究认为，资金约束是个人实现创业转换的重要障碍。Karaivanov（2012）的研究指出，金融约束和企业家精神是影响发展中国家经济表现的关键因素，他在纯储蓄市场、有缺陷的借贷市场以及受道德风险约束的保险市场三种金融市场背景下建立职业选择模型，并通过遗传算法对上述三个模型进行了实证检验，发现金融约束对于创业行为有着极大的影响，相比纯储蓄市场，后两种市场更能促进人们的创业选择。董晓林和杨小丽（2011）指出，金融约束会显著抑制企业家的创业行为，同时阻碍中小企业的发展。Andersen 和 Nielsen（2012）将 304 家获得意外财富但受到金融约束的企业与没有受到金融约束的企业的生存情况进行了对比实验，发现受到金融约束的企业与没有受到金融约束的企业相比存活率非常低，从而证明了良好的金融市场对企业发展的重要性。Petrova（2012）将目光投向了兼职创业者，发现大量初期的创业者仍然拥有固定的工作。对于这一类群体而言，金融约束对他们的创业行为影响并不显著，行业壁垒、风险偏好以及"干中学"效应是影响他们的创业行为的主要因素。张龙耀等（2013）发现，中国城乡家庭创业活动普遍面临着现实存在的金融约束，但随着金融发展水平的提高，金融约束对城乡家庭创业活动的抑制作用逐步减弱。Lofstrom 等（2014）从行业准入壁垒的视角研究了金融约束对人们创业行为选择的影响，发现对于准入壁垒较低的行业而言，金融约束是决定人们是否创业的主要因素；而对准入壁垒较高的行业而言，他们对该行业的了解情况以及自身在该行业的发展潜力才是决定他们是否选择创业的关键。Ribas（2014）发现，流动性冲击对创业行为的影响除了有直接效应之外，还存在间接效应。直接效应通过转移支付的形式直接缓解了创业者的信贷约束，而间接效应则通过转移支付的接受者私人支付的方式将流动性冲击外溢，进而发生作用。李维安和马超（2014）及万良勇等（2015）指出，产融结合可以有效缓解企业融资约束，提升企业经营绩效。黎文靖和李茫茫（2017）则发现，虽然上市可以缓解国有企业的金融约束，但是却降低了国有企业的全要素生产率。李思慧和徐保昌（2018）指出，融资约束阻碍了企业成本加成提升，而金融市场化能够有效缓解融资约束对企业成本加成的抑制效应。

1.2.3　金融创新与农户创业

要讨论金融创新与农户创业的关系，首先需要对农户创业的特征进行分析。Macmillan（1988）立足创业过程开展研究，认为谁在创业、创业者有什么个性和心理特征并不重要，重要的是创业者是如何合理配置资源完成创业行为的。Holt（1992）从生命周期视角研究创业过程，提出了创业过程各阶段不同的活动内容与政策扶持重点。Morris（1998）研究了创业行为，提出创业者异质性的实质在于创业者资源禀赋差异的外化，具体包括技术、资本、管理等基本要素的配置状况。Singh 等（1999）从区别创业主意与创业计划出发，分析了创业机会的感知、评价过程及其要素保障。Shane 和 Venkataraman（2000）从创业机会的识别、开发和利用过程角度探究了创业过程，提出以"创业机会的识别、开发和利用"为主线的创业过程新主张。Ardichvili 等（2003）从创业机会识别与利用的影响因素角度考察了创业机会的开发、利用过程。王西玉等（2003）、罗凯

（2009）研究发现，打工经历所带来的人力资本的提升、自有财富的增加和对市场信息的了解等可以促进返乡农民工创业。韦吉飞等（2008）基于西北五省（区）的调查数据，发现创业培训、社会经历、社会背景、人力资本、资金投入等对农民创业有显著正向影响。严四蓉（2008）、陈雷（2010）的调查表明，农村创业需要资金、人才、技术和环境的支持，相应的金融支撑是一个系统工程，应包含人才、政策、资金、市场、管理等方面。程郁和罗丹（2009）发现，土地、人力资本以及当地企业数量对创业的影响发生了显著的变化；信贷约束并不会直接影响农户的创业选择，但会影响农户创业过程中的资源配置结构以及创业的层次和水平。Frijters 等（2011）发现，在劳动力市场的歧视会使农民工与其他工人存在同工不同酬的情况，这种歧视会刺激他们的创业行为，而他们的行为又会因金融约束存在一定的迟滞，他们必须通过时间长度不等的资金积累才能逐步地走上创业之路。于亢亢等（2012）研究证实，当地自然禀赋、经济发展水平、土地流转、金融支持是决定农户创业的主因。Chowdhury 和 Mukhopadhaya（2012）、Volberda 等（2012）的研究证实，市场、金融政策与制度环境的变化是推动农业经营主体规模化和社会化的主因。Panda 和 Dash（2014）通过搭建一个可行的政策框架，对发展中国家的企业家困境进行了探索，发现对企业家而言，经济环境和政策环境是企业进行创新最主要的约束条件。农户创业除了受到自身个体特征、宏观制度影响之外，还与家庭结构、社会资本有着密切的关联。高静和张应良（2013）、黄杰（2015）、徐超等（2017）、王明天等（2017）均指出，社会资本对于农户创业有着直接的影响。杨婵等（2017）指出，家庭结构对农民创业有着深刻的影响，人力残缺型家庭与社会经验型家庭在创业动机、过程与结果上都呈现出显著的差异性。关于农户创业与金融创新的关系，Draheim（1952）、Vitaliano（1983）、Hakelius（1996）、Fafchamps（1999）、Su（2002）、Mazure（2007）、Dutrénit 等（2012）基本一致认为，由于农业的弱质性、基础性以及维护粮食安全的公共性和市场失灵，根据创业农户的特征进行针对性的金融创新，从而缓解创业农户的金融约束是理所当然的。对于中国而言，由于长期的"城市化、工业化"发展战略导向造成了当前突出的城乡二元结构，因此农村无论是经济还是金融的发展程度均远远落后于城市。张杰（2003）、齐成喜等（2005）、段应碧（2007）、何广文（2009）、王曙光（2014）认为，要促进农业产业化经营，鼓励农户创业，需要从农业组织自身特点出发，加快金融服务创新。然而就现实而言，大量创业农户由于经营风险高、信息不对称、缺乏有效抵押物难以获得金融支持，国内的文献更多地聚焦于农村创业过程中的金融抑制问题。刘杰和郑风田（2011）基于对山西、甘肃、浙江三省894户农民家庭的调查，得出源于正规金融部门的流动性约束对农户是否选择创业和创业类型产生了抑制作用的结论。鉴于金融抑制普遍存在于中国农村，农户的初始投资主要来自自己的储蓄或亲戚朋友的借款，仅有不到60%的农民创业者能获得正规金融机构的资助（徐璋勇和杨贺，2014）。柳凌韵和周宏（2017）指出，金融约束抑制创业农户的投资规模，阻碍创业农户流入土地，实现规模经营。针对农户创业的"融资难""融资贵"问题，大量学者呼吁整合政策性、商业性和合作性金融资源，因地制宜地加快金融服务创新，对农户创业进行有效支持，推动创业农户实现可持续发展。郑风田和孙谨（2006）认为，要促进农民就业创业，培养创业型农民，必须科学构建农民创业融资金融服务体系。檀学文（2007）指出，政府应该以"科技特派员"为平台推动农村科技创业行动，并设置"创业基金""风险基金"等基金项目来缓解农村创业的金融约束。黄德林等（2007）认为，在单纯的金融支持以外，如何加强农户人力资本等其他资本，进而促使创业农户更加有效地利用金融资源进行创业也对农户创业有着至关重要的作用。王煜宇（2012）提出，应当通过完善新型金融机构制度体系，充分发挥其功能，进而推动农户创业发展。

此外，针对"金融服务创新对农户创业的绩效评价"这一主题，国内外学者也做了大量研究。Berman、Bound 和 Machin（1998）、Lucas（1998）、Barro（1999）分别对金融支持创业促进经济发展的作用、机制进行了分析和国际比较。Black 和 Strahan（2002）及 Klapper、Laeven 和 Rajan（2006）的研究进一步显示，完善的信贷市场和充分的创业信贷支持将有利于促进创业的产生和企业的增长。就金融支持农户创业的问题，Paulson 和 Townsend（2004）利用半参数方法对泰国农村地区和半城市化地区金融约束与创业活动的影响进行了研究，发现金融约束对于人们的创业行为影响十分明显，金融约束对创业行为的影响也存在着区域差异，指出了发展中国家农村创业获得金融支持的力度严重不足。Terjesen（2007）认为，农村创业需要资金、人才、技术和环境的支持，相应的金融支撑是一个系统工程。Turvey 和 Kong（2010）的研究则表明，中国正规的金融机构正在获得农户信任，在农村创业过程中的作用逐渐凸显。马光荣和杨恩艳（2011）使用中国农村的调查数据，对社会网络、金融约束、农户创业三者之间的关系进行了研究，发现依托血缘、地缘的非正规金融在一定程度上弥补了农村正规金融发展滞后的缺陷。江春和周宁东（2012）基于 2006~2009 年的省际面板数据，实证检验了金融发展与农村企业家创新和创业精神之间的关系，结果显示，新一轮金融市场化改革对于农村地区企业家创新精神具有显著的促进作用，但是对农村地区企业家创业精神的支持仍显不足。张三峰等（2013）指出，加快农户信用评级体系建设，设计差异化的金融服务和产品应成为未来金融政策调整的方向。Roberts（2013）对微型金融支持农户创业增收、农业技术创新及其自身可持续发展问题进行了研究。Bianchi 和 Bobba（2013）发现，收入冲击会影响农户的创业行为选择，获得项目资助的农户创业的概率将提升 25%，转移支付的预期对于创业行为选取的影响比当前的现金收入的影响更加显著。Klychova 等（2015）提出，农村信用合作社在缓解农村信贷供给、为农户提供生产性信贷资金、支持农户创业方面有着非常积极的作用。张海洋等（2015）通过农户家庭金融抽样调查所获数据，研究发现有限责任机制和道德风险机制都是制约农户融资的原因，但扩大农业生产规模的农户所受的金融约束主要来自有限责任约束。张应良等（2015）发现，处于创业初期的农户主要受需求型金融约束，处于创业发展期的农户主要受供给型金融约束。彭艳玲等（2016）指出，土地经营权抵押能够有效缓解农户创业选择的流动性约束，促进农户创业。郭云南和王春飞（2016）从新型农村合作医疗保险视角，对金融服务创新与农户创业的关系进行探究，发现新型合作医疗的推广能够有效提升农户创业的积极性。林文声等（2017）发现，以土地确权为基础的农村土地经营权抵押，能够显著提升农户的信贷可获得性，促进农户扩大投资，从事创业活动。李树和于文超（2018）利用 CLDS 数据对金融多样性与农民创业的关系进行研究，发现金融多样性能够改善农村金融环境，促进农民创新创业。

1.2.4　简要评述

国外相关研究为本书关于农户创业与金融服务创新协同的研究提供了大量的理论借鉴和逻辑起点。首先，国外对于金融发展与企业创新创业的相关研究为本书的研究主题奠定了理论和实证基础，其原因在于农户创业与金融服务创新的研究是涵盖于金融发展与企业创新创业这一大的研究框架之内的。国外研究认为，金融的发展可以有效提升整个经济体内的企业家精神，从而会促进企业家进行投资、创业，大量创新企业的兴起不仅能够有效地提升社会的全要素生产率，也能够带动就业与经济增长，进而实现经济的长期平稳发展，国外对三者的关系及其作用机理做了基础性研究,这直接影响了后续关于金融发展与农户创业的研究。关于金融发展与农户创业的关系,国外研究一致认为,基于农业的弱质性、基础性及维护粮食安全的公共性和市场失灵,对创业农户予以金融支持是理所当然的。这也为通过金融手段为农户创业进行支持,以及通过公共手段为农户创业进行补贴提供了理论基础,这一基础论断无论对于发达国家还是发展中国家而言,都具有非常强的理论意义和实践意义,也为本书的研究奠定了国际经验基础。其次,大量的实证研究也证明了金融支持对于促进农户创业、提升农业生产效率、改善农户就业等各方面都具有非常好的推动作用,这也为本书实证部分关于农户创业与金融服务创新协同有效性的检验提供了宝贵的经验证据。但是,就中国的实际国情而言,其经营制度和金融发展轨迹与国外尤其是完全的市场经济体制国家有着巨大的差异。一方面,改革开放以来,我国农村的土地经营制度为以家庭联产承包责任制为基础,统分结合的双层经营体制,这一制度设计从顶层决定了我国农业经营平均化、细碎化的"小农"模式,也造就了农地承包权、经营权与所有权三权分立的格局。另一方面,就我国金融发展的路径演变而言,由于我国长期的"城市化、工业化"发展战略导向,农业、农村和农民只能成为经济资源和经济剩余的源头,使我国的金融制度从建立之初就内生于国家的发展战略,而并没有内生于经济结构,金融结构的二元特征明显(温涛等,2005)。而农村作为经济发展落后的地区,在"城市优先"的发展路径选择下,其发展长期被金融部门所忽视。综上所述,我国农业特殊的经营制度与金融发展路径对借鉴国外经验造成了客观约束,需要基于中国国情进行进一步研究。

国内研究已经找准了农户创业的金融支持的方向和目标,创新金融服务对于促进农户创业至关重要。但由于无论是农户创业还是金融服务创新在我国均方兴未艾,尚处于发展初期,因此无论是理论研究还是实证研究,国内的研究量都明显不足。首先,从当前国内的研究来看,无论是从理论角度讨论金融服务对农户创业的支持,还是从实证角度验证金融服务对于农户创业的绩效,学者们都把研究重点集中在了金融服务如何扶持以及促进农户创业这一个方面,即绝大部分研究都聚焦于金融服务与农户之间的单向关系,这应该是当前国内研究的一大不足之处。无论是从理论层面还是从实践层面而言,农户创业与金融服务要实现协同发展,都必须实现相互促进,也就是农户创业与金融服务不仅要实现自身的发展,还应该通过自身的发展来促进对方的发展,如此一来,两者才能实现可持续发展。在协同视角下,金融机构应当如何基于当前我国农业经济的现实,围绕创业农户自身成长与演变的特殊性进行有针对性的金融服务创新，从而满足农户创业的金融需求，并通过支持农户创业实现农村经济发展，实现乡村振兴？创业农户又应该如何根据当前我国金融市场和金融机构的发展特征对自身进行有效调整，从而更加符合金融机构的服务要求，进而能够让金融机构在为农户创业提供服务的同时实现盈利或者微利的目标，保证金融服务供给的可持续性？这些问题在过往的研究中均没有得到充分的重视，这也正是本书研究的切入点。

其次，从理论层面而言，虽然有关金融发展与创业之间关系的理论大体都遵循"金融发展与企业创新创业"这一框架，国内的研究也主要是沿袭 Schumpeter（1912）、Evans 和 Jovanovic（1989）及 King 和 Levine（1993a，1993b）的分析框架，在理论上并无较大突破，然而，上述分析框架是建立在完全的市场经济国家、农户行为趋于经济理性的基础上的，与尚处于转轨阶段的中国有着较大的差异，符合中国国情的农户创业与金融服务创新协同的理论框架亟待建立。改革开放以来，我国农户经营特征不断分化，农户所处的市场环境以及农户自身的行为逻辑也随着经济转轨发生着巨大的变化。同时，无论是改革开放之前的重工业化、城市化战略导向，还是 20 世纪 80 年代改革重心向城市转移，我国的金融长期存在"非农化"倾向，对农业的支持力度长期不足。有鉴于此，农户创业与金融服务创新有效协同的理论框架需要建立在上述现实的基础之上。本书也将试图在充分考虑我国现实国情的基础之上，构建一个农户创业与金融服务创新协同的理论分析框架。

再次，从实证层面而言，由于国内目前缺乏对于农户创业与金融服务创新协同的相关研究，自然也就缺乏对于相关指标体系的构建，如何选择合理的应用模型和计量经济学方法，从实证层面对两者协同予以测度和检验在目前的研究中尚未涉及，这不仅是本书研究的难点，也为本书尝试填补这一内容的空白提供了契机，毫无疑问，这也将是本书实证研究的重点内容。为此，本书将通过文献查阅、实地调研等多种渠道，对当前农户创业与金融服务创新的实际进行充分、系统的了解，尝试采用科学合理的应用模型，构建数理指标体系，对农户创业与金融服务创新协同的有效性进行测度，以检验当前农户创业与金融服务创新协同的实际情况。

最后，经过改革开放 40 多年的不断发展，中国特色社会主义进入了新时代，针对当前农业、农村发展不平衡不充分的问题，党的十九大明确提出了乡村振兴战略，这标志着乡村振兴上升为国家战略，也预示着在未来很长一段时间内，

"三农"将是国家经济建设的重中之重。同时，随着国内外农业环境的变化，转变我国农业生产经营方式，加快推进农业供给侧结构性改革也势在必行。上述经济形势的变化由于时间节点问题，在过往的研究中往往鲜有涉及，因此其研究结论对于当前现实的借鉴意义便在一定程度上被限制。为此，本书将充分把握乡村振兴和农业供给侧结构性改革两大主线，结合自身的研究结论，提出促进农户创业、金融服务创新以及两者有效协同的政策建议。

综上所述，学术界对以上问题尚缺乏足够的重视和研究，而对这些问题的解答对于指导我国农户创业、转变农业发展方式，构建现代农业产业体系、生产体系和经营体系，推动我国农业供给侧结构性改革，实现农业现代化与乡村振兴都有着至关重要的学理意义和实践价值。有鉴于此，本书将基于现代农业发展的客观要求，在借鉴既有成果基础上，基于协同视角，围绕农户创业与金融服务创新的协同机理、演进历程与趋势分析、协同性检验、供需绩效评价等方面展开全新探索，力图为我国农户创业、金融服务创新以及两者有效协同提供可资借鉴的政策建议。

1.3 研究目标与内容

1.3.1 研究目标

本书遵循"理论借鉴—框架构建—现状分析—实证检验—政策建议"的研究思路，总体目标在于通过对农户创业与金融服务创新协同进行理论分析，尝试构建两者协同的理论框架，在此基础上，运用描述性统计分析，对农户创业与金融服务创新协同的演进历程与趋势进行梳理，进一步地，结合相关实证资料，选择合理的应用模型，综合运用多种统计分析方法，对农户创业与金融服务创新协同的有效性进行实证检验，并根据实证结果，有机联系当前国家推行乡村振兴战略、农业供给侧结构性改革的宏观背景，提出切实可行的政策建议。具体如下：

（1）构建农户创业与金融服务创新协同的理论框架。理论框架是研究的逻辑基础，因此本书的研究目标之一便是构建农户创业与金融服务创新的理论框架。本书将在综合借鉴农户理论、创业理论、金融发展理论等经典理论，以及对农户创业、金融创新、协同三大核心概念的精准界定基础之上，围绕金融服务合约达成的局部均衡条件，对理论框架进行构建，进而为后续的实证研究奠定基础。

（2）设定农户创业与金融服务创新协同有效性检验的分析模型。基于微观调查数据，运用统计学分析手段对农户创业与金融服务创新的有效性进行实证分析，是本书论证的重要组成部分。而决定实证检验结果有效性的关键则在于根据研究目的以及现有数据情况，为统计分析选取最为合理的模型，进而保证实证结果的科学性和合理性。因此，本书的目标之一则是根据实证分析的逻辑脉络，为各阶段实证研究选择合理的统计分析模型，从而保证实证分析的科学性与合理性。

（3）通过统计分析，判断农户创业与金融服务创新协同的有效性。毫无疑问，对农户创业与金融服务创新协同有效性进行实证分析是本书研究的重点，为此，本书将在两者协同的理论框架构建、演进历程与趋势分析等前期工作的基础上，开展本书的实证研究工作，通过对农户创业与金融服务创新因果关系的分析，对两者协同性进行验证。此外，本书还将分别从需求视角和供给视角对农户创业与金融服务创新协同进行绩效评价，进而更为全面地透视两者协同的有效性。

（4）基于发现的问题，提出完善我国农户创业与金融服务创新协同的政策建议。将研究成果转化为应用成果是学术研究的出发点之一，因此，本书将根据前期理论研究和实证研究的结果所反映出的弊端与不足，结合当前国家推行乡村振兴战略、农业供给侧结构性改革的宏观背景，提出对于促进我国农户创业绩效提升、金融服务创新不断发展、农户创业与金融服务创新有效协同具有现实参考意义的政策建议，以期能够对当前的农业主管部门、金融主管部门等国家行政机构提供一定的参考。

1.3.2 研究内容

农户创业与金融服务创新协同机理及有效性研究不仅具有较强的理论性，同时也是一项以充分考虑实用性为核心的应用基础研究。本书将立足于我国现实国情，高度重视理论成果的实用性、科学性，力图为以政府为政策引导主体、金融机构为支持主体、农户为创业行为主体的农户创业金融服务体系的最终建立提供切实可行的理论依据和决策思路，这也是本书研究的出发点。相应地，本书主要研究内容及其结构如图 1.3 所示。

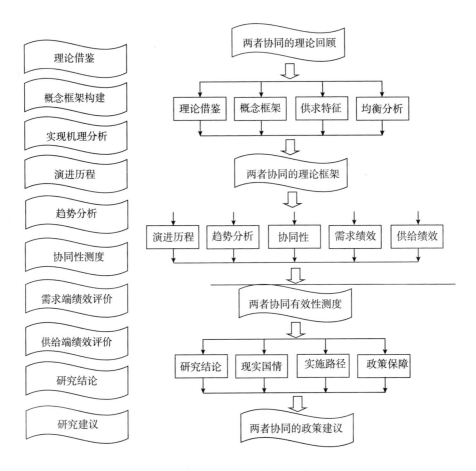

图 1.3　本书主要研究内容及框架

1.3.2.1　农户创业与金融服务创新协同研究的理论回顾

（1）理论回顾与研究动态分析。围绕农户理论、创业理论、金融发展理论，通过对国内外相关文献及发展动态的回顾、述评，跟踪最新研究进展，同时结合中国的现实国情，分析经典理论在借鉴到当前农户创业与金融服务创新的现实中时的贡献以及偏差，为研究奠定坚实的理论基础。

（2）经典理论对于本书的借鉴意义。经典理论提供了逻辑起点，但具体到本书的研究而言，更为重要的是需要提炼出经典理论对于研究的指导和借鉴意义，进而能够在尽可能汲取前人理论精华的同时又明确指出经典理论对于本书研究的借鉴意义，进而提高本书研究的理论高度。

1.3.2.2 农户创业与金融服务创新协同的理论框架

（1）构建研究的概念框架。整合国内外相关理论、政策和实践成果，依据"概念是反映客观现实本质属性的思维形式"的哲学认识，结合中国农户创业发展与金融发展的客观现实，基于两者各自"成长"与"演化"的逻辑关系，科学界定"农户创业""金融服务创新""协同"等基本概念，构建研究的概念框架，建立研究的逻辑起点。

（2）农户创业与金融服务创新协同的理论框架。围绕金融服务合约达成的局部均衡条件，在对传统农户与金融机构之间金融服务合约局部均衡条件达成的制约因素进行分析的基础上，结合农户家庭经营特征变迁、国家发展战略调整等宏观和微观背景，构建农户创业与金融服务创新协同的理论框架。

1.3.2.3 农户创业与金融服务创新协同的演进及描述性统计分析

（1）农户创业与金融服务创新协同的演进历程分析。利用描述性统计方法，回顾农户创业和金融服务创新的历史变迁，梳理农户创业及其对金融服务需求规模、结构、特征和影响因素的动态变化，考察金融供给主体对我国农户创业的金融服务品种、金融支持规模、金融服务结构以及影响因素的变迁过程，探究农户创业与金融服务创新的演进历程，进而为本书的研究奠定历史逻辑基础。

（2）农户创业与金融服务创新协同的趋势分析。根据当前农户创业及其对金融服务需求规模、结构、特征和影响因素，金融供给主体对我国农户创业的金融服务品种、金融支持规模、金融服务结构以及影响因素，结合我国未来农业的发展方向，对农户创业与金融服务创新协同的趋势进行展望。

1.3.2.4 农户创业与金融服务创新协同的有效性测度

（1）对协同有效性进行计量意义上的价值判断。基于概念框架部分对于协同的概念界定，结合数据的实际情况，确立农户创业与金融服务创新协同有效性在计量意义上的标准，进而为后续实证分析的展开提供价值判断的标准。

（2）多维度有效性指标体系的建立。基于古典生产函数模型和实际调研情况，将农户创业绩效确立为创业收入增长、总收入增长、利润提升三个维度，将金融服务创新发展确立为是否获取金融服务创新、金融服务创新获取数量、金融服务创新比值三个维度，并围绕上述维度建立起一套指标体系，为两者协同性的测度奠定基础。

（3）对协同性进行计量意义上的测度。利用倾向得分匹配方法，通过对农户创业与金融服务创新发展的因果关系检验以及金融服务创新与农户创业绩效提升的因果关系检验，对两者协同性进行实证分析。

（4）金融服务创新对创业农户、金融机构的绩效评价。利用工具变量法，从整体和分层视角，对金融服务创新对农户创业绩效的影响进行分析；利用数据包络分析法，基于古典生产函数，对金融机构金融服务创新业务的绩效进行评价，进而更为全面地透视两者协同的有效性。

1.3.2.5　农户创业与金融服务创新协同的政策建议

（1）夯实农户经济金融能力的政策建议。主要从乡村振兴战略与城镇化战略的有机融合、合理引导农户分化、发展多种形式适度规模经营以及构建现代农业产业体系、生产体系、经营体系等方面研究鼓励农户创业发展的顶层制度设计与配套制度框架体系，并由此探索农户创业实现可持续发展的长效机制。

（2）加强金融服务创新的政策建议。主要从加快各类型金融机构创新、深化农村产权资产抵押贷款创新、完善农业担保制度、加强金融基础设施建设等方面研究加强金融服务创新的顶层制度设计与配套制度框架体系，并由此探索金融服务创新实现可持续发展的长效机制。

（3）农户创业与金融服务创新协同的政策建议。主要从充分发挥财政的中介作用、规范创业农户的发展、加快农村产权资产制度改革、多部门配合等方面研究实现农户创业与金融服务创新有效协同的顶层制度设计与配套制度框架体系，并由此探索两者实现协同发展的长效机制。

1.4　研究思路与方法

1.4.1　研究思路

本书遵循"理论借鉴—框架构建—现状分析—实证检验—政策建议"的逻辑思路。其中，理论研究是本书的逻辑起点与核心，实证研究是确保理论科学应用的关键环节，政策建议则是本书研究的归宿，具体的技术路线如图1.4所示。本书首先广泛挖掘和科学吸收、借鉴已有理论资源，以找出研究的逻辑起点；在充分认识中国农业经营体系与金融发展关系特殊性的基础上，将农户创业与金融服务创新协同置于整个宏观经济背景之中，联系客观现实深入剖析基本概念；在充分认识两者协同理论内涵的基础上，揭示其实现机理和内在要求，并由此构建本书研究的理论框架；在此基础上，通过对农户创业与金融服务创新协同的演进历程及描述性统计分析，厘清两者有效协同的历史变迁和发展方向；通过对农户创业与金融服务创新相互因果关系的检验，以及金融服务创新对供求两端绩效的影响的研究，全方位地检验两者协同的有效性；最后，根据本书的理论和实证分析结果，围绕当前加快推进农业供给侧结构性改革，进一步增强农村发展活力，并最终实现乡村振兴的目标导向，提出具有针对性和参考性的政策建议。

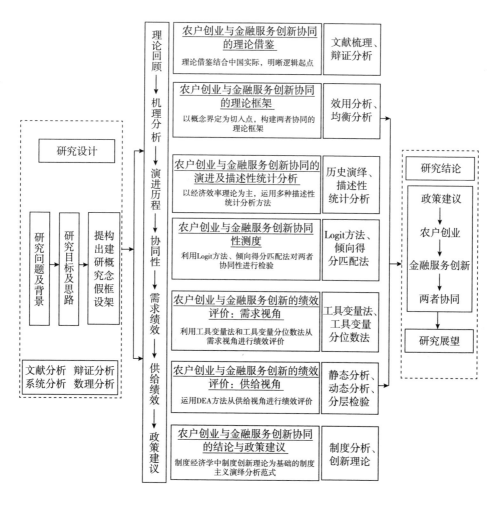

图 1.4　研究的技术路线

1.4.2 研究方法

本书将进一步运用文献分析、均衡分析、统计调查、计量分析、系统分析等手段，深入探索两者协同的概念界定、理论框架构建、演进历程、协同性测度、绩效评价，最后依据两者协同的目标与要求，以构建现代农业产业体系、生产体系、经营体系，进一步增强农村发展活力，实现乡村振兴为目标导向，设计夯实农户经济金融能力、金融服务创新的组织体系、市场体系及风险分担机制，从可持续发展视角构建农户创业与金融服务创新的战略协同框架，为协调推进我国乡村振兴战略中的农户创业发展与金融自身可持续发展提供全新的理论思路和战略管理指导，并针对性提出保障其有效实施的制度创新与政策建议。具体研究方法如下：

（1）构建农户创业与金融服务创新协同研究的概念框架，主要运用文献分析、辩证分析、系统分析方法。本部分将在理论回顾与文献分析的基础上，以新古典经济学的理论和分析范式为起点，遵循唯物辩证法的基本原理，从运动的、历史的、系统的和辩证的角度认识和把握其概念内涵，并依据"概念是反映客观现实本质属性的思维形式"这一哲学命题，以及"概念在其展开的过程中就表现为理论，对术语的不断加细的定义过程就是概念的展开过程"的思想，再从基本要素之间的联系出发，渐次引入新要素，逐步贴近研究对象的具体形态，实现不断由感性到理性，从而最终充分揭示农户创业与金融服务创新协同的理论内涵及外延。

（2）农户创业与金融服务创新协同的实现机理分析，主要以均衡分析法为主。本部分将以金融服务合约达成的局部均衡条件为起点，从效用函数和交易费用理论入手，对传统农业经营模式下，金融服务合约局部均衡条件达成的困境进行分析。在此基础上，考虑在合约需求端，农民经营特征分化，以从事非农和农业创业为突破口，将当前两类创业农户的边际收益曲线和风险曲线与"小农"进行对比，推演出农户效用函数的变化。同时，考虑在合约供给端，金融服务技术的革新以及以农村产权资产抵押为核心的金融服务创新对交易费用和抵押合格性的影响。在充分考虑合约供求两端变化的基础上，对两者协同的理论框架进行构建。

（3）农户创业与金融服务创新协同的演进历程分析，以文献分析和历史分析为主，综合运用统计数据、调查数据，运用描述性统计分析和个案分析方法。

本部分首先使用文献分析和历史分析，并综合运用描述性统计分析、个案分析方法，对农户创业和金融服务创新以及两者之间协同的演进历程进行梳理。其次，运用描述性统计分析对目前我国农户创业情况及其对金融服务的需求规模、结构、特征、缺口状态，以及金融服务当前的供给规模、结构特征、缺口状态进行描述性统计分析，进而对当前的农户创业与金融服务创新的协同性有一个初步的判断。

（4）农户创业与金融服务创新的协同有效性分析，以协同理论为出发点，综合运用倾向得分匹配法、工具变量法、数据包络分析法（DEA）。首先，利用倾向得分匹配法，从金融服务创新获取、金融服务创新获取数量、金融服务创新比值三个维度，对农户创业与金融服务创新发展的因果关系进行检验，同时从农户创业收入、农户总收入和农户创业利润三个维度对金融服务创新与农户创业绩效提升的因果关系进行检验，从而从因果关系上对两者协同性进行实证分析。其次，利用工具变量法，从整体和分层视角，对金融服务创新对农户创业绩效的影响进行分析；利用数据包络分析法，基于古典生产函数，对金融机构金融服务创新业务的绩效进行评价，进而更为全面地透视两者协同的有效性。

（5）农户创业与金融服务创新协同的政策建议。本部分采用制度经济学中以制度创新理论为基础的制度主义演绎分析范式，并结合本书研究成果进行归纳的方法，力求从夯实农户经济金融能力、加强金融服务创新以及促进两者有效协同三个维度出发，从政府支持和市场激励两种手段协调配合的层面提出促进农户创业与金融服务创新可持续发展协同的制度与政策措施。

1.5 研究数据与资料

1.5.1 研究数据

本书的数据主要来自国家法定或权威的数据资料，其中主要包括以下两个部分：

（1）统计年鉴。主要有历年《中国统计年鉴》《中国金融年鉴》《中国农村统计年鉴》《中国统计摘要》《中国期货证券统计年鉴》《中国县（市）社会经济统计年鉴》《中国乡镇企业统计年鉴》《中国乡镇企业及农产品加工业年鉴》《农业统计年鉴》《农业统计提要》等，除此之外还包括部分省份历年统计年鉴。

（2）微观调查数据。自从本书研究主题确立以来，笔者跟随不同课题组在全国进行了大量的实地调研，询问了创业农户在生产经营活动中的感受和体验，以及各类金融机构对于金融服务创新的一些经验和认识。在对研究主题产生大量感性认识的基础上，笔者还通过对创业农户、金融机构进行问卷调查，获得了宝贵的微观数据，并最终选择了两套微观调查数据作为本书的研究材料。第一套数据是 2015 年国务院发展研究中心农村经济研究部"农村土地金融制度"课题研究组①，在我国的三大经济带中的浙江、黑龙江、甘肃、四川和贵州 5 个省份开展的农业新型经营主体金融需求调查，问卷调查内容主要围绕专业大户、家庭农场、龙头企业、合作社等新型农业经营主体的家庭特征、农业生产经营规模、经营类型、资金需求及信贷满足等方面。最终，本次调查共获得 1578 个新型农业经营主体样本，其中，部分被访者因各种原因没有完成问卷，成为无效样本，最终获取有效样本 1569 个，占全部调查样本的 99.43%。第二套数据是 2017 年农业部"国家农村金融综合改革试验区"项目评估组，在我国的东部、中部、西部三大经济带中的江苏、福建、山西、安徽、广西和重庆 6 个省份开展的金融机构农村产权抵押融资调查，问卷调查内容主要围绕银行、担保、保险等金融机构 2014 年、2015 年和 2016 年以"两权"抵押贷款为主的贷款、担保以及保险等方面的实际情况。为考虑金融服务创新对金融机构运行效率的影响，调查县选择的都是金融改革的试点区县，这确保了数据来源对于我国的金融服务创新发展状况具有非常强的代表性。最终，本次调查共获得 39 家金融机构样本，最终获取有效样本 34 家，占全部调查样本的 87.18%。在这 34 家金融机构中，有担保 11 家，均为地方性金融机构；银行 23 家，其中地方性银行 13 家、国有银行 10 家。

1.5.2 研究资料

本书的数据和文献资料主要包括以下两个部分：

（1）部分数据来自权威学术期刊、研究报告和学者的专著，并加以引注。这些权威学术期刊如《经济研究》《金融研究》《中国农村经济》等，研究报告

---

① 在此，笔者对提供本数据的国务院发展研究中心农村部程郁主任表示衷心的感谢。

如中国人民银行《中国金融服务报告》、国家和省部级课题报告、全国优秀博士学位论文。

（2）研究中必要的定性资料。主要是国家法律和政策公开的文件、权威性的报告（如历年党中央的"一号文件"）、公告、政府工作报告、中央经济工作会议、中央农村经济工作会议等。

1.6　可能的创新与不足

1.6.1　研究可能的创新

（1）基于协同视角，初步探索了农户创业与金融服务创新的关系。从研究视角来看，既有研究往往单一地分析金融服务创新对于农户创业的影响或者农户创业对于金融服务创新的影响，未能基于协同视角，对两者的协同机理及有效性进行研究。本书基于农民经营特征变迁、盈利能力增强以及国家调整农业农村发展战略的双重背景，以金融服务合约达成的局部均衡条件为突破口，尝试构建了一个农户创业与金融服务创新协同的分析框架，并利用大量数据资料对两者协同的有效性进行了统计分析，对后续研究具有一定的参考价值。

（2）尝试构建了农户创业绩效与金融服务创新的指标体系，为协同有效性评价提供了一定的参考。从研究内容来看，本书基于微观调查数据，有机结合中国农户创业发展与金融服务创新的实际，在对农户创业、金融服务创新进行概念界定基础上，选择了创业收入、总收入、创业利润作为农户创业绩效的评价指标，选择了是否获得金融创新服务、金融创新服务获得数量、金融创新服务占比作为金融服务创新的评价指标，初步为两者协同有效性测度奠定了统计基础。

（3）综合运用多种统计分析方法，对农户创业与金融服务创新协同的有效性进行检验，并基于发现的问题，提出针对性政策建议。从研究方法来看，本书利用倾向得分匹配法，实证检验了农户创业与金融服务创新之间的相互因果关系，利用工具变量法、工具变量分位数法从需求视角对农户创业与金融服务创新协同进行了绩效评价，运用数据包络分析法从供给视角对农户创业与金融服务创新协同进行了绩效评价，并在全面透视农户创业与金融服务创新协同有效性的基础上，提出了具有针对性的政策建议。

1.6.2 研究存在的不足

（1）缺乏动态追踪，尚不能形成农户创业与金融服务创新的长期结论。农户创业以及金融服务创新是一个动态和长期的过程，尤其是农户创业具有强烈的周期性，因此，要对农户创业和金融服务创新进行科学、客观的实证分析，最为科学和系统的方法自然是通过长期的追踪调查，对整个农户创业与金融服务创新进行完整周期的观察和研究。然而，鉴于两者在我国都尚属于新兴事物，尚未在宏观范畴内展现出完整的周期特征，本书所能获取的数据、文献资料均有限，所以无法对两者的协同性进行长周期和动态的检验，这是本书的不足之一。

（2）宏观数据匮乏，无法使微观结论与宏观发展之间形成有效衔接。鉴于农户创业和金融服务创新均方兴未艾，宏观层面尚未建立完善的统计体系，也缺乏较为系统的文献和数据资料，为了保证研究的可行性，本书使用的资料尤其是实证部分的研究主要是以微观数据为主，因此在一定程度上损失了研究结论在宏观层面的精准性以及可借鉴性，这也是本书的不足之一。

第 2 章　理论借鉴

本书遵循的是"理论借鉴—框架构建—现状分析—实证检验—政策建议"的逻辑思路。因此，对相关经典理论进行归纳梳理以及述评，进而总结这些理论对于本书研究的启示则显得尤为重要。从研究主题来看，农户创业与金融服务创新经典理论是本书需要重点借鉴的部分，具体而言，包括以下三个方面：第一，农户经济行为的有关理论，具体包括"道义小农"理论、"理性小农"理论、"社会化小农"理论；第二，创业的相关理论，具体包括"管理"学派、"社会"学派、"机会"学派；第三，金融发展的相关理论，具体包括金融结构理论、金融深化理论、金融约束理论。

2.1　农户经济行为理论

农户是认识农业、农村、农民的"钥匙"，是理解和分析小农社会的基础（徐勇和邓大才，2006）。只有透彻地解读农户，才有可能进一步分析由农户这一基本单元组合而成的农村社会与农村经济，当然也包括农户创业。在农户经济行为理论体系中，"道义小农"理论和"理性小农"理论是最为经典和重要的两大理论，两者也是农户行为理论中学者长期争论的焦点。因此，对"道义小农"理论和"理性小农"理论的梳理和介绍都是农户行为理论介绍的重点，本书也不例外。同时，随着农户行为研究的不断发展，基于中国乡村社会、经济结构特点的"社会化小农"理论也被提出并逐步受到学术界的认同。因此，本章将首先对"道义小农"理论和"理性小农"理论进行梳理，然后对"社会化小农"理论进行梳理。

2.1.1 "道义小农"理论

"道义小农"理论首先由 Chayanov（1925）提出，其核心论点是：小农生产动机的形成和变迁是基于家庭的生计，主要满足消费需求，而不是追求利润最大化。此后 Polanyi 等（1957）对"道义小农"理论的研究加入了社会学、人类学与哲学的思考，从一个崭新的角度传承与发扬了 Chayanov 的理论。Scott（1976）则通过一系列令人信服的案例阐发了"道义小农"的思想脉络，他强调剥削与反抗不仅仅是一个关乎收入和卡路里的问题，而是关乎农民正义、权利、义务及互惠的问题。小农没有能力雇用劳动，其生产中的成本难以度量，同时小农生产的产品主要用于消费，因此小农的行为选择并非基于成本与收益的权衡，而是取决于消费所得的效用与劳动所付出的辛苦之间的均衡（Chayanov，1925）。小农经济的分析范式理应是"内生性"的，而非"先验式"的。在资本主义市场出现之前，经济行为根植于特定的社会关系，而绝非根植于市场或是对于利益的追求，因此研究经济需要把"经济过程"当作社会的"制度过程"（Polanyi et al.，1957）。因此，小农行为动机是"风险规避"和"安全第一"的统一，强烈的生存取向驱使农民选择"避免灾难"而非追求利润最大化（Scott，1976）。

2.1.2 "理性小农"理论

"理性小农"理论的核心观点是，小农和任何资本主义企业家一样都是理性的"经济人"，他们追求利润的最大化，并且极少出现低效率生产。Schultz（1964）通过对危地马拉和印度两地传统农业的调查，从文化形态、政治体制与制度结构三方面分析了传统农业，指出农民是农业领域的"企业家"。Popkin（1979）进一步发展了"理性小农"主义，直接对话"道义小农"理论，指出农民对利润的渴求相对于资本主义企业家来讲毫不逊色，改造传统农业的出路在于激励小农追求利润最大化和创新的行为（Schultz，1964）[①]。传统农业中生产要素配置效率低下的情况是罕见的，小农并非懒散、愚昧或不思进取。借助于投资机会和有效刺激，小农将会点石成金。农民已经最优化地配置了自身可支配技术状态下的生产可能性，对他们的生产要素做进一步的资源配置并非有效，因此改造

---

① 此处我们有必要澄清一个事实，虽然学术界普遍认为 Schultz 是"理性小农"理论最具代表性的人物，但是他如此激进的措辞并非针对"道义小农"理论，他对话的理论是"二元经济理论"（Lewis，1954）。该理论关注二元经济结构的动态优化以及实现传统农业部门与现代工业部门的平稳过渡。

传统农业亟待寻找廉价的现代农业生产要素以使农业成为经济增长的源泉。因此，小农场完全可以和资本主义的公司画等号，小农在市场领域中的精于算计与理性的资本主义企业家并无差别（Popkin，1979），小农被刻画为极端的"理性者"。"理性小农"理论在微观层面上分析了小农的冲突合作与普遍利益的争夺，把小农与家庭农场等同于资本主义的企业家与企业，强调了小农的理性，这种理性从根本上保证了小农个人利益的最大化。

2.1.3 "社会化小农"理论

"社会化小农"指社会主义市场经济使小农融入一个高度开放的社会化体系中，小农表现出了行为的外部性、个体的社会化、动机的多样性与综合收益的最大化（徐勇和邓大才，2006）。对于当代中国的小农而言，小农已经不再是社会经济中的"孤立人"，而是一个被舆论道德包围的"社会人"（徐勇和邓大才，2006）。徐勇和邓大才（2006）指出，当今小农受货币支出压力约束，以货币收入最大化为行为伦理，"支""收""往"都源于"社会"，农民生产、生活、交往都被卷入"社会化"大分工网络，属于"社会化小农"。基于地缘、亲缘关系的基因亲和、情感贯通和内在认同就像血缘关系一样深深地烙印在小农的血脉里，其经济行为已经被视作个人道德品行、人格信息的重要组成部分，将直接影响外部对其个人的"社会评价"（陈雨露，2010）。小农进入市场和社会，不仅使小农村庄内部小农之间的关系发生改变，同时使小农与村外的交流变得更加频繁。村庄内部主要依据习俗、伦理和传统进行治理，而社会化带来的货币因素挤压了小农的生存空间，小农会因为货币带来的压力追求货币利益最大化。传统乡土社会中的小农几乎不与村外交流，而小农的社会化进程模糊与超越了村庄的边界，使小农的经济行为突破了圈层结构。可以说，"社会化小农"理论是国外小农经济行为理论的"中国化"，是国内学者对现阶段我国小农行为的归纳与总结。始于20世纪中叶的国家化消除了"传统的小农"，其后的社会主义市场化使小农进入市场之中。在中国经济当前高质量发展阶段，小农的经济行为无疑会产生新的特点，"社会化小农"理论为分析现阶段小农的行为和动机提供了一个可贵的分析范式。

2.1.4 简要述评及对本书的启示

2.1.4.1 农户理论的简要述评

国内外经典的小农行为理论所提供的基本框架、研究范式具有宝贵的借鉴价值，对本书的研究有重要的启示作用。但是，任何经典理论都会有其理论边界和历史局限性，无论是"道义小农"理论还是"理性小农"理论，其基础假设都过于严苛，难以在现实中找出相吻合的样本。而且，上述两个理论的提出是基于完全不同的现实土壤，孕育两大农户理论的经济体制、经济发展程度有着极大的差异。因此，针对中国的经济环境，农户行为理论的假设条件、行为逻辑也应该在两大农户理论的基础上有所修正，"社会化小农"理论正是在这样的背景下应运而生。"道义小农"理论通过社会学、人类学思想丰富了对小农经济行为的研究，也为本书引入了一个更加广阔的视角。"理性小农"理论把小农等同于追求利润最大化的企业家，但是把家庭看作企业弱化了亲缘、地缘等社会关系，一定程度上忽视了小农家庭内部的"利他主义"行为。"社会化小农"理论将假设建立在了更为现实的理论土壤之上，通过对农户行为的深刻观察，提出了类似的观点，即作为一个整体而言，农户具有理性，会对自身所处社会经济制度以及环境的变化采取理性的行为，这对于中国农户的研究而言，更加具有科学性和合理性。

2.1.4.2 农户理论对本书的启示

对于中国的现实国情而言，起源于发达的市场经济国家的"理性小农"理论或许过于乐观，而起源于不发达国家的"道义小农"理论又有些悲观。对"道义小农"理论与"理性小农"理论的观点进行归纳和总结，能够为本书第3章和第5章对农户创业的概念界定、农户创业行为和农户金融行为的分析带来启示。小农经济理论中最主要的争论是农民是理性的还是非理性的，恐怕无论是"理性"小农还是"道义"小农都只是小农的表象，而小农的本质介于两者之间，存在动态转换的可能。在几千年的封建统治时期，我国的农户更倾向于处在"道义小农"的阶段，但是从改革开放尤其是1994年社会主义市场经济体制确立以来，中国的市场经济无论是在规模上、范围上还是制度建设上，都有了非常大的进步，从计划经济体制转型而来的农户，通过参与市场经济，其经济理性得到了大幅的提高，从当前农户所反映出的诸多特征来看，已经趋于理性。同时，需要强调的是，本书所研究的对象是创业农户，他们是农户中最具企业家精神的群体，因此其理性程度相对于一般农户无疑更高。综上所述，本书有理由认为农户会追求家庭效用最大化和风险最小化，在这一层面上农户都是理性的，而对于创业农户而言，他们的经济理性程度无疑会更高。当然，需要说明的是，农户作为一个单元的理性并不包含其单元内部的非理性，但是这对本书的分析不会产生影响。

2. 2 创业理论

要研究农户创业，除了需要对农户行为理论有深刻的认识，自然也需要对创业理论有清晰的了解。早在 18 世纪，经济学家就已经发现创新创业对于经济发展的重要作用，随着研究的深入，逐步形成了诸多关于创业的学派，进而构建起较为完善的创业理论体系。在这套理论体系中，最为重要的有"管理"学派、"社会"学派、"机会"学派，接下来，本书就分别对这些学派的核心观点进行简单的梳理。

2. 2. 1 "管理"学派

"管理"学派反对从主观主义的角度研究创业的方法，反对给创业蒙上一层神秘的色彩，不认为创业是一种天赋、灵感或智慧的闪念。任何敢于面对决策的人，都可能通过学习成为一个创业者并具有创业精神（德鲁克，1985）。创业是一种行为，而不是个人性格特征。创业是一种"可以组织并且需要组织的系统性工作"，甚至可以成为"日常管理工作的一部分"。"成功的创业者不是去坐等灵感的降临，而是要实际工作。"德鲁克也十分强调创新在创业中的重要作用，他认为只有那些能够创造出一些新的、与众不同的事情，并能创造价值的活动才是创业。而且进一步来说，将创业看作管理的一个重要理由就是许多发明家虽然是创新者，但恰恰因为不善于管理才成为不了将创新成果产业化的创业者。创业是一种管理方法，是"在不拘泥于当前资源条件限制下的对于机会的捕捉和利用"（Stevenson et al.，1999），可以从以下六个方面对这种管理手段进行描述：战略导向、把握机会、获取资源、控制资源、管理结构、报酬政策。

2. 2. 2 "社会"学派

"社会"学派不认为创业是个性或个人背景的产物，相反，它强调从外部社会角度来研究创业现象和创业问题。有些学者探讨了宏观的社会环境和社会网络对于企业创业的影响。美国硅谷有一个以地区网络为基础的工业体系，能促进各个专业制造商集体地学习和灵活地调整一系列相关的技术（Saxenian，1994）。该地区密集的社会网络和开放的人才市场弘扬了不断试验探索和开拓进取的创业精神。此外，地区的社会文化氛围也对当地的创业活动有巨大的影响，"硅谷地区的文化鼓励冒险，也接受失败"，创业精神和创业活动最终会"带动整个硅谷繁荣起来"。另外一些学者从微观角度研究了创业者个人的社会网络问题。社会网络在帮助创业者建立和发展企业时扮演了积极的角色，例如，个人的社会网络特性可以提高其实际开办一家企业的概率（Woodward，1988）。而成功的创业者往往会花费大量的时间建立个人的社会网络以帮助新创企业的成长。当创业者能够通过社会网络得到充足且及时的资源时，他就容易取得成功。

2.2.3 "机会"学派

"机会"学派强调从"存在有利可图的机会"和"存在有进取心的个人"两者相结合的角度去研究创业，不能将机会与个人对于创业的影响混淆起来，并指出"不同人所识别的创业机会在质量上是有变化的"，"不能忽视对于创业机会的测量"（Shane & Venkataraman，2000）。他们进一步提出了创业研究应该以"机会"为线索展开，包括三类问题：①为什么会存在可以创造商品和服务的机会，在什么时间存在，是如何存在的；②为什么有的人能够发现和利用这些机会，什么时间发现和利用，如何发现和利用；③为什么会采用不同的行动模式来利用创业机会，什么时间采用，如何采用。此外，他们还探讨了利用机会的两种模式，即创建新的企业（或科层）和把这些机会销售给现存的企业或市场，以往的创业研究缺乏清晰的边界和独特的变量（Singh，2001）。对于创业机会的识别和利用可以是支撑创业这一独特领域的概念，而且应该成为该领域研究的核心问题。以往创业研究中的经典问题"谁是创业者"，现在可能被替换成"什么是创业机会"。

2.2.4 简要述评及对本书的启示

2.2.4.1 创业理论的简要述评

经济学大师熊彼特（Schumpeter，1912）认为"创业是经济过程本身的主要推动力"，经济体系发展的根源在于创业活动。创业理论体系中，各大学派的观点之间并不像农户行为理论体系中各个学派之间那么冲突，而是围绕决定创业的各宏观和微观因素出发，侧重点各不相同。"管理"学派主要基于创业者的管理和领导能力对创业行为进行分析；"社会"学派则放弃了对创业者自身的关注，主要从创业者所处的宏观和微观环境角度对创业行为进行研究；"机会"学派则对前述学派进行了综合，既强调了创业者内在因素对于创业行为的作用，也强调了宏观和微观环境对于创业者行为选择、绩效的影响。应该说，上述学派的观点对于创业理论体系而言，均有着非同寻常的影响，但是各家学派也有着明显的不足之处。本书认为，创业者自身的企业家精神以及创业者的企业家能力都是构成创业整个过程的重要影响因素，同时，创业者的行为选择、绩效也毫无疑问地受到自身所处的宏观和微观环境的影响。因此，博采各家学派之长的更具有综合性和全面性的创业理论还有待早日提出。

2.2.4.2　创业理论对本书的启示

创业理论对于本书有重要的借鉴意义，整套理论体系对于创业者自身的企业家精神以及创业宏观和微观环境对于创业行为选择、绩效影响的研究都对本书研究的展开有重要的启发意义。本书第 3 章中概念界定部分直接受到"管理"学派的影响，认为创业者自身所具备的企业家精神和领导、管理才能是决定其创业行为选择和绩效的重要因素。第 4 章则充分考虑到宏观和微观经济环境对于农户创业的影响，这一核心观点也借鉴了"社会"学派和"机会"学派所提出的宏观和微观环境对于农户创业具有重要影响的观点。第 5 章以及第 6 章、第 7 章关于创业绩效指标和控制变量的选择都充分借鉴了上述理论对于创业绩效的评价。

2.3　金融发展理论

金融服务创新是本书研究的另一个焦点，而金融服务创新的理论起源则要追溯到金融发展理论。20 世纪 50 年代，随着发展经济学的兴起，经济学家开始研究发展中国家金融制度落后、经济增长缓慢的原因，开辟了以研究发展中国家金融与经济关系为特征的"金融发展理论"。1955 年和 1956 年，Gurley 和 Shaw 分别发表了《经济发展中的金融方面》和《金融中介机构与储蓄》两篇论文，从而揭开了金融发展理论研究的序幕，Goldsmith 于 1969 年出版了《金融结构与金融发展》一书，以 Goldsmith、Gurley、Shaw、McKinnon 等为代表的一批经济学家先后出版了以研究经济发展与金融发展为主要内容的专著，并迅速形成了金融发展理论的核心。总体而言，金融发展理论主要由金融结构论、金融深化论和金融约束论三大理论构成，下面本书就围绕这三个理论分别进行介绍。

2.3.1　金融结构理论

金融结构理论是 Goldsmith 通过对长达百余年的金融发展史及当代几十个国家的金融结构现象做了纵向的历史比较和横向的国际比较研究而提出的。他指出，金融理论的职责就在于找出影响一国金融结构、金融工具存量和金融交易流量的经济因素，并阐明这些因素怎样通过相互作用实现金融发展。同时，为了对金融结构进行定量分析，他提出了衡量一国金融结构的一系列数量指标，主要包括金融资产与实物资产在总量上的比值（即 FIR）、金融资产与负债总额在各种金融工具中的分布等。其中最为重要并被作为衡量金融发展程度的经典指标便是 FIR，它是衡量金融上层结构相对规模的最广义指标，这一指标的提出对于金融发展的理论和实证研究均具有划时代意义，直至今日，其都是从宏观层面衡量一国金融发展水平最常用的指标。Goldsmith（1969）提出，金融结构的变化形成金融发展道路，金融结构的异同是可比的，金融发展道路是有规律可循的，金融发展能加速经济的增长。在一定的生产技术水平条件下，假定消费者的储蓄偏好、投资的风险大小均不变，那么金融机构与金融资产越丰富，金融对经济的渗透力越强，经济发展水平越快。发达的金融结构对经济增长的促进作用是通过提高储蓄、投资总水平与有效配置资金这三条渠道实现的。金融机构和金融工具提供的选择机会越多，人们从事金融活动的欲望越强烈，社会资金积累的速度就越快。在资金总量已定的前提下，金融活动越活跃，资金使用效率就越高，因为竞争会保证资金首先流向投资风险小、回收期短、盈利水平高的产业与地区。金融结构的存在和发展，是经济增长的一个必要条件，金融发展与经济增长的相互关系是非常复杂的，金融发展既可促进经济增长，又可阻碍经济增长。

2.3.2　金融深化理论

针对发展中国家的二元金融结构、货币化程度低、金融市场落后、金融体制效率低下、政府对金融严格控制的特点，美国经济学家 McKinnon 和 Shaw 在前人研究的基础上提出了著名的"金融抑制论"和"金融深化论"，虽然从名称上看，两者似乎是金融发展理论的两个不同方向，但是就实质而言，两者均属于金融深化理论。他们认为，金融制度和经济发展之间存在相互促进和相互制约的关系，健全的金融制度能将储蓄资金有效地聚集起来并引导到生产性投资上去，从而促进经济发展；反之，不健全的金融制度则无法将储蓄资金有效地集聚并引导至生产性投资中去，进而阻碍经济的发展。金融发展就是要消除经济体中固有的金融抑制，并通过开放金融市场、增加金融机构、改革利率政策等一系列措施实现金融的深化，最终实现金融自由化。他们通过参与以及观察大量发展中国家的金融改革与发展，发现大多数发展中国家的金融制度与经济发展之间都处于一种相互制约的恶性循环状态，主要表现为以下两点：一是由于金融机制不健全、金融机构不发达、金融市场落后，因此难以有效地筹集社会资金；二是由于政府实行过分干预和管制的金融政策，将利率、汇率人为压低，造成金融体系与真实经济同时呆滞落后的现象，即"金融抑制"。无法有效筹集社会资金以及金融抑制的存在，加剧了发展中国家金融体系发展的不平衡，极大地限制了金融机构的业务活动，约束了金融市场的形成和发展，最终制约国民经济的发展，经济发展落后使金融发展更加落后。要促进经济的发展必须解除金融抑制，促进金融深化。在 McKinnon 和 Shaw 的研究基础上，Kapur（1976）、Galbis（1977）、Fry（1978，1980a，1980b）、Lee（1980）、Cho（1984）等吸收当代经济学最新研究成果，建立了宏观经济模型，使之能不断适应经济增长、金融体制日益完善的发展中国家的实际情况，拓展了金融发展理论的研究框架。金融深化理论及基于金融深化理论所提出的相关政策建议得到世界银行与国际货币基金组织的积极支持和推广，对广大发展中国家的金融体制改革产生了深远的影响。

2.3.3　金融约束理论

值得注意的是，金融深化理论是建立在完全竞争的金融市场、完全信息和理性市场主体这些隐含假设之上的，然而，这些假设对于大部分发展中国家而言并不具有现实性。随着 20 世纪 80 年代拉美金融自由化的失败，许多经济学家开始对以往金融发展理论的结论和缺失进行反思和检讨。新凯恩斯主义学派认为，由于市场失灵的存在，政府在金融市场中的作用显得十分重要。市场上存在的信息不完善、外部性、规模经济和垄断竞争等都将增加不稳定程度。Stiglitz 在新凯恩斯主义学派分析的基础上概括了金融市场中市场失败的原因，他认为政府对金融市场的监管应采取间接控制机制，并依据一定的原则确立监管的范围和监管标准。在此基础上，Hellman、Murdock 和 Stiglitz（1997）在《金融约束：一个新的分析框架》一文提出了金融约束的理论分析框架。他们认为，金融约束是政府通过一系列金融政策在民间部门创造租金机会，以达到既防止金融抑制的危害又能促使银行主动规避风险的目的。据此他们提出，对发展中经济和转型经济而言，虽然金融抑制状况严重阻碍经济发展，但是在金融自由化初始条件不具备的条件下，盲目推进自由化不会收到良好的效果，同时，适当的政府干预有助于金融深化和经济的发展，这为金融发展理论提供了新的分析框架。新制度主义学派则认为 McKinnon、Shaw 等的金融深化理论忽视了制度对经济绩效的影响。他们认为，在现实经济中，市场是通过一系列的制度，如国家、企业等进行运作的，这些制度在收集信息、降低风险方面发挥着重要作用。新制度主义学派更强调金融的供给主导角色，即金融机构能够主动地促进工业化与经济增长，特别是在经济发展的初期阶段。一些学者强调金融发展中市场结构与银行行为因素的作用，发展中国家的金融抑制政策是否会导致资金来源短缺、投资不足，还取决于银行行为和市场结构。如在银行垄断的情况下，贷款利率上限能够提高存款利率，在市场结构方面，银行可能通过加大营销努力和增设分支机构来增加吸储量，这样即使利率不上升，也可能带来金融深化，并非一定要进行金融自由化改革。

2.3.4　简要述评及对本书的启示

（1）金融发展理论的简要述评。Goldsmith（1969）提出的许多重要的结论都是科学的，同时，他所提出的金融结构与金融发展领域的诸多量化指标为后来者关于金融发展的量化研究奠定了基础，这一贡献具有划时代的意义。金融深化理论是在全面地分析发展中国家的金融发展特征，系统地检验传统货币理论的适用性之后提出的一种新的金融理论，该理论深刻地揭示了发展中国家经济落后的一个十分重要但又被长期忽略的金融因素，为发展中国家货币金融政策的制定和金融改革实践提供了理论上的指导。当然，任何理论的提出都是建立在特定的经济制度、社会结构等客观环境之上的。因此，对于理论的试验一定要先对理论假设进行深刻、严格的把握，拉美金融自由化的教训充分暴露了金融抑制和金融深化理论存在的弊端，也催生了金融约束理论的诞生。就目前金融的发展来看，在一定约束条件下的金融深化无论是对于发达国家还是发展中国家而言，都是最为理性的选择。需要特别指出的是，金融发展理论的不断发展与成熟，也催生了以农业信贷补贴论和农村金融市场论为主的农村金融发展理论，这对解决发展中国家普遍存在的金融抑制问题提供了理论和实践指导，也让金融发展理论得以进一步拓展。

（2）金融发展理论对本书的启示。金融发展理论是金融服务创新最为直接、最为重要的逻辑起点，正是金融发展理论系统、科学地论证了金融市场、金融机构和金融制度的发展可以影响经济发展的水平，金融服务创新对于农户创业的推动作用便有了理论和逻辑支撑，这也是本书立论的关键所在。Goldsmith（1969）提出的金融结构理论对于本书最大的启示在于技术层面，其在《金融结构与金融发展》一书中提出的诸多计量指标对于后来的研究者对金融发展、金融创新层面指标体系的构建有着深远的影响。毫不夸张地说，当前学术界对金融发展指标体系的建立仍然是在 Goldsmith 建立的指标体系基础上进行调整。本书第 5 章、第 6 章、第 7 章的实证分析中，关于金融供给和需求、金融服务创新、金融机构绩效指标的选取，均从金融结构理论中汲取了大量的养分。同时，根据金融深化理论，要消除金融抑制，实现金融深化，必须加快金融体制改革，调整金融的结构和功能，消除政府对金融的过分干预和管制，取消其对利率的人为控制，推进利率市场化改革的步伐，使作为资金价格的利率充分发挥其调节资金供求的应有功能。上述理论为本书第 3 章农户创业与金融服务创新协同理论框架的构建提供了理论基础。此外，根据金融约束理论，金融深化与自由化政策的实施需要充分考虑所在经济体的实际情况，这一观点对于当前的中国具有非常深刻的借鉴意义，我们需要牢记：金融既可以促进创业农户的发展，也可以阻碍创业农户的发展，金融供给侧结构性改革应当因地制宜地实施，而不是一味地追求管制的放松和自由化的迅速推进。这对于本书第 8 章中金融服务创新以及促进农户创业与金融服务创新协同两个部分有着非常强的借鉴意义。综上所述，农户创业与金融服务创新要实现协同发展，应当通过对金融市场功能的不断完善和健全，根据农户创业对于金融需求的动态变化，进行有针对性的金融服务创新，从而有效地缓解创业农户"融资难"和"融资贵"的问题，促进农户创业发展，而创业农户的发展则又会进一步改善金融服务创新绩效，最终达到农户创业与金融服务创新协同的战略目标。

第3章 农户创业与金融服务
创新协同的理论框架

在理论梳理基础之上，本章将对两者协同的理论框架进行构建。为此，本章首先对研究主体和范畴进行界定，以便为接下来的机理分析奠定概念基础；其次，在概念界定的基础之上，将通过对农户经营的生命周期进行梳理，总结出各阶段的特征，以便对农户创业这一过程有更为全面的了解；最后，本章将对农户创业与金融服务创新协同进行机理分析。综上所述，本章第1节将对农户创业、金融服务创新、协同三大核心概念进行科学界定；第2节将对农户经营生命周期内的金融供求特征进行分析；第3节将对农户创业与金融服务创新协同进行机理分析；第4节是简单的小结。

3.1 核心概念界定

"概念是反映客观现实本质属性的思维形式"，因此，从哲学层面而言，对概念的科学界定是一切研究的逻辑起点，只有对概念进行了有效的界定，才能在此基础上展开理论与实证研究。因此，本章首先要做的便是对本书的三大核心概念——农户创业、金融服务创新、协同进行界定。对于这三大核心概念，从字面上即可知其内容由五个关键词组合而成：一是农户，二是创业，三是金融服务，四是创新，五是协同。因此，要很好地解析本书的三大核心概念，则有必要结合五个关键词对其概念展开分析，并通过它们之间的有机衔接确定本书的核心概念。

3.1.1 农户创业

顾名思义,农户创业包括农户和创业两个部分,因此本书对于农户创业概念的界定是建立在对"农户"以及"创业"两个基本概念进行精准界定的基础上的。要对农户创业进行界定,首先必须明晰什么是农户。在我国,"农户"是一个不断发展演化的概念,农户的分类标准随着社会的变迁不断变化。户是指共居一室,参与共同经济活动,有共同预算的社会组织(胡豹,2004)。与农户联系紧密的两个关键名词是"农民"和"个体农户"。"农民"在区域划分上是指居住在农村的居民,与城市居民对立;在职业划分上是指以从事农业生产为主的劳动者。狭义上,农民是指主要从事农业生产的农户,而在当今的市场经济中农民早已不再是简单地从事传统农业生产的小生产者,而是参与市场经济活动,既是生产者又是消费者,从事广义农业生产的经济组织,即农户。"个体农户"是小生产、规模小、专业化和社会化程度低、收益最大化动机弱、经营比较封闭、自给自足程度高的农民家庭(尤小文,1999)。基于以上相关概念辨析,本书认为"农户"是适用于研究以家庭为基本决策单位的市场经济活动的参与组织。本书以户为研究对象的内在逻辑在于,家庭成员间的特殊血缘关系决定了其决策过程(无论是户主独自的决策行为还是家庭成员的协商行为)中所考量的成本收益对象是各成员构成的家庭,而不是决策者个人。

"创业"(Entrepreneurship)是一个过程化概念。创业现象复杂多变,涉及多个视角(Gartner,1985),因此关于"创业"的概念也是仁者见仁、智者见智,至今尚未形成共识。梳理关于创业定义的文献可以发现,相关研究主要围绕"能力""创建"等关键词展开。能力观点认为,创业就是成功预测未来的能力(Knight,1921),是正确地预测下一个不完全市场和不均衡现象在何处发生的套利行为和能力(Kirzner,1973);创建观点认为,创业是进行新的结合,如开展新业务、建立新组织(Low & MacMillan,1988;Schumpeter,1934),是发起、维持和开展以利润为导向的商业活动(Cole,1968)。宋克勤(2002)认为,创业是创业者通过发现和识别商业机会、组织各种资源提供产品和服务以创造价值的过程,该过程包含创业者、商业机会、组织和资源等关键要素。郭军盈(2006)在对创业的基本特征进行分析的基础上,将创业定义为依赖一定的组织形式,通过资本投入,开创一项新的事业并实现价值创造的过程。基于以上文献对于创业的界定以及文献综述部分对于创新的梳理,本书决定在 Schumpeter 关于创新的定义的基础之上，对创业的概念进行界定。本书认为，创业不一定都是要开创一项新的事业，只要是在原有经济活动基础上实现了改进，并利用该项改进实现价值的过程，即无论是原有生产模式的变化还是革新，均属于创业。综上所述，本书将创业定义为：创业者依赖一定的组织形式，识别机会、组织和利用资源，实现价值创造的过程。

因此，本书在对"农户"和"创业"两个基本概念进行界定的基础上，将农户创业定义为：以家庭为基本决策单位的市场经济活动参与组织，识别机会、组织和利用资源，实现价值创造的过程。具体而言，本书界定的创业农户包括以下三类农户：第一类，专业大户[①]；第二类，家庭农场[②]；第三类，工商农户[③]。此外，考虑到后续研究的需要，我们进一步将专业大户和家庭农场定义为农业型创业农户，将工商农户定义为非农型创业农户。

3.1.2 金融服务创新

同样地，金融服务创新主要由金融服务和创新两个部分组成。因此，要对金融服务创新进行定义，首先需要分别对金融服务和创新进行定义。从广义上来看，金融是稀缺资源跨期配置的一种方式（Bodie & Merton，2010）。从狭义上来看，货币往往就是货币资金的融通（曹龙骐，2003）。1915 年出版的《辞源》将"金融"定义为金钱之融通[④]；1990 年出版的《中国金融百科全书》将"金融"定义为"货币流通和信用活动以及与之相关的经济活动的总称"，这一定义将货币流通和信用活动融为一体，但限制了金融功能的发挥，也淡化了市场的作用。西方对于金融的定义早于中国，也更加注重市场的作用。《新帕尔格雷夫经济学大辞典》认为，金融"基本的中心点是资本市场的运营、资本资产的供给与定

① 专业大户是指从事某一种农产品生产、具有一定生产规模和专业种养水平的农户。判断"大户"的主要标准是：自筹资金能力较强；产品定位符合市场需求；有适度的经营规模；生产经营方式先进，组织带动能力强；产品销售渠道稳定，市场竞争力强；产品科技含量较高。

② "家庭农场"一词首次写入中央文件是在 2008 年。早期对"家庭农场"的认识主要是以家庭成员为主要劳动力，从事农业规模化、集约化、商品化生产经营，并以农业收入为家庭主要收入来源的新型农业经营主体。早期的家庭农场是农场主本人及其家庭成员直接参加生产劳动的独立的个体生产。家庭农场一般被认为应满足四个条件：一是农业户籍；二是适度规模；三是以家庭成员为主，不以雇工为主；四是主要收入来自农业。

③ 工商农户是指已经完全放弃农业经营，家庭劳动力常年在外从事工商业为主的非农经营，但是户籍仍在农村的农户，如户籍仍在农村的个体户等。

④ 原文为"今谓金钱之融通曰金融"。

价"，这一定义充分肯定了市场在金融中的作用，但是过于聚焦微观，而缺乏宏观视野。综上所述，本书结合西方与中国的定义，充分地结合宏观和微观视角，并充分肯定市场的作用，将"金融服务"定义为所有为经济服务的金融业务、金融工具、金融活动及相应制度的总称。

与对"农户创业"的概念界定一样，在对"金融服务创新"进行概念界定之前，还需要理顺"创新"的内涵。创新是一个涉及经济学、社会学、哲学、文化学、管理学、技术学等学科的研究对象，国内外不同学科领域的学者从不同的角度和层次赋予了创新不同的内涵（董景荣和周洪力，2007）。从哲学的角度来看，创新就是人们通过发挥主观能动性的创造精神，导致一个新事物产生的过程。在经济生活中，这个新事物可以是新业务、新产品、新组织、新工具、新生产线、新制度等。这个新事物既可以是对原事物做出的符合逻辑和顺应社会发展需要的边际修改和完善，是对原有事物的否定之否定，也可以是以往根本不存在的一个全新的事物，以满足人们的生产或消费等方面的需要。Freeman 和 Soete（1997）从经济学角度出发，认为创新包括新产品、新过程、新系统和新装备等在内的技术向商业实现的首次转化。方勇（2007）从教育学的角度将创新分为原始创新、集成创新与吸收创新三个层次。博家骥（1998）从管理学角度认为，创新就是企业家以获取商业利润为目标，适时抓住市场机遇，通过重新组织生产要素和条件，创新出新产品、新技术、新工艺，开辟出新的市场，有效降低生产经营费用。而真正最早形成创新理论的学者是 Schumpeter（1912），他认为，在人类的经济活动中，创新包括原有生产要素的重组、建立新的生产过程、原有技术的改进和新技术研发、组织设计和新组织培育、产品改进和新产品研发、服务流程优化等；创新可以从供给层面不断给人们带来新的服务和新的产品，为此可以产生新的产业和新的就业，促进经济可持续增长和社会的长久进步。可见，创新的根本动力来自于具有冒险精神的创新者对利润的永无止境的追求，根本目的在于不断满足人们在收入增长情况下逐渐变化的需求。只要创新主体预测到人们有巨大的某种需求产生，且在预期创新收益大于等于创新成本的情况下，具有冒险精神的创新主体就会推动创新进程，从而满足人们不断增长的物质产品和精神产品需求。因而，需求导向下的创新，不仅能够从微观层面提高企业的核心竞争力，推动企业永续发展，而且能够从宏观层面推动经济长期增长，避免经济陷入衰退的周期阶段（Schumpeter，1912）。

综上所述，本书将金融服务创新定义为金融机构在追求利润的动机下，不断改变原有为经济服务的金融业务、金融工具、金融活动及相应制度的组合方式，或者创造新的为经济服务的金融业务、金融工具、金融活动及相应制度的总称。具体而言，本书将区别于传统信贷服务的金融服务都定义为金融服务创新。当然，需要指出的是，本书所指的金融服务创新只是针对创业农户的金融服务创新。

3.1.3 协同

"协同"一词来自古希腊语，或曰协和、同步、和谐、协调、协作、合作，是协同学（Synergetics）的基本范畴。关于协同的定义，《说文》中提到"协，众之同和也。同，合会也"。所谓协同，是指协调两个或者两个以上的不同资源或者个体，协同一致地完成某一目标的过程或能力。协同理论（Synergetic Theory），也称协同学或协和学，是在系统论、控制论、信息论的基础上发展起来的理论之一，它是重点研究完全不相同类型的系统内部各子系统之间既相互矛盾又互为协调、共同促使系统整体具备新的有序状态所呈现出来的特点和规律的交叉学科；在充分结合协同思想和其他学科基础上，研究由性质各异的大量子系统所构成的各种复杂系统，主要运用从部分到整体的综合研究方法，研究系统内部各子系统之间如何通过竞争与合作构成系统整体的自组织行为。

20世纪60年代，企业多元化发展，美国管理学家安索夫（Ansoff，1965）在其《公司战略》一书中首次将"协同"这一概念引入企业经济学和管理科学领域，并且创新性地提出"战略协同"的概念，认为协同与公司的产品市场范围、发展方向、竞争优势等要素一样，理应是提升公司价值必须考虑的战略核心内容，考虑协同战略就是要考虑使企业整体的价值大于各个部分独立价值的总和。20世纪70年代，德国的哈肯教授首次提到了协同理论。协同被定义为整个系统中各部分之间的互相协作，使整个系统所形成的个体不会存在新质的结构和特征。或者说，在不平衡的状态下各部分之间没有固定的联系，各个要素只能通过与外界进行物质或能量的交换，促使整个系统在庞大的要素的碰撞中逐渐生成一个既适应内部机制体制还能接受外部环境的新结构，这就是协同。日本的战略学家伊丹广之（Itami & Roehl，1987）也对协同的概念进行了深入研究，他从"互补效应"和"协同效应"两方面进行剖析，使协同的含义更加全面和系统。他指出，成功的战略蕴藏于系统内部各资源能力之间的契合、资源能力与外部环境之间的协同以及战略自身各要素之间的协同；必须有意识地对战略做出调整以适应各要素随时间不断发生的变化，即动态战略协同。

随着协同理论的不断演化和发展，其逐渐形成了四大核心内容：一是竞争与协同。通常在一个庞大的系统中，内部之间存在竞争的机制，正因为这种竞争机制的存在才构成了内部的协同基础，作为系统中具有活力的竞争元素，系统整体的演化和动力都来源于系统内部竞争和协同的相互作用。二是序参量。在衡量一个系统大体程度上的有序概念时，哈肯教授认为，序参量发挥着特别重要的作用，在系统的变化发展过程中，它起着支配其他变量并决定演化方向的作用，这即是伺服原理。伺服原理最主要的意义在于，当某一系统到达临界的区域并走向有序时，出现了慢的变量支配快的变量，这反而成为人们把握演化过程的重要方法。三是慢变量和快变量。现实中，依据各个参数变化速度的快慢，将受到的阻力大、变化特别快的变量称为快变量，反之为慢变量。系统中的主体变量的结构和功能序参量是慢变量，随着控制参量的变化而不断发生变化。四是自组织。在缺乏外部指令的条件下，一定的能量流、信息流和物质流的进入，使系统中的子系统按照特定的规则形成时空上的有序结构，即为自组织，它具有内在性及自生性特点。协同理论还强调创新技术的溢出和示范作用，通过加大人才的培养力度实现协同创新，驱使技术不断地研发更新，从而使系统更快并且向更高级的协同方向发展。

本书将协同定义为系统内部两个或者两个以上的不同资源或者个体，协同一致地完成某一目标，在结果上实现系统内部个体之间的相互促进与发展。本书在研究背景中已经提到，随着创业农户的生产方式由原来的劳动密集型向资本密集型转换，在短期内会产生大量的资金缺口，对金融服务有着旺盛的需求，在传统金融服务无法有效满足他们金融需求的情况下，会产生金融服务创新需求。此时，金融服务创新有可能会因为金融机构发现这一需求进而出于追求盈利的目的内生地出现，也有可能会在政府的干预下外生地出现，于是两者在过程上呈现出同步性，如果金融服务创新的出现能够有效地促进创业农户的发展，而创业农户的发展又能支撑金融服务创新的可持续发展，那么两者便能在结果上呈现出协同性。

综上所述，本书研究的农户创业与金融服务创新协同，便是农村经济系统中，以家庭作为基本决策单位，识别机会、组织和利用资源，实现价值创造的市场经济活动参与组织和金融机构在追求利润的动机下，通过不断改变原有为农村经济服务的金融业务、金融工具、金融活动及相应制度的组合方式，或者创造新的为农村经济服务的金融业务、金融工具、金融活动及相应制度两者之间通过协同一致，进而达成相互促进与发展的目标。

3.2 农户经营生命周期及其各阶段的金融供求特征

3.2.1 农户经营生命周期

就像任何事物、任何企业、任何产品都存在着一个由自然规律决定的生命周期一样，从长期来看，农户创业也存在一个受农业自然经济规律支配的生命周期。借鉴企业生命周期理论（Weston & Brigham，1970），本书把农户创业的生命周期划分为四个阶段，如图3.1所示。

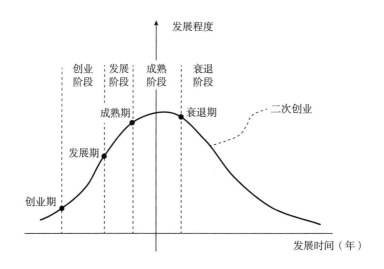

图 3.1 农户经营生命周期

（1）创业阶段。农户首先在社会经济发展、国家政策等诸多宏观经济要素的影响下，进行项目论证和筛选等前期准备工作，基于现代化发展的要求，根据自身准备从事行业的组织模式、经营机制和有关经营标准，结合自身的要素禀赋条件进行要素集聚和重组，并逐渐形成具有独立自我发展能力的农户①，这个阶段的主要特征是投资大、风险高。因为在创业阶段，项目尚处于投资期，需要对基础设施、劳动力、技术引进进行大量前期投资，而在这个阶段，由于尚不具备生产能力，或者生产能力尚不能达到期望水平，因此没有产出或者产出较少，大多数农户基本只有投入没有产出。同时，对于创业本身而言，由于需要对传统要素进行重新组合或创造新的生产方式，自然也面临着较高的不确定性，因此风险较高。当然，需要指出的是，由于创新创业可能会使产品取得长期性或者短期性的垄断优势，农户也会相应获得高额的垄断租金，因此创业阶段的农户也拥有了非常高的预期收益。

（2）发展阶段。毫无疑问，由于创业阶段存在的风险较高，因此在此期间会淘汰一些创业农户，而对于成功经历创业阶段的农户而言，他们将进入发展阶段。在这一阶段，他们会独立自主地聚合各类生产经营要素，遵循着现代经济的分工与市场交易原则，在巨大的市场需求导向下，积极拓展市场范围，扩大经营规模，从而使自身迅速进入边际收益递增的快速发展阶段。在发展阶段，农户的前期投资开始获得回报，项目开始具有量产能力，只要稳妥地加强与改善经营管理，农户就可以逐渐步入自主良性发展的轨道上来。因此，在这个阶段，农户经营虽然由于需要迅速扩张规模，所涉及的投资仍然较大，但是风险与创业阶段相比已经显著下降。然而，随着产品逐步进入生产以及销售阶段，市场开始对该产品有所了解，其垄断地位将会随着模仿者以及挑战者的加入而逐步降低或潜在地降低，这也将造成农户的垄断租金实际或潜在地降低。

（3）成熟阶段。由于产品在发展阶段存在较大的市场盈利空间，并且农户逐步娴熟的经营管理能确保其获得较高的利润，因此不断吸引模仿者和竞争者加入。由于市场需求存在极限，因而此时农户生产的产品供给朝着市场需求极限（即饱和）方向逼近，这就是农户经营的成熟阶段。此时，农业经营的边际收益减至零的水平，具有规模收益不变的特点，垄断租金消失，农户在同行业内只能获得平均利润率水平而处于动态均衡状态。在这个阶段，农户的生产经营已经趋于稳定，投资规模和风险以及预期收益相比前两个阶段均呈现出明显下降。

（4）衰退阶段。在生产技术或生产方式处于稳定状态时，产品市场将始终

---

① 考虑到非农创业与农业创业在各个阶段的特征大致相似，以及从分析的简便性出发，我们在理论分析部分并没有严格地将非农创业农户与农业创业农户严格地区分开来。

处于动态均衡状态。但是，一旦人们对产品的需求层次得到质的提升，以及生产技术、生产制度或方式发生重大变革，以前的农户生产经营方式就可能不再适应新的生产力发展的需要，这时农户经营就进入衰退阶段，但是不同于企业在衰退阶段会选择破产倒闭，农户经营仍将通过代际传递继续下去。在这个阶段，对于继续维持原有经营模式的农户而言，其经营特征与成熟阶段类似；而对于选择二次创业的农户而言，他们所面临的投资规模和风险情况将和创业阶段一样。

3.2.2 农户经营生命周期各阶段的金融供求特征

我们在上一小节的内容中分析了农户经营生命周期，以及周期内各阶段的生产经营特征。根据金融结构理论的观点，农户不同的生产经营方式决定了自身不同的金融服务需求种类和数量，同时，从金融机构的视角来看，他们也会根据自身的特点以及发展需求来选择不同经营周期的农户进行支持。

（1）创业阶段的金融供求特征。前面已经提到，投资大、风险高以及预期收益高是农户经营在创业阶段最主要的特征。在这个阶段，农户需要进行大量的前期投资，拥有非常强烈的资金需求，并且需求量非常大。但是从风险的角度来看，在创业阶段，农户经营所面临的风险是整个生命周期中最高的，这是由创业自身所具有的高度不确定性所决定的，但是对获得垄断租金的预期而造成的高预期收益也使创业项目对于金融机构具有足够的吸引力。从理论上而言，在这个阶段，农户的金融供给分为以下两种情况：第一，当农户拥有足够的抵押资产时，由于在渠道上的优势，以债权融资为主的银行类金融机构往往会成为农户最主要的金融服务供给者。第二，当农户缺乏足够的抵押资产时，追求高风险、高收益的股权融资类金融机构如投资基金、私募基金等会成为农户最主要的金融服务供给者。上述判断在当前的非农创业领域已经得到了验证。但是就实际情况而言，由于我国金融机构，尤其是针对"三农"服务的金融机构发展严重滞后，因此以债权融资为主的银行类金融机构是主要供给者，而以股权融资为主的基金类金融机构尚处于萌芽期，并没有成为农户创业金融服务的主要供给者。

（2）发展阶段的金融供求特征。根据前文的分析，在发展阶段，出于迅速扩张规模的需要，农户所涉及的投资仍然较大，但是风险与创业阶段相比已经显著下降，同时随着模仿者以及挑战者的加入，产品的垄断地位逐步降低或潜在地降低，这也将造成农户的垄断租金实际或潜在地降低。综上所述，投资较大、风险较高、预期收益较高是农户经营在发展阶段最主要的特征，此时，农户依然拥有强烈的资金需求。借鉴对创业阶段的分析,发展阶段农户最主要的金融供给者仍然是以债权融资为主的银行类金融机构以及以股权融资为主的基金类金融机构,但是基金类金融机构对农户的融资意愿可能会随着预期收益的潜在或实际下降而出现相应的下降。

(3)成熟阶段的金融供求特征。根据前文的分析,在成熟阶段,产品供给朝着市场需求极限方向逼近,市场供求达到均衡,此时,农户经营的边际收益减至零的水平,具有规模收益不变的特点,垄断租金消失。综上所述,投资较小、风险较低、预期收益较低是农户经营在成熟阶段最主要的特征,此时,农户的资金需求相比前两个阶段呈现出明显的下降。借鉴对创业阶段的分析,在成熟阶段,追求高风险、高收益的基金类金融机构会退出市场,银行类金融机构成为这一阶段农户主要的金融供给者。

(4)衰退阶段的金融供求特征。根据前文的分析,在这一阶段,生产技术、生产制度或方式发生重大变革,原有的生产经营模式已经不再适应社会经济发展的需要,此时,农户面临继续维持原有经营模式和二次创业两种选择。对于这两类农户而言,他们所需要的金融供给是完全不同的。对于选择二次创业的农户而言,他们的生产经营特征会重复创业阶段的过程,因此其金融供给和创业阶段相同;而对于选择原有经营模式的农户而言,其金融供给与成熟阶段相同。

3.3 农户创业与金融服务创新协同的 机理分析及主要模式

3.3.1 农户创业与金融服务创新协同的机理分析

3.3.1.1 金融服务合约达成的局部均衡条件

在前文的分析基础上,本节进一步将视野聚焦于农户创业阶段,借鉴张杰(2003)与陈雨露和马勇(2010)的分析框架,构建了一个金融服务合约达成的局部均衡模型,对农户创业与金融服务创新协同进行理论推导。

在理论推导开始之前,为了方便分析,我们先做如下假定:

（1）金融市场是完全市场。

（2）农户是金融市场中金融服务的需求者，金融机构是金融市场中金融服务的供给者。

假设农户将通过金融服务获得的资金 L 用于投资项目（包括生产性和生活性），项目利润率 R 处于一种随机状态，项目成功的概率为 $\rho(r, \theta)$，其中，r 为借款利率，θ 为项目风险。当项目成功时，农户收益率为 $R=\bar{R}$，$\bar{R} \in [1+r, \varpi)$，利润为 $\bar{R} \cdot L - L \cdot (1+r)$，金融机构获得 $r \cdot L$ 的利润；项目失败概率为 $1-\rho(r, \theta)$，当项目失败时，农户收益率为 $R=\underline{R}$，$\underline{R} \in [0, 1+r)$，金融机构获得项目剩余资产 $\underline{R} \cdot L$，金融机构的利润为 $(\underline{R}-1) \cdot L$（见表3.1）。

表 3.1　不同项目结果下农户与金融机构的利润情况

	农户	金融机构
$R=\bar{R}[\rho(r, \theta)]$	$\bar{R} \cdot L - L \cdot (1+r)$	$r \cdot L$
$R=\bar{R}[1-\rho(r, \theta)]$	0	$(\underline{R}-1) \cdot L$

综上所述，在不考虑贷款的机会成本和交易成本时，金融机构的预期收益函数为：

$$\pi = r \cdot L \cdot \rho(r, \theta) + (\underline{R}-1) \cdot L \cdot [1-\rho(r, \theta)] \tag{3.1}$$

农户的预期收益函数为：

$$Y = \rho(r, \theta) \cdot [\bar{R} \cdot L - (1+r) \cdot L] \tag{3.2}$$

在此基础上，我们将农户和金融机构的机会成本与交易成本考虑进金融服务合约之中，假定金融机构同时存在其他投资机会（如投资非农产业），并可以确定地获得 λ 的无风险收益率，即资金的机会成本为 $\lambda \cdot L$。农户在不借款的情况下存在着获得稳定收益 W 的机会。此外，鉴于中国农贷市场的实际情况，我们还需要考虑借贷双方为了完成金融服务合约产生的交易成本 C_1 与 C_2，C_1 为金融机构的交易成本，C_2 为农户的交易成本。综上所述，金融服务合约的达成需要建立在以下条件基础之上：

$$\pi = r \cdot L \cdot \rho(r, \theta) + (\underline{R}-1) \cdot L \cdot [1-\rho(r, \theta)] \geqslant \lambda \cdot L + C_1 \tag{3.3}$$

$$Y = \rho(r, \theta) \cdot [\bar{R} \cdot L - (1+r) \cdot L] \geqslant W + C_2 \tag{3.4}$$

即农户和金融机构的期望收益应大于两者所需付出的机会成本与交易成本，综上所述，如果双方要达成一个关于 L 和 r 的金融服务合约，则需要满足以下三个条件：

$$\text{Max}\pi(r,\ L)=r\cdot L\cdot\rho(r,\ \theta)+(\overline{R}-1)\cdot L\cdot[1-\rho(r,\ \theta)] \tag{3.5}$$

$$r\cdot L\cdot\rho(r,\ \theta)+(\overline{R}-1)\cdot L\cdot(1-\rho(r,\ \theta))\geqslant\lambda\cdot L+C_1 \tag{3.6}$$

$$Y=\rho(r,\ \theta)\cdot[\overline{R}\cdot L-(1+r)\cdot L]\geqslant W+C_2 \tag{3.7}$$

由式（3.5）、式（3.6）和式（3.7）可知，金融服务合约达成的约束条件为：在金融机构利润最大化[1]的同时，农户和金融机构的预期收益需大于其机会成本与交易成本之和。假设以上最优规划有解，其形式为（r^*，L^*），那么（r^*，L^*）则必须满足式（3.6）和式（3.7）两个约束条件，将（r^*，L^*）代入式（3.6），可得：

$$\rho(r^*,\ \theta)\cdot r^*\leqslant\rho(r^*,\ \theta)\cdot(\overline{R}-1)-\frac{W+C_2}{L^*} \tag{3.8}$$

我们将式（3.8）变形，可得：

$$r^*\leqslant(\overline{R}-1)-\frac{W+C_2}{L^*\cdot\rho(r^*,\ \theta)} \tag{3.9}$$

这也是农户能够承受的利率上限。

同理，将（r^*，L^*）代入式（3.7），可得：

$$\rho(r^*,\ \theta)\cdot r^*\geqslant\lambda-(\overline{R}-1)\cdot[1-\rho(r,\ \theta)]+\frac{C_1}{L^*} \tag{3.10}$$

将式（3.10）变形，可得：

$$r^*\geqslant\frac{\lambda-(\overline{R}-1)\cdot[1-\rho(r,\ \theta)]}{\rho(r^*,\ \theta)}+\frac{C_1}{\rho(r^*,\ \theta)\cdot L^*} \tag{3.11}$$

这也是金融机构所能接受的利率下限。

由式（3.9）和式（3.11）可知，若要满足解（r^*，L^*）存在，那么 r^* 的存在区间应为：

$$(\overline{R}-1)-\frac{W+C_2}{L^*\cdot\rho(r^*,\ \theta)}\geqslant r^*\geqslant\frac{\lambda-(\overline{R}-1)\cdot[1-\rho(r^*,\ \theta)]}{\rho(r^*,\ \theta)}+\frac{C_1}{\rho(r^*,\ \theta)\cdot L^*} \tag{3.12}$$

进一步简化式（3.12），则有：

---

[1]　鉴于农贷市场的供给先行特征，金融机构在金融合约中往往处于强势地位，在这里我们只需要考虑金融机构的利润最大化。

$$\rho(r^*,\ \theta)\cdot(\overline{R}-1)\cdot L^*+[1-\rho(r^*,\ \theta)]\cdot(\underline{R}-1)\cdot L^*\geqslant\lambda\cdot L^*+W+C_1+C_2$$

$$(3.13)$$

显然，$\rho(r^*,\ \theta)\cdot(\overline{R}-1)\cdot L^*+[1-\rho(r^*,\ \theta)]\cdot(\underline{R}-1)\cdot L^*$ 是 $(R-1)$ 在既定利率 r 条件下的数学期望。

$$E(R-1)=E[(R-1)\mid r^*,\ \theta]$$
$$=\rho(r^*,\ \theta)\cdot(\overline{R}-1)+[1-\rho(r^*,\ \theta)]\cdot(\underline{R}-1) \qquad (3.14)$$

则式（3.13）可以进一步表示为：

$$L^*\cdot E(R-1)\geqslant\lambda\cdot L^*+W+C_1+C_2 \qquad (3.15)$$

由式（3.15）可知，在无需抵押物的情况下，金融服务合约局部均衡解存在的一个必要条件应当是：贷款所投入的实际经营活动的平均收益应不小于金融服务的供给方和需求方的机会成本与交易成本之和。而金融机构为避免逆向选择和道德风险，通常会要求农户提供抵押物，以保证农户在无法足额偿还贷款本息时，用抵押物清偿债务。下面我们进一步对引入抵押物后的金融服务合约达成的局部均衡条件进行理论推导。

3.3.1.2　引入抵押物后金融服务合约达成的局部均衡条件

我们假定抵押物实际价值为 F，那么对金融机构而言，在农户投资项目成功的情况下，收回足额的本息 $L\cdot(1+r)$，而在农户投资项目失败无法偿还贷款本息时，他们则获得抵押物。如此一来，金融机构则可以锁定其在任何情况下的收益。考虑到中国农村资产普遍存在产权不明晰的问题，极大地降低了抵押物的金融价值，所以在进行理论推导时，我们决定在抵押物实际价值 F 前添加一个抵押系数 β，$\beta\in(0,\ 1)$，以便更为准确地衡量其实际抵押能力。综上所述，金融机构与农户的收益期望函数表达式分别变为：

$$\pi=r\cdot L\cdot\rho(r,\ \theta)+(\beta F-L)\cdot[1-\rho(r,\ \theta)] \qquad (3.16)$$

$$Y=\rho(r,\ \theta)\cdot[\overline{R}\cdot L-(1+r)\cdot L]+[1-\rho(r,\ \theta)](\underline{R}\cdot L-\beta F) \qquad (3.17)$$

此时，若要使交易达成，不仅需要金融机构实现利润最大化及两者的预期收益大于两者的机会成本与交易成本之和，还需要满足抵押物的金融价值大于金融机构在既定利率 r 下的本息之和，即：

$$\mathrm{Max}\pi=r\cdot L\cdot\rho(r,\ \theta)+(\beta F-L)\cdot[1-\rho(r,\ \theta)] \qquad (3.18)$$

$$\rho(r,\ \theta)\cdot[\overline{R}\cdot L-(1+r)\cdot L]+[1-\rho(r,\ \theta)](\underline{R}\cdot L-\beta F)\geqslant W+C_2 \qquad (3.19)$$

$$r\cdot L\cdot\rho(r,\ \theta)+(\beta F-L)\cdot[1-\rho(r,\ \theta)]\geqslant\lambda\cdot L+C_1 \qquad (3.20)$$

$$\beta F\geqslant L\cdot(1+r) \qquad (3.21)$$

综上所述，我们基于家庭经营特征变迁的现实背景，推导了农户与金融机构在加入抵押物前后的金融服务合约达成的局部均衡条件。加入抵押物之前，金融服务合约的达成需满足局部均衡条件式（3.15）；加入抵押物之后，还需在式（3.15）的基础上，保证抵押物的金融价值大于资金的本息之和，即式（3.21）。

3.3.1.3 传统农业经营模式下金融服务合约局部均衡条件的实现困境

在上述推论的基础上，我们可以对传统农业经营模式下，金融服务合约局部均衡条件难以达成的原因进行分析，为了分析的对称性，我们仍然将分析分为加入抵押物之前与加入抵押物之后两个阶段。

在加入抵押物之前，金融服务合约达成的局部均衡条件为式（3.15），即贷款所投入的实际经营活动的期望收益 $E(R-1)$ 应不小于金融服务的供给方和需求方的机会成本与交易成本之和 $\lambda \cdot L^* + W + C_1 + C_2$。因此，在贷款数量 L 恒定的情况下，决定局部均衡条件最主要的三个变量就变为了农户经营活动的期望收益 $E(R-1)$、金融机构和农户的机会成本 $\lambda \cdot L$ 和 W，以及交易成本 C_1 和 C_2。首先，在小规模、细碎化的小农生产模式下，农户从事农业经营的期望收益 $E(R-1)$ 低下；其次，在工业化和城镇化进程迅速推进的背景下，工商业经营的平均收益水平远远高于农业，无论是农户从事农业经营的机会成本 W 还是金融机构放款到农业领域的机会成本 $\lambda \cdot L$ 均较高；最后，农户居住分散，金融服务难以形成规模效应，再加上农户缺乏标准化的金融信息，与金融机构之间存在着严重的信息不对称，无论是农户的单笔金融服务交易成本 C_1 还是金融机构的单笔服务交易成本 C_2 均较高。这就决定了农户从事农业经营的期望收益难以覆盖自身和金融机构的交易成本和机会成本，金融服务合约的局部均衡条件式（3.15）难以达成。在加入抵押物之后，金融服务合约局部均衡条件的达成还需要加上条件式（3.21），即抵押物金融价值大于资金的本息之和，但是长久以来，限于我国农村产权资产由于产权归属不明晰、难以进行市场交易等原因难以成为金融机构合格的抵押物，亦即抵押系数 β 非常小，因此在加上条件式（3.21）之后，金融服务合约的局部均衡条件更加难以实现。

综合以上分析，传统农业经营模式下，金融服务合约的局部均衡条件更加难以实现的原因主要可以归纳为以下两个方面：一是传统农业经营模式的期望收益过低，难以支撑农户和金融机构的机会成本和交易成本之和；二是农村产权资产的金融价值难以覆盖金融机构的本息之和。因此，就造成金融服务合约的局部均衡条件难以达成的原因来看，破解困境的关键在于以下三点：一是农户通过扩张规模以及采用资本、技术替代等方式改善经营效率，提高经营的期望收益；二是金融机构通过采用新技术降低金融服务和交易成本[①]；三是政府通过对农村产权资产进行改革，以提高其金融价值，进而符合金融机构的抵押条件。

3.3.1.4 农户创业与局部均衡条件的达成

根据 3.3.1.3 小节的分析，破解传统金融服务困境的一项重要举措便是通过扩张规模以及采用资本、技术替代的方式改善农业经营效率，也就是需要农户改变自身经营特征，提高经营效率。改革开放以来，得益于城镇化吸纳了大量农村剩余劳动力，我国农业开始逐渐去"过密化"。农业的人口土地比逐步下降，农户家庭经营特征变迁也由此开启，部分创业农户从普通农户中脱颖而出。相对于普通农户，创业农户的经营效率和盈利能力得到了极大的提升，下面，我们结合陈雨露等（2009）的研究，对农户家庭经营特征的变迁进行理论推导。

如图 3.2 所示，M_1 是农户演进历程中第一阶段的生产模式。当农户的资本量 K 在 OA 范围内时，他只能进行简单重复生产，资本的边际报酬必然递减；随着普通农户的资本量大于 OA（但小于 OB），他将有能力进行规模扩张的再生产，资本的边际报酬将出现递增。鉴于经营特征陷于简单重复的桎梏，M_1 的预期收益率较低，且风险较高，风险曲线 $Risk_1$ 在一个较高的水平上缓慢递减。M_2 是农户演进历程中第二阶段的生产模式。随着农户的资本量进一步增加并超过 OB，其经营特征将发生变迁，他将根据资本边际收益规律安排生产经营，并能够为降低经营风险进行投资，成为规模化、专业化农业生产经营的家庭农场、专业大户，或者成为从事工商业经营的工商农户。由于 M_2 的农业经营规模更经济[②]且普遍采用资本、技术对劳动力进行替代，或直接采用资本密集型的生产经营方式，因此 MR_2 的平均收益水平和边际收益水平远高于 MR_1，并在更高的平均和边际收益水平上呈现出递减特征。而对于风险曲线而言，由于创业涉及要素重组乃至生产方式的革新，因此在初期存在较高的不确定性，因此在创业初期会出现风险上升的情况。但是从技术进步的角度来看，农户创业是从传统技术水平向更

---

① 本书未将理论推导中的机会成本加入困境的分析有以下两个原因：一是机会成本与经营的期望存在相关关系，随着经营期望收益的提高，其机会成本会下降；二是机会成本由农业和非农产业两者的发展决定，属于既定条件。

② 在家庭联产承包责任制下，我国农地经营呈现出平均化、细碎化的特征，普通农户难以实现规模经营。而家庭农场和专业大户则可以通过土地流转实现预期的经营规模，广泛采用技术和资本对劳动力进行替代，其经营规模相比普通农户更为经济。而工商农户经营领域由农业变为工商业，普遍采用资本密集型的生产经营方式，其经营规模比前三者更大。

高技术水平的方向发展，这也保证了在度过创业初期的高风险之后，风险水平会
迅速下降。因此，$Risk_2$ 在呈现出上升之后迅速下降，并达到一个远低于 $Risk_1$ 的
水平。

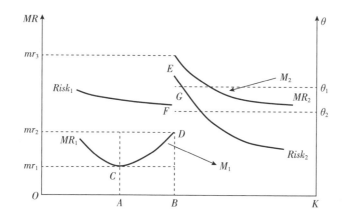

图 3.2　家庭经营特征变迁背景下农户的资本边际收益与风险曲线

由此观之，随着农户资本量不断增加、经营特征的逐渐变迁，其资本边际收
益曲线呈现出在 M_1 模式下"先递减、后递增"，并在 B 点突变后"在一个较高
水平下递减"的基本特征；风险曲线则呈现先缓慢下降，并在 B 点突变后呈现
先上升然后迅速下降，并且在一个较低的水平逐渐下降的基本特征。根据上述推
导，在农户家庭特征变迁的第一阶段，农户全部为普通农户。普通农户主要从事
M_1 类型生产，经营规模小，科技含量低，因而项目期望收益 $E(R-1)$ 较低，再
加之自有资产少，且农村资产产权归属不明晰，抵押物金融价值 βF_1 小，也导致
正规金融服务合约的局部均衡条件难以达成。在农户家庭特征变迁的第二阶段，
农户由普通农户演进为创业农户，成为从事规模化、专业化农业生产经营的家庭
农场、专业大户，或者成为从事工商业经营的工商农户，进行 M_2 类型生产经营。
较之普通农户，创业农户的预期收益 $E(R-1)$ 更高，因此更有可能达到局部均
衡条件。但是就 3.3.1.3 小节的推导来看，即使农户发生分化，农业经营期望收
益 $E(R-1)$ 提高，也只解决了传统农业经营模式下，局部均衡条件达成的其中
一个困难，只能在一定程度上对式（3.15）产生影响。要促使局部均衡条件最终
达成，无疑还需要金融服务的供给方降低金融服务的交易成本，并且提高农村产
权资产的抵押价值。

前文已经提到，近年来，随着创业农户的不断涌现，国家大力鼓励金融机构通过不断地创新以适应创业农户的金融服务需求，各地金融机构也因地制宜，开发出了金融创新服务，以适应当前创业农户发展的需求。沿着本书的分析逻辑，笔者将这些金融创新服务分为三类，以对应传统金融服务局部均衡条件的原因分析。一是降低农业经营风险，提高经营的期望收益，如农业保险；二是使用先进的交易技术，降低金融服务的交易成本，如互联网金融；三是创新农村产权资产抵押制度，提高农村产权资产的抵押能力，以及对未来收益看好的无抵押股权融资，如"两权"抵押贷款以及投资基金等。通过上述创新，不但稳定了农业经营的收益预期，同时降低了金融服务的交易成本，而且提升了农村产权资产的抵押能力。这无疑提升了式（3.15）和式（3.21）达成的现实可能性，进而能够破解均衡条件难以达成的困境，实现农户创业和金融服务创新的协同发展。综上所述，传统经营模式下，农业经营的预期收益低，难以负担金融服务的机会成本和交易成本，均衡条件式（3.15）难以达成。同时，农村产权资产由于产权归属不明晰、难以进行市场交易等原因难以成为金融机构合格的抵押物，均衡条件式（3.21）同样难以实现。这两个原因直接造成了金融服务合约的局部均衡条件难以达成，这也是农户传统经营模式与金融服务难以实现协同的症结所在。而随着工业化、城镇化背景下农户家庭经营特征的变迁与创业农户的不断崛起，农业经营的期望收益显著提升，加之金融创新服务的不断涌现，也极大地减少了金融服务的交易成本并极大地提高了农村产权资产的抵押能力，金融服务合约的局部均衡条件达成的现实可能性被显著提升，这也为农户创业与金融服务创新协同奠定了坚实的基础。

3.3.2 农户创业与金融服务创新协同的主要模式

我们在3.3.1小节对于金融服务合约的局部均衡条件达成的推导中明确指出，当前针对创业农户的金融创新服务主要分为以下三类：一是降低农业经营风险，提高经营的期望收益，目前国内主要的模式有农业保险、农业信托、农产品期货两类；二是使用先进的交易技术，降低金融服务的交易成本，主要为互联网金融；三是农村产权资产抵押以及无抵押股权融资，目前最主要的模式为"两权"抵押贷款和农业产业链融资；除了上述三类之外，还有部分金融创新服务是组合类型，通过对三类金融服务因地制宜进行组合，进而形成新的金融创新服务。下面我们就以这个分类为基础，对当前农户创业与金融服务创新的主要模式进行归纳和总结。

3.3.2.1　以提高农业经营预期收益为核心的金融服务创新

（1）农业保险。农业的发展面临着较大的自然风险和市场风险，农业保险可以有效地降低农业发展面临的自然风险和市场风险，提高农业经营的预期收益，这也是发达国家最基本、最常用的金融服务。受制于我国宏观经济和农业经济的发展进程，我国的农业保险长期处于停滞状态。为了有效地分散农业发展中的自然风险，我国从 2004 年开始试点农业政策性保险，经过三年的试点阶段，我国于 2007 年由中央财政拨款 10 亿元在全国选取了六个省（区）正式开展农业保险保费补贴试点。政策性保险的试点推广有效地分散了农业发展中的生产风险，然而，除了自然风险之外，市场风险同样是制约农业发展的重要因素。为了有效地分散农业发展中的市场风险，中共中央、国务院于 2003 年底印发《关于促进农民增加收入若干政策的意见》，提出"逐步建立农产品目标价格制度"的具体要求。从此，农产品价格保险试点工作在全国逐步展开，各地纷纷建立和实施农产品目标价格保险制度，为农业生产提供市场风险保障。到 2016 年末，农业保险在开办区域上已经覆盖全国所有省（区、市），玉米、水稻、小麦三大口粮作物平均承保覆盖率超过 70%，承保作物 189 种，基本覆盖农、林、牧、渔各个领域①。

（2）农业信托。信托就是信用委托，信托业务是一种以信用为基础的法律行为，一般涉及三方面当事人，即投入信用的委托人、受信于人的受托人，以及受益于人的受益人。信托业务是由委托人依照契约或遗嘱的规定，为自己或第三者（即受益人）的利益，将财产上的权利转给受托人（自然人或法人），受托人按规定条件和范围，占有、管理、使用信托财产，并处理其收益（曹龙骐，2003）。农业信托是指在为委托人获取收益的基础上，构建募集资金的平台，再将资金以信托贷款和增发股权的方式运用在农业领域中，是信托业务由商业领域向农业领域拓展的创新之举。就目前来看，我国的农业信托尚处于萌芽阶段，最主要的形式是土地信托。土地信托是指农民专业合作社等农业社会化服务组织作为受托方接受农民委托，对从分散小农户那里受托的农地实行统一专业管理。土地信托从本质上形成了生产资料和农化服务的共享化，这是中国农村基层在面临土地规模化经营去向与农户土地碎片化、分散化现实的矛盾时探索出来的一套农

---

① 《中国金融服务报告 2016》。

业分享经济模式。

（3）农产品期货。期货与现货完全不同，现货是实实在在可以交易的货（商品），期货主要不是货，而是以某种大众产品如棉花、大豆、石油等及金融资产如股票、债券等为标的的标准化可交易合约。农产品期货，顾名思义是以农产品为交易标的的期货。通过开展农产品期货，1993 年 5 月中国郑州粮食批发市场更名为中国郑州商品交易所，这是中华人民共和国成立后的第一家期货交易所，也是第一家粮食期货交易所。2000 年 4 月，大连商品交易所的大豆期货合约开始实行全天交易。期货交易的推广在很大程度上稳定了农业经营主体对于农产品价格的预期，降低了农产品市场风险。但是期货交易的大宗特征决定了参与上述期货市场的主要是农业龙头企业等经营主体。随着我国农户家庭经营特征的变迁，以家庭农场、专业大户为核心的创业农户如雨后春笋般涌现，如何让创业农户通过期货交易来对冲农产品市场风险是当前我国金融服务创新急需解决的问题。

3.3.2.2 以降低交易费用为核心的金融服务创新——互联网金融

根据 3.3.1 小节所述，农户居住分散，金融机构难以在农村地区形成规模效应，进而导致单笔金融服务交易费用高，这也是制约传统农村金融服务发展的重要原因（Stiglitz & Weiss，1981；朱喜和李子奈，2006）。因此，要降低金融服务的交易成本，必须以规模效应的形成为基础。然而如果要通过改变农户分散居住状态来形成规模效应无论是从社会还是经济的角度而言都是不切实际的，因此，通过技术手段的升级，使金融服务形成规模效应，进而降低交易成本便成为了金融服务创新的关键。20 世纪 70 年代以来，互联网技术因为其巨大的平台优势，开始逐渐在各个领域得到广泛应用。从 21 世纪开始，互联网技术在我国得以广泛应用，金融机构也积极拥抱互联网，通过搭建网上银行、手机银行等互联网服务平台，创新金融服务，而互联网服务平台的建立极大地降低了金融机构与农户的金融服务交易成本，使传统金融服务在一定程度上得到了改善。目前，P2P 信贷融资、基于大数据的小额信贷融资等方式逐渐被农户和金融机构所接受，并有望在未来成为金融服务的主要形式。

3.3.2.3 以创新抵押担保制度以及股权融资为核心的金融服务创新

（1）"三权"抵押贷款。长久以来，农户缺乏正规金融机构的有效担保是制约传统农村金融服务发展的一大瓶颈（张杰，2003）。因此，通过赋予农村产权资产抵押功能，强化农户担保能力是我国当前金融服务创新最主要的形式。2013

年，为改善金融服务，支持林业发展，规范林权抵押贷款业务，完善林权登记管理和服务，有效防范金融风险，中国银监会和国家林业局联合印发了《关于林权抵押贷款的实施意见》，要求银行业金融机构积极开展林权贷款。2015 年，为进一步深化金融改革创新，国务院印发《关于开展农村承包土地的经营权和农民住房财产权抵押贷款试点的指导意见》，要求按照所有权、承包权、经营权三权分置和经营权流转有关要求，以落实农村土地的用益物权、赋予农民更多财产权利为出发点，深化金融改革创新，稳妥有序开展"两权"抵押贷款业务，有效盘活农村资源、资金、资产，增加农业生产中长期和规模化经营的资金投入，为稳步推进农村土地制度改革提供经验和模式，促进农民增收致富和农业现代化加快发展。至此，我国初步完成了"三权"抵押贷款的顶层设计，为传统农村金融服务创新提供了政策保障。

（2）农业担保。根据我国《担保法》的定义，担保是指在借贷、买卖、货物运输、加工承揽等经济活动中，债权人为保障其债权的实现，要求债务人向债权人提供保证其债权实现的合同。担保方式有保证、抵押、质押、留置和定金五种。在金融服务合约中，在债务人暂时无法向债权人提供合格的抵押物时，可以寻求担保提供保证进而获得金融服务。根据现行的法律法规，农户可以直接将符合"三权"抵押范围的农村产权资产向银行进行抵押贷款，但是尚不能将不在上述范围内的农村产权资产进行抵押进而获得贷款。同时，鉴于农户创业在不同地区的发展程度存在差异等客观原因，银行往往不愿意直接接受农村产权资产作为抵押物，而要求担保机构的介入。在这种情况下，担保这一金融服务创新对于我国金融的发展就显得尤为重要。2004 年的中央"一号文件"中明确指出"鼓励政府出资的各类信用担保机构积极拓展符合农村特点的担保业务，有条件的地方可设立农业担保机构，鼓励现有商业性担保机构开展农村担保业务"。随着农户创业的兴起，我国农业担保也在各地政府的引导下迅速诞生与发展，并且已经成为当前最主要的金融服务创新之一。

（3）农业供应链融资。供应链融资是指金融服务机构通过考核整条产业链上下游企业的状况，分析考证产业链的一体化程度，以及掌握核心企业的财务状况、信用风险、资金实力等情况，最终对产业链上的多个企业提供灵活的金融产品和服务的一种融资模式。农业供应链融资是指农业产业内的供应链融资。目前，随着我国农业产业化、农业经营主体向产业联合体发展的趋势越来越明显，供应链融资也逐渐成为解决产业链条上各经营主体融资难问题的一大金融服务创新，当前，"企业+家庭农场""公司+基地+农户"等供应链融资方式已经逐渐开始在全国各地兴起，随着我国农业产业化程度的进一步加深，与之相匹配的供应链融资一定会呈现出相应的增长和发展。根据《全球供应链促进报告2024》统计，2023年我国供应链金融的市场规模为41.3万亿元。

（4）股权融资。就目前我国农业股权融资类型来看，主要分为以下三种：①股票。股票是股份公司发行的所有权凭证，是股份公司为筹集资金而发行给各个股东作为持股凭证并借以取得股息和红利的一种有价证券。截至2018年，我国沪深两市的农业上市企业已经超过70家，在新三板挂牌的涉农企业更是多达386家。②债券。债券是一种金融契约，是政府、金融机构、工商企业等直接向社会借债筹措资金时，向投资者发行，同时承诺按一定利率支付利息并按约定条件偿还本金的债权债务凭证。截至2016年末，累计有396家涉农企业发行1001只、10928.9亿元债务融资工具，涉农企业债务融资工具存量约为5200亿元，每年可为涉农企业节约融资成本100多亿元。③农业投资基金。投资基金是通过发行基金券（基金股份或收益凭证）将投资者分散的资金集中起来，由专业管理人员分散投资于股票、债券或者其他金融资产，并将投资收益分配给基金持有者的一种投资制度，有着规模经营、分散投资、专家管理和服务专业化的特点（张亦春等，2008）。农业投资基金则是指投资领域为农业产业的投资基金。2009年中央"一号文件"指出"鼓励在有条件的地区成立政策性农业投资公司和农业产业发展基金"，此后，农业投资基金先后在各地兴起，截至2016年底，基金业已投资未推出项目投资余额已经达到594亿元。

3.3.2.4 各类协同创新

除了以上所述的金融服务创新之外，各地还根据自身农业发展特点，以及创业农户对于金融服务创新功能的不同需求，基于上述创新创造出新的金融服务创新，从而为创业农户提供多元的金融创新服务，比较常见的有"银行+政府+担保"贷款模式、"期货+保险"模式、"保险+信贷"模式、"订单+信贷"模式等。这些金融服务创新组合或是为创业农户提供了更多的选择，或是将金融服务的风险进一步分散。例如，"银行+政府+担保"贷款这种金融服务创新，就可以通过政府财政资金的介入，为贷款提供担保，进而分散原来集中在银行和担保上的风险压力，使贷款发生风险时银行和担保的损失在一定程度上得以降低，进而提升了金融机构参与金融服务创新的积极性。又如，"期货+保险"模式为国家解决国家农产品价格补贴问题提供了新的方式和途径，为广大农户免受农产品市场价格波动造成的收入减少提供了风险保障,同时也为保险机构规避价格保险带来的经验风险提供了"再保险"功能。

3.4 本章小结

精准的概念界定是进行理论推导和实证分析的基础,本章首先对研究所涉及的农户创业、金融服务创新、协同三大基础概念进行了界定,我们将这三大概念划分为了农户、创业、金融服务、创新和协同五个概念,在结合既有研究和中国现实的基础之上,对其进行了概念界定,对于本章第三节的农户创业和金融服务创新的理论框架构建以及本书第 5 章、第 6 章、第 7 章的实证分析都是至关重要的。

在概念界定基础上,我们引入生命周期理论,对农户经营生命周期金融供求特征进行分析,进而以一个更为全面的视角来研究农户创业与金融服务创新。本书认为,农户经营可以大致分为创业阶段、发展阶段、成熟阶段、衰退阶段,农户在各阶段具有不同的金融供求特征。在创业阶段,农户涉及大量的前期投资,并且利润回收存在时滞,资金需求量大,金融服务需求旺盛。理论上而言,以债权融资为主的银行类金融机构和股权融资类金融机构如投资基金、私募基金往往会成为农户最主要的金融供给者。但是就实际情况来看,由于我国金融机构,尤其是针对"三农"服务的金融机构发展严重滞后,因此农户仍然以债权融资为主的银行类金融机构为主。

最后,本章对农户创业与金融服务创新协同进行了机理分析,我们认为,传统农业经营的弱质性、传统金融服务所面临的高额交易成本以及农户缺乏有效的抵押物直接导致金融服务合约的局部均衡条件难以达成,制约了农户创业与金融服务创新之间形成协同。随着农户经营特征变迁、盈利能力增强,现代金融交易技术发展,农村产权资产改革使农户拥有了合格抵押物,创业农户与金融机构之间有望形成有效协同。综上所述,本章最重要的工作主要分为两个方面:一是界定了本书的核心概念,这是本书理论和实证分析的基础;二是对农户创业与金融服务创新协同机理进行了分析,这为本书的实证设计奠定了逻辑基础。接下来,本书将重点围绕本书的概念界定和机理分析,实证检验农户创业与金融服务创新协同的有效性。

第4章 农户创业与金融服务创新协同演进及描述性统计分析

在构建农户创业与金融服务创新协同的理论框架之后，本章将通过描述性统计分析，对农户创业与金融服务创新协同的演进历程与趋势进行分析，以厘清两者协同的历史脉络与未来趋势。从中华人民共和国成立以来农业经济发展的历程来看，农户创业与金融服务创新主要经历了 1979~2003 年以及 2004 年至今①两个时期。基于上述时期划分，本章第一节将对 1979~2003 年的农户创业与金融服务创新协同演进历程进行分析；在第二节中，我们将对 2004 年至今的农户创业与金融服务创新协同演进历程进行分析；在第三节中，我们将对农户创业与金融服务创新协同趋势进行分析；最后是简单的小结。

4.1 1979~2003 年农户创业与金融服务创新协同

4.1.1 1979~2003 年农户创业

我国计划经济时期的农业经营制度与金融制度为工业化生产提供了大量的积累，但这种体制导致激励出现严重扭曲，对劳动的监督变得十分困难且成本较高，生产力与生产关系严重错位，特别是平均主义盛行，因而通过规模经济受益的可能最终被农业生产中的监督困难引起的激励扭曲淹没了（林毅夫，2005）。

---

① 从 2004 年开始，国家重新高度重视"三农"问题，开始全面加大"三农"投入，减轻"三农"负担，我国"三农"事业的发展在国家战略调整背景下进入了前所未有的发展机遇期。因此，本书将 2004 年以来到目前的这一段时间定义为"新时期"。

1976 年之后，党和政府开始重新考虑农村政策。在 1978 年 12 月举行的党的十一届三中全会上，部分领导人力主迅速变革农村政策，包括推行农村经济的多种经营、农业生产专业化、按地区比较优势进行作物选择耕作、扩大自由市场、提高农产品价格等。

1979～1983 年，农业合作化逐步解体，更加适合当时国情和生产规律的家庭联产承包责任制①开始逐步推行，到 1983 年末，中国农村地区几乎所有农户都开始采用这一新的农作制度。国家统计局的数据显示，1980 年 1 月，中国的所有生产队中只有 1.02% 转变为农业家庭责任制，1980 年 12 月增长到 14.4%，1981 年 7 月增长到 28.2%，1981 年 10 月增长到 45.1%，到 1983 年末，约 97.7% 的生产队或 94.4% 的农户在农业家庭责任制下经营，1984 年以后家庭联产承包责任制经营占比达到 99%（见表 4.1）。在家庭联产承包责任制下，农业经营主体由单一的生产队变为家庭分散经营和集体统一经营相结合的双层经营模式。这是一种以土地集体所有制为基础、以土地"两权"分离（土地所有权集体所有和承包经营权农民所有）为前提、以双层经营结构为基本特点的农业经营体系，以单个的农户作为生产经营单位替代了集体的生产经营方式。1991 年，党的十三届八中全会首次明确："把以家庭联产承包为主的责任制、统分结合的双层经营体制，作为我国乡村集体经济组织的一项基本制度长期稳定下来，并不断充实完善。"1999 年修正的《宪法》明确："农村集体经济组织实行以家庭承包经营为基础、统分结合的双层经营体制。"至此，农业家庭联产承包责任制得到了最高法律的确认而作为一项基本国策被长期稳定下来，成为一种传统的农业经营方式。家庭联产承包责任制极大地激发了农业微观经营主体的生产热情，也促进了农业的快速发展。从表 4.1 中可以发现，在 1979～1983 年农业合作化解体期间，与集体化生产时期相比，农业总产值指数和农业全要素生产率均在逐渐上升，到 1984 年后上升速度进一步提高。同时，与 1952～1978 年相比，1979 年后推行的家庭联产承包责任制、提高农产品价格等一系列改革，通过降低计划功能，增强农户家庭或个人激励与市场的作用，使 1979～1984 年农业中所有主要部门的产出增长

---

①　在 1978 年末，安徽省少数经常受洪旱之灾的生产队，首先是秘密地，尔后再经地方政府同意后开始尝试将土地、其他资源及农业产出定额承包给单个农户经营的制度，一年后这些生产队的亩产远远高于同类地区的其他生产队。该县采用了家庭联产承包责任制的生产队的谷物产出增长了 35.7%。与此相类似，来安县谷物增长比例对比为 0.7%∶37.1%，嘉山县为 0.3%∶31.0%。看到这一显著试验效果后，中央政府承认了家庭联产承包责任制的存在，但要求将之限定在贫穷的农村地区，主要是边远山区和贫穷生产队。不过，这一限制很快被突破了，在富裕的农村地区也热情地欢迎家庭联产承包责任制。

率都加速了好几倍。

表 4.1　家庭联产承包责任制、作物类型与复种指数　　　　单位：%

年份	家庭联产承包责任制占比	播种面积占比			复种指数
		粮食作物	经济作物	其他	
1970	0	83.1	8.2	8.7	141.9
1971	0	83.1	8.2	8.7	144.7
1972	0	81.9	8.5	9.6	147.0
1973	0	81.6	8.6	9.8	148.2
1974	0	81.4	8.7	9.9	148.7
1975	0	81.0	9.0	10.0	150.0
1976	0	80.6	9.2	10.2	150.6
1977	0	80.6	9.1	10.3	150.5
1978	0	80.4	9.6	10.0	151.0
1979	1	80.3	10.0	9.7	149.2
1980	14	80.1	10.9	9.0	147.4
1981	45	79.2	12.1	8.7	146.5
1982	80	78.4	13.0	8.6	146.7
1983	98	79.2	12.3	8.5	146.4
1984	99	78.3	13.4	8.3	146.9
1985	99	75.8	15.6	8.6	148.4
1986	99	76.9	14.1	9.0	150.0
1987	99	76.8	14.3	8.9	151.3

资料来源：林毅夫．制度、技术与中国农业发展［M］．上海：上海三联书店，2005：70.

　　在农业家庭联产承包责任制下，农户在按照国家规定的价格提供一定数量的定购粮以及缴纳农业税之后，他们有了在种植和投入决策方面的自由，并被允许保留所有的利润，这种经营体制改革带来的激励机制的改进和主要农产品价格提高的激励增加，使农户从原有的集体经营制度下被解放出来，开始从事农业创业，当然，这一阶段的创业主要以恢复集体经营制度之前的生产经营方式为主。同时，随着工业化、城镇化进程加速推进，加之城乡二元户籍制度的松动，城市经济逐渐具备了较强的劳动力吸纳能力，全国统一的劳动力市场开始形成，原本固定在土地上的农业劳动力向城市转移（贺雪峰和董磊明，2009），农户的非农就业和非农创业也开始萌芽。

4.1.2　1979~2003 年金融服务创新

4.1.1 小节中已经提到，发轫于农村的经济改革揭开了中国改革开放的大幕，以家庭承包经营为基础、统分结合的双层经营体制，极大地激发了农业微观经营主体的生产热情，农业领域的生产力得到恢复，粮食产量、农民收入均出现了大幅提升。为了配合农业经营制度的改革，金融体制也进行了相应改革，这一阶段的金融服务创新主要是计划经济体制下的金融制度向市场化金融制度转轨。具体而言，主要分为以下两个阶段：

第一阶段：1979~1992 年，金融体系逐渐恢复。为了适应和支持新阶段家庭农业发展的需要，1979 年 2 月国务院发出《关于恢复中国农业银行的通知》。1979 年 3 月 13 日，中国农业银行正式恢复建立，统一管理支农资金，集中办理农村信贷，领导农村信用合作社，发展金融事业。这一时期的农村信用合作社的服务对象由公社集体转向分散农户、个体工商户、乡镇企业和各种经济联合组织。1980~1981 年，国家采取了一系列措施对信用合作社进行改革，包括增加业务、扩大合作社业务经营自主权、调整与农业银行往来利率关系等，但仍然是作为农业银行的基层机构存在。1982~1984 年，国家进行以恢复农村信用合作社"三性"为主要内容的改革。1984 年，国务院批准了《关于改革信用社管理体制的报告》，明确提出要把农村信用合作社真正办成群众性的合作金融组织，在农业银行的领导和监督下独立自主地开展业务，并成立由其控制的县联社，吸收农民入股，恢复社员代表大会制度，将农业银行对信用合作社的指令性计划改为指导性计划，建立县联社以领导基层信用合作社。该阶段主要是中国农业银行和农村信用合作社提供金融服务，但是金融服务品种单一，主要是农业信贷。表 4.2 列出了 1979~1996 年我国农村存款来源与农业信贷服务渠道、数量特征。农村不仅各项存款增长迅速，而且随着乡镇企业的异军突起，乡镇企业贷款增长最快，且逐渐在涉农贷款总量的比重中占据主导地位；家庭联产承包责任制的推行不仅刺激了农户存款的快速增长，也刺激了农户贷款需求的增长，从而使农户贷款供给出现了快速增长势头；增长速度最慢的是集体农业贷款。

表 4.2　1979~1996 年我国农村信用社存款来源与农业信贷服务渠道、数量特征

单位：亿元

年份	存款资金来源					信贷投放渠道			
	合计	集体农业存款	乡镇企业存款	农户存款	其他存款	合计	集体农业贷款	乡镇企业贷款	农户贷款
1979	215.90	98.30	21.90	78.40	17.30	47.50	22.40	14.20	10.90
1980	272.30	105.50	29.50	117.00	20.30	81.60	34.50	31.10	16.00
1981	319.60	113.20	29.70	169.60	7.10	96.40	35.70	35.50	25.20
1982	389.90	121.10	33.70	228.10	7.00	121.20	34.80	42.30	44.10
1983	487.40	91.80	62.30	319.90	13.40	163.10	28.20	60.10	75.40
1984	624.90	89.90	81.10	438.10	15.80	354.50	38.40	135.00	181.10
1985	724.90	71.90	72.10	564.80	16.10	400.00	41.40	164.40	194.20
1986	962.30	83.90	91.70	766.10	20.60	568.50	44.60	265.90	258.00
1987	1225.20	89.90	104.70	1005.70	24.90	771.40	64.50	359.30	347.60
1988	1399.80	98.40	128.30	1142.30	30.80	908.60	80.10	456.10	372.40
1989	1669.50	92.30	126.40	1412.10	38.90	1094.90	107.30	571.90	415.70
1990	2144.90	106.50	149.90	1841.50	47.00	1413.00	134.10	760.70	518.20
1991	2709.40	135.90	191.70	2316.50	65.20	1808.60	169.90	1007.30	631.40
1992	3477.70	215.20	301.80	2867.30	93.40	2453.90	222.60	1471.80	759.50
1993	4297.30	245.80	362.10	3576.20	113.20	3143.90	262.10	2001.20	880.60
1994	5681.10	865.10	—	4816.00	—	4186.60	808.40	2279.40	1080.80
1995	7172.80	977.30	—	6195.50	—	5234.20	1094.80	2779.10	—
1996	8793.60	1123.00	—	7670.60	—	6364.70	1486.60	3264.70	1538.60

资料来源：根据 1980~1997 年各年的《中国金融年鉴》《中国统计摘要》等统计数据整理而得，之后年份的数据由于统计口径变化而存在缺失。

　　第二阶段：1992~2003 年，市场化、多元化的金融体系。1992 年党的十四大确立了建立市场经济体制的目标，1994 年党的十四届三中全会通过的《中共中央关于建立社会主义市场经济体制若干问题的决定》提出了我国金融体制市场化改革的总体目标：中国人民银行作为中央银行，在国务院领导下独立执行货币政策；建立政策性银行，政策性业务与商业性业务实行分离；发展商业性银行，现有的专业银行逐步转变为商业银行。1993 年 12 月，《国务院关于金融体制改革的决定》确定组建国家开发银行、国家进出口银行、中国农业发展银行三家政

策性银行。1994～1996 年明确了金融改革的目标，提出要建立一个能够为农业和农村经济发展提供及时、有效服务的金融体系。1994 年，中国农业发展银行成立，作为我国金融领域唯一的政策性银行，不仅为农副产品收购提供贷款，也代办农村财政支农资金的拨付。同年，中国农业银行制定了《1995-1997 年改革与发展纲要》，确立了向商业银行转变的目标。1996 年 8 月，《国务院关于金融体制改革的决定》（简称"《决定》"）出台，把农村信用合作社管理体制改革作为重点，脱离农村信用合作社与农业银行的行政隶属关系，按照合作制原则对农村信用合作社进行规范。《决定》还允许在城乡一体化程度较高的地区将已实现商业化经营的农村信用合作社组建成农村合作银行，主要为农业、农产品加工业和农村其他各类企业提供商业性信贷服务。进入 21 世纪以来，金融市场化改革加快推进。2000 年 1 月，中国人民银行发布《农村信用合作社农户联保贷款管理指导意见》，要求农村信用合作社在小额信用贷款基础上，推行农户联保贷款。从表 4.3 中我们可以发现，在这个阶段，农业贷款集中向农户、乡镇企业和其他农业经营主体投放，各项贷款均保持了快速增长的势头。

表 4.3　1979～2003 年我国农村贷款投向　　　　　　　单位：亿元

年份	农户贷款	农业贷款	乡镇企业贷款
1979	10.90	22.40	14.20
1980	16.00	34.50	31.10
1981	25.20	35.70	35.50
1982	44.10	34.80	42.30
1983	75.40	28.20	60.10
1984	181.10	38.40	135.00
1985	194.20	41.40	164.40
1986	258.00	44.60	265.90
1987	347.60	64.50	359.30
1988	372.40	80.10	456.10
1989	415.70	107.30	571.90
1990	518.20	134.10	760.70
1991	631.40	169.90	1007.30
1992	759.50	222.60	1471.80
1993	772.30	948.80	—
1994	791.50	1143.90	2002.40

年份	农户贷款	农业贷款	乡镇企业贷款
1995	806.80	1544.80	2514.90
1996	853.40	1919.10	2821.90
1997	896.20	3314.60	5035.80
1998	943.20	4444.20	5580.00
1999	962.70	4792.40	6161.30
2000	1062.10	4888.99	6060.80
2001	1250.10	5711.50	6413.00
2002	3237.67	6884.60	6812.30
2003	4021.50	8411.40	7661.60

资料来源：根据中国金融学会历年《中国金融年鉴》整理。

4.1.3 1979～2003 年农户创业与金融服务创新协同

1978 年以来，以家庭联产承包责任制为核心的农村经济改革揭开了中国改革开放的大幕，家庭联产承包责任制通过将经营权下放到农户，使农业经营的微观激励得以极大释放，农业生产效率得到了极大的提升，农民收入开始迅速增长。1981 年，家庭联产承包责任制得到全国各地的普遍接受，到 1983 年末，中国农村地区几乎所有农户都开始采用这一经营制度。此项改革也使我国农业经营主体发生了极大的变化，原有的集体经营制度迅速瓦解，取而代之的是农户家庭作为基本经营单位，中国农业也正式进入了"后集体化"时代。从改革开放到 20 世纪 80 年代中期，改革红利得以极大释放，农户家庭收入得到迅速增长，这便为金融的发展奠定了坚实的经济基础。但是 1978 年开始的中国农村改革是在没有触动整个经济、金融体制下自发进行的。农村改革取得成功后，中国改革便按自身规律不断推动政府主导的渐进式改革，改革的重心在 20 世纪 80 年代中期便在政府的这种主导下，开始转向了城市和工业，农村改革最终并没有能诱导出农村经济的内生金融（温涛等，2005）。同时，进入 20 世纪 90 年代以后，农业经营的制度红利开始逐渐消散，农业经济增长乏力，也难以对金融的发展形成持续的支撑。从农业经营主体与金融服务之间的关系来看，一方面，"小农"模式下农业投资需求薄弱；另一方面，城镇化、工业化战略导向以及国家对金融的垄断，使小农户难以从金融机构获得服务（陈雨露和马勇，2009），金融机构成为了转轨时期将金融资源从农村地区输送到城市地区的"抽水机"（周振等，2015）。综上所述，从总体来看，改革开放以来到 2003 年这一段时期内，农户创业与金融服务之间依然没有形成良好的协同关系，农业经营主体在家庭联产承包责任制改革之后通过收入的增长为金融的发展提供了一定的支撑，然而长期工业化和城镇化的战略导向以及"小农"经营模式的局限性，使金融并没能有效地促进农业经营主体的发展。

4.2　2004 年至今农户创业与金融服务创新协同

4.2.1　2004 年至今农户创业

改革开放初期，我国在农村推行家庭联产承包责任制，有效解决了农业微观生产领域的激励问题，农业生产力得到空前释放（见表 4.4），困扰我国多年的温饱问题也迎刃而解（Lin，1992）。而紧随其后的新一轮工业化和城镇化进程，为农村剩余劳动力带来了大量非农就业机会，再加之长期固化的城乡户籍制度①逐渐松动，阻碍农民在城乡之间自由就业的制度藩篱逐步解除，城乡之间巨大的工资水平差距开始诱致大批农民向城市工商业部门转移，农村紧张的人地关系（人多地少）矛盾得以逐步缓解（温涛等，2017）。而随着农村人地关系的逐渐缓解，我国农业经营的规模效应开始显现，这也推动了我国农业经营体系由传统的细碎化、平均化经营的"小农"经营体系向规模化、专业化经营的新型农业经营体系转变，以创业农户为核心的新型农业经营主体开始大量涌现。2016 年全国第三次农业普查的结果显示，2016 年，全国农业经营户 20743 万户，其中规模农业经营户 398 万户，全国农业经营单位 204 万个。2016 年末，在工商部门注册的农民合作社总数 179 万个，其中农业普查登记的以农业生产经营或服务为主的农民合作社 91 万个（见表 4.5）。

---

① 为适应 20 世纪 80 年代中期所推行的"有计划的商品经济"发展的需要，计划经济下的户籍制度做出了相应调整，如允许农民自理口粮进入集镇落户（1984 年）、放宽"农转非"数量指标（1985 年）。20 世纪 90 年代，中国开始推进社会主义市场经济体制改革。初期乡镇企业的蓬勃发展，推动了以小城镇为重点的户籍制度改革，如 1997 年颁布小城镇户籍管理制度改革试点方案、2001 年全面取消小城镇户口的计划指标管理（盛光耀，2017）。

表 4.4　1952~2015 年各标志时间段中国农业年均增长率　　　单位：%

	1952~1978 年	1978~1984 年	1984~1987 年	1988~2001 年	2002~2015 年
农业	2.9	7.7	4.1	12.2	11.0
种植业	2.5	5.9	1.4	11.1	10.9
粮食	2.4	4.8	−0.2	1.1	2.4
棉花	2.0	17.7	−12.9	1.9	1.0
畜牧业	4.0	10.0	8.5	13.1	10.1
渔业	19.9	12.7	18.6	18.1	10.5
林业	9.4	14.9	0	9.9	11.9
副业	11.2	19.4	18.5	—	—

资料来源：①1952~1978 年、1978~1984 年、1984~1987 年三个阶段的数据引自林毅夫（2005）。1988~2015 年的数据根据国家统计局提供的数据测算得到。②表中第一行的农业包括种植业、畜牧业、渔业、林业和副业。1952 年，它们在农业中的份额分别为 83.1%、11.5%、0.3%、0.7%、4.4%；1987 年分别为 60.7%、22.8%、4.7%、4.8%、7.0%。③渔业 1952 年的基准水平很低，是 1952~1978 年渔业平均增长率较高的主要原因。④副业中不包括村办企业。

表 4.5　2016 年我国农业经营主体概况

	全国	东部地区	中部地区	西部地区	东北地区
农业经营户（万户）	20743	6479	6427	6647	1190
规模农业经营户（万户）	398	119	86	110	83
农业经营单位（万个）	204	69	56	62	17
农民合作社（万个）	91	32	27	22	10

注：农民合作社指以农业生产经营或服务为主的农民合作社。

在我国工业化、城镇化诱导农民的"非农化"以及传统农业经营体系向新型农业经营体系转变的大背景下，创业农户也得以迅猛发展，从事农业经营的两类创业农户开始迅速崛起。从 2003 年起，全国各地就在逐渐探索家庭农场的发展，2012 年以后，我国家庭农场发展进一步提速。原农业部的数据显示，全国家庭农场数量从 2012 年的 87.7 万户增长到 2016 年的 94.8 万户（见图 4.1）。仅从 2014 年的家庭农场分布结构来看，全国共有平均种植规模 200 亩的家庭农场 87.7 万家，经营耕地面积 1.76 亿亩，占全国承包耕地面积的 13.4%，其中种植业占 46.7%，养殖业占 45.5%，种养结合占 6%①。另据原农业部 2016 年对全国 3000 多户家庭农场生产经营情况的监测，种植业家庭农场占比最大，其中种植作物以粮食为主的占 50.81%。多数家庭农场均通过农业部门认定或者工商部门注册，家庭农场主要负责人平均年龄呈现逐年递减趋势，年龄结构更为年轻，50 岁以上的仅占 26.01%，比 2010 年全国农业从业人员相应占比（34.53%）低 8.52 个百分点。从土地经营情况来看，36.53% 的家庭农场耕作的土地来自家庭承包或其他方式承包，63.47% 的家庭农场土地来自流转入土地。土地流转租期最长的平均年限达 12.6 年，租期较长，同时细碎化严重，耕地所有权较为分散化。土地租金上涨较快，2014 年流转土地的平均租金为 501.01 元/亩，环比增长 5.32%，粮食型和种植业家庭农场的土地租金则高于平均增长率，分别增长了 5.41% 和 5.73%。从家庭农场投入情况来看，大部分拥有场库棚，农业机械化水平较高，每户家庭农场平均拥有农机具 4.69 台套，平均拥有农机具价值 17.09 万元。从家庭农场经营情况来看，每个家庭农场的平均总收入为 76.23 万元，平均净收入达 18.65 万元，家庭农场自有劳动力的年均净收入近 8 万元，高于外出农民工人均年收入 3.44 万元的水平。在经营规模 100 亩以上的家庭农场，随着经营规模的继续扩大，平均总收入、平均总成本和平均净收入均呈上升趋势，但 100 亩以下的家庭农场的总收入和总成本均呈下降趋势，主要是由于 100 亩以内的家庭农场里有大量的养殖类型家庭农场，其养殖收入其实与土地规模关系不大。

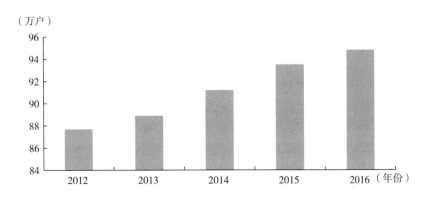

图 4.1　2012～2016 年我国家庭农场数量变化情况

---

① 中国社会科学院农村发展研究所，国家统计局农村经济社会调查司．中国农村经济形势分析与预测（2014-2015）[M]．北京：社会科学文献出版社，2015.

同时,从专业大户的情况来看,根据原农业部的统计数据,近几年全国种养大户培育数量从 2012 年的 250 万户上升至 2016 年的 356.6 万户,其中全国经营面积在 50 亩以上的专业大户达到 356.6 万户(见图 4.2)。在 2016 年的种养大户结构中,种粮大户有 68.2 万户,占全国农户总数的 0.28%;经营耕地面积 1.34 亿亩,占全国耕地面积的 7.3%。这些种粮大户的粮食产量达 1492 亿斤,占全国粮食总产量的 12.7%。100 亩以上的种植大户已突破 50 万户,经营的耕地面积达到 8000 万亩。总的来看,种养大户规模增长较快,规模效益、劳动生产率、农业专业化程度、农民收入得到显著提高。

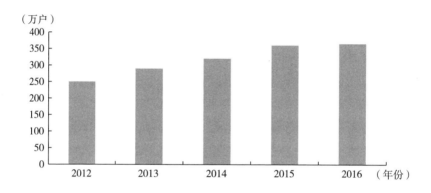

图 4.2 2012~2016 年我国专业大户数量变化情况

虽然目前我国并没有针对从事工商业经营农户的专门统计,但是从改革开放以来我国城镇化率的情况来看,农民脱离农业从事工商业经营的趋势非常明显,相比农户经营的规模化与专业化,农户"非农化"经营群体无疑更加庞大。从城镇人口来看,我国城镇人口从 1978 年的 17245 万人增长到 2017 年的 81347 万人,增长了近 5 亿人,考虑到计划生育对原有城镇户籍人口造成的增长约束,这其中大部分增长的人口均为原来的农村户籍人口。或者换一个角度来看,我们用 2015 年的城市常住人口(81347 万)减去城市户籍人口(58867 万),那么仍然有 22480 万农民长期在城市中从事工商业经营,而这还没有将农村中从事工商业经营的农民计算在内。从上述分析可以看出,相比农户的规模化和专业化,农户的"非农化"是改革开放以来更加明显的农户分化趋势。

4.2.2 2004 年至今金融服务创新

从 20 世纪 80 年代中后期开始，我国将改革重心从农村转移到城市，同时，农业领域的制度红利逐渐消散，我国农业经济的发展逐渐进入瓶颈期，城乡差距在此消彼长的情况下进一步拉大，"三农"问题进一步凸显。进入 21 世纪以来，党和国家高度重视"三农"问题，并试图以政策引导、资源投入的方式缓解日益严重的"三农"问题。2004 年中央"一号文件"《中共中央　国务院关于促进农民增加收入若干政策的意见》明确指出："改革和创新金融体制，要从农村实际和农民需要出发，按照有利于增加农户和企业贷款，有利于改善金融服务的要求，加快改革和创新金融体制。"从 2004 年到 2017 年，国家连续 14 年的中央"一号文件"都聚焦"三农"问题，强调金融服务通过加大投入力度以及创新服务方式等多种手段，强化对农业、农村、农民的支持，在这一段时期，金融机构尤其是涉农金融机构开始逐步强化支农功能，在原有基础上进一步加大金融资源投入。

4.2.2.1   农业信贷服务

现阶段，我国已经基本形成了农业银行、农业发展银行、农村商业银行、农村合作银行、村镇银行、小额贷款公司等机构在内的多元化的农业信贷服务体系。党的十八大以后，中国经济进入"新常态"，经济增速由高速转为中高速，在整体经济下行、财政增速放缓的现实格局下，为确保农村经济和农民收入可持续增长，必须加快发展金融，改善金融市场的供求关系，充分发挥金融对农业经济增长的催化剂功能。2014~2017 年的中央"一号文件"都指出：强化金融机构服务"三农"职责，推动金融资源向"三农"倾斜，创新"三农"金融服务和重点领域的信贷投放，确保"三农"贷款投放持续增长。据此，金融市场进行了加快金融体系建设、创新服务供给以及推进农村利率市场化等一系列改革（张梓榆等，2018）。如表 4.6 所示，我国涉农贷款从 2007 年的 6.12 万亿元增加到 2016 年的 28.23 万亿元，增幅达 362.03%，年均增长率高达 18.8%，远远超过同期 GDP 增速；涉农贷款占各项贷款比例从 2007 年的 22% 提高到 2016 年的 26.5%，提高了 4.5 个百分点，考虑到这一期间我国各项贷款的增速，这一增长仍然是非常可观的；我们进一步对涉农贷款进行细分，农村贷款从 2007 年的 5.04 万亿元增加到 2016 年的 23 万亿元，增幅达 356.34%，年均增长率高达 18.7%；农业贷款从 2007 年的 15.06 万亿元增加到 2016 年的 36.63 万亿元，增

表 4.6 2007~2016 年 "三农" 贷款统计情况

单位：亿元，%

年份	农村贷款					农业贷款					农户贷款					全口径涉农贷款				
	余额		比年初增量			余额		比年初增量			余额		比年初增量			余额		比年初增量		
	本期数	占各项贷款	本期数	占各项贷款	余额同比增长	本期数	占各项贷款	本期数	占各项贷款	余额同比增长	本期数	占各项贷款	本期数	占各项贷款	余额同比增长	本期数	占各项贷款	本期数	占各项贷款	余额同比增长
2007	50384	18.1				15055	5.4				13399	4.8				61151	22.0			
2008	55569	17.4	9265	18.6	18.4	15559	4.9	1507	3.0	10.0	15170	4.7	2192	4.4	16.4	69124	21.6	12738	25.6	20.8
2009	74551	17.5	20195	19.2	34.2	19488	4.6	4248	4.0	25.2	20134	4.7	4973	4.7	32.7	91316	21.5	23482	22.3	32.1
2010	98017	19.2	23467	28.1	31.5	23045	4.5	3557	4.3	18.3	26043	5.1	5909	7.1	29.4	117658	23.1	26342	31.5	28.9
2011	121469	20.9	22508	28.6	24.7	24436	4.2	2937	3.7	13.7	31023	5.3	5079	6.4	19.1	146016	25.1	27271	34.6	24.9
2012	145467	21.6	23968	26.3	19.8	27261	4.1	3102	3.4	11.6	36195	5.4	5000	5.5	15.9	176310	26.2	30119	33.1	20.8
2013	173025	22.6	28946	31.0	18.9	30437	4.0	3487	3.7	11.7	45047	5.9	8894	9.5	24.5	208893	27.3	34024	36.5	18.5
2014	194383	23.2	24525	26.7	12.4	33394	4.0	3065	3.3	9.7	53587	6.4	8556	9.3	19.0	236002	28.1	29984	32.6	13.0
2015	216055	22.8	22274	22.1	11.2	35137	3.7	1897	1.9	5.2	61448	6.5	7823	7.8	14.8	263522	27.8	28803	28.6	11.7
2016	230092	21.6	19374	16.4	6.5	36627	3.4	1793	1.5	4.2	70648	6.6	9494	8.0	15.2	282336	26.5	24147	20.4	7.1
2007~2016 年 年均增长率	18.7					10.7					20.4					18.8				

注：①涉农贷款专项统计自 2007 年 9 月开始实施，2007 年当年无法统计涉农贷款、"三农" 贷款新增额及其占比。②本表 "各项贷款" 为全部金融机构本外币各项贷款总和。

资料来源：历年《中国金融服务报告》。

幅达 143.23%，年均增长率高达 10.7%；农户贷款从 2007 年的 1.34 万亿元增加到 2016 年的 7.06 万亿元，增幅达 426.86%，年均增长率高达 20.4%。由此可见，进入 21 世纪以来，国家高度重视金融资源的投放，传统金融服务①的投入呈现出了井喷式的增长。

同时，随着农户经营特征的分化、创业农户的崛起，对金融服务创新的需求也愈加旺盛，为此，国家对围绕农村产权资产的金融服务创新进行了顶层设计。2013 年，中国银监会、国家林业局联合印发了《关于林权抵押贷款的实施意见》，对林权抵押贷款工作进行了规范。2015 年，国务院印发了《关于开展农村承包土地的经营权和农村住房财产权抵押贷款试点的指导意见》，提出要进一步深化金融改革创新，做好"两权"抵押贷款试点工作。2016 年，中国人民银行联合多部门分别印发了《农村承包土地的经营权抵押贷款试点暂行办法》和《农民住房财产权抵押贷款试点暂行办法》，对"两权"贷款的具体实施提供了指导。目前，围绕农村产权资产抵押的"三权"抵押贷款的试点和推广已经在全国各省展开，未来的一段时间，"三权"抵押有望成为农业信贷服务和金融服务创新的主力军。

4.2.2.2　农业担保服务

2015 年，财政部、农业部、银监会联合下发《关于财政支持建立农业信贷担保体系的指导意见》（财农〔2015〕121 号），提出力争用 3 年时间建立健全具有中国特色、覆盖全国的农业信贷担保体系框架，为农业尤其是粮食适度规模经营的新型经营主体提供信贷担保服务。2016 年，经国务院批准，财政部会同农业部、银监会组建的国家农业信贷担保联盟有限责任公司已挂牌运营。截至 2015 年 1 月，涉农融资担保机构资产总额 112.61 亿元，净资产 88 亿元，累计开展涉农担保业务 88631 笔，涉农担保在保余额 191.85 亿元，涉农担保代偿金额 6.55 亿元。截至 2016 年 10 月，全国有 24 个省成立了省级农业信贷担保公司并运营。农业担保机构向不符合银行抵押条件的新型农业经营主体提供担保，然后向银行获得贷款，其提供的服务实质上是贷款服务链的延伸，是分担银行贷款风险的重要机制。

4.2.2.3　农业保险服务

一直以来，农业发展都是我国金融发展的短板。党的十六大提出了"工业反

---

① 本书提及的传统金融服务是指传统的金融信贷服务。

哺农业，城市支持农村"的总体方针，农业保险被重新提出和重视。2004 年的中央"一号文件"提出加快农业保险试点；2013 年出台《农业保险条例》，从法律层面对农业保险制度加以规范；2017 年的中央"一号文件"提出要持续推进农业保险扩面、增品、提标，开发满足新型农业经营主体需求的保险产品。在国家各项政策推进下，近年来我国农业保险实现了跨越式发展，主要体现在以下三个方面：

（1）农业保险保费收入增长较快。我国农业保险保费收入从 2001 年的 3 亿元增长到 2006 年的 53.3 亿元，到 2016 年进一步增长到 417.12 亿元，年均增长23.54%。虽然 2005 年以前增长较快，但农业保费收入的水平较低，多数年份在10 亿元以下，2006 年以后农业保费收入逐渐从 50 亿元上升到 400 多亿元（见图 4.3）。

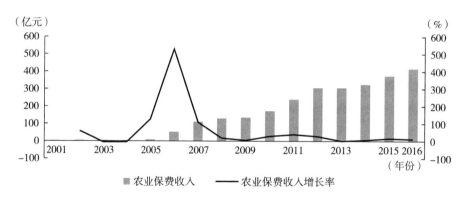

图 4.3　2001~2016 年我国农业保险保费收入

（2）农业保险覆盖面稳步扩大。图 4.4 显示了 2008~2015 年我国的农业保险保障水平增长态势，从 2008 年的 3.67% 增至 2015 年的 17.69%。从产业结构来看，种植业保险保障水平从 2008 年的 3.8% 提升到 2015 年的 7.75%，养殖业保险保障水平从 2008 年的 3.64% 提升到 2015 年的 6.03%。关系国计民生和国家粮食安全的农作物（粮食作物、棉花、大豆）保险、主要畜产品保险、重要"菜篮子"品种保险和森林保险获得了重点发展，全国近七成的稻谷、玉米已投保，农房、农机具、设施农业、渔业、制种保险等业务逐步推广，目前农业保险业务已覆盖全国，共建有农业保险乡（镇）级服务站 2.3 万个，村级服务点 28万个，覆盖了全国 48% 的行政村，协保员近 40 万人。

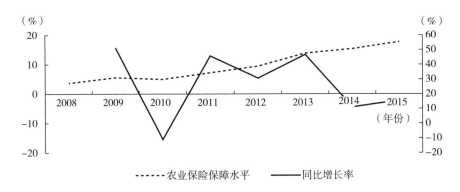

图 4.4　2008~2015 年全国农业保险保障水平

（3）农业保险产品不断创新。顺应新型农业经营主体的保险需求，我国农业保险机构在部分地区相继推出了生猪价格保险试点（从北京扩大到四川、重庆和湖南等地区）、蔬菜价格保险试点（从上海扩大到江苏、广东、山东、宁夏等地区）、水产养殖保险试点、设施农业保险试点、农机保险试点、气象指数保险试点、水文指数保险试点；为了加强涉农保险和涉农信贷的合作，推出了小额贷款保证保险等险种。据原保监会 2015 年初的数据，我国已有 20 个省（市）启动主要口粮作物、生猪和蔬菜目标价格的保险试点。据统计，目前全国共有 190 多个农业险种，近 800 个保险产品。

4.2.2.4　其他金融创新服务

构建现代农业经营体系，发展现代农业，需要依赖资本市场。目前，我国农业资本市场主要包括主板市场、新三板市场、期货市场、银行间债券市场等。实力雄厚的大型农业企业可以在主板市场上市融资，截至 2015 年，在主板市场上市的农林牧渔企业有 59 家。截至 2016 年末，我国沪深两市的农业上市企业已经超过 70 家，在新三板挂牌的涉农企业更是多达 386 家。累计有 396 家涉农企业发行 1001 只、10928.9 亿元债务融资工具，涉农企业债务融资工具存量约为5200 亿元，每年可为涉农企业节约融资成本 100 多亿元。基金业已投资未推出项目投资余额已经达到 594 亿元。

4.2.3　2004 年至今农户创业与金融服务创新协同

进入 21 世纪以来，随着城乡之间巨大的工资水平差距开始诱致大批农民向城市工商业部门转移，农村紧张的人地关系（人多地少）矛盾得以逐步缓解，农业逐渐去"过密化",农业经营的规模效应开始显现,这也推动了我国农业经营体系由传统的细碎化、平均化经营的"小农"经营体系向规模化、专业化经营的新型农业经营体系转变,以创业农户为核心的新型农业经营主体开始大量涌现。为了支持创业农户的发展,近年来,有关部门制订了一系列金融服务政策,鼓励金融机构通过积极创新,强化对创业农户的金融支持,进而促进创业农户的发展壮大。例如,2014 年国务院办公厅发布《关于金融服务"三农"发展的若干意见》(国办发〔2014〕17 号);2015 年中共中央、国务院发布中央"一号文件"《关于加大改革创新力度加快农业现代化建设的若干意见》(中发〔2015〕1号);2015 年国务院办公厅印发的《关于加快转变农业发展方式的意见》(国办发〔2015〕59 号);2015 年国务院办公厅印发《关于推进农村一二三产业融合发展的指导意见》;2016 年保监会印发《中国保监会、财政部、农业部关于进一步完善中央财政保费补贴型农业保险产品条款拟定工作的通知》(保监办发〔2015〕25 号);2016 年农业部印发《关于开展 2016 年度金融支农服务创新试点的通知》(农办财〔2016〕12 号);2016 年银监会印发《关于做好 2016 年金融服务工作的通知》(银监办发〔2016〕26 号);2019 年中国人民银行、银保监会、证监会、财政部、农业农村部联合印发《关于金融服务乡村振兴的指导意见》(银发〔2019〕11 号);2021 年中国人民银行、中央农办、农业农村部、财政部、银保监会、证监会联合印发《关于金融支持新型农业经营主体发展的意见》(银发〔2021〕133 号);2023 年中国人民银行、国家金融监督管理总局、证监会、财政部、农业农村部联合印发《关于金融支持全面推进乡村振兴 加快建设农业强国的指导意见》(国发〔2023〕15 号)等。这一系列政策都明确指出,应当从扩大农村产权资产抵押贷款范围、加强农村产权资产的担保、将创业农户纳入银行业金融机构征信体系、开展农业产业链融资、扩大农业保险产品范围等方面进行金融服务创新,从而积极适应创业农户对金融服务的需要,进一步解决创业农户在发展过程中遇到的金融服务难题。在这些政策的诱导下,金融机构开展的金融创新服务取得了积极的进展,同时有效地促进了创业农户的发展,实现了农户创业和金融服务创新的有效协同。鉴于宏观层面尚没有针对创业农户和金融服务创新建立严格的统计制度,我们利用 2015 年国务院发展研究中心农村经济研究部"农村土地金融制度"课题研究组的新型农业经营主体调研数据①对农户创业与金融服务创新协同的情况进行简单的描述性统计，具体如表 4.7 所示。

表 4.7　农户创业与金融服务创新协同情况

变量	创业农户	非农型	农业型
"两权"申请（户）	207	20	187
"两权"获得（户）	195	19	178
获得率（%）	94.2028	95	95.1871
数量（万元）	70.5810	199.7500	54.5832
期限（年）	1.6575	2	1.6153
利率（%）	8.2739	9.4833	8.1251
农地申请（户）	137	12	125
农地获得（户）	129	12	117
获得率（%）	94.1605	100	93.6000
数量（万元）	82.1395	245.8333	65.3504
期限（年）	1.6124	1.7500	1.5982
利率（%）	7.9186	8.7416	7.8341
农房申请（户）	109	14	95
农房获得（户）	90	12	78
获得率（%）	82.5688	85.7142	82.1052
数量（万元）	54.0137	153.6667	38.6825
期限（年）	1.7159	2.2500	1.6410
利率（%）	8.7833	10.2250	8.5615
贷款不能满足经营需要（户）	391	35	356
还需要贷款数量（万元）	119.8284	461.7647	86.1304

从"两权"贷款的供求情况来看，申请"两权"贷款的创业农户为 207 户，占样本总数的 21.2882%；获得"两权"贷款的创业农户为 195 户，获得率为 94.2028%。申请"两权"贷款的农业型创业农户为 187 户，占创业农户的 90.3382%，获得"两权"贷款的创业农户为 178 户，获得率为 95.1871%。申请"两权"贷款的非农型创业农户仅有 20 户，占创业农户的 9.6618%，获得"两

---

① 数据的具体情况将在第 6 章的实证分析部分进行详细介绍。

权"贷款的非农型创业农户为 19 户,获得率为 95%。上述数据说明,当前我国的创业农户已经产生了一定的金融服务创新需求,在拥有金融服务需求的创业农户中,主要是农业型创业农户;同时,"两权"贷款的供给良好,获得率在 94%以上。

我们将"两权"贷款进一步细分为农村土地经营权抵押贷款(简称"农地贷款")和农村住房财产权抵押贷款(简称"农房贷款"),从申请的农户数量来看,申请农地贷款的农户数为 137 户,申请农房贷款的农户数为 109 户,农地贷款申请户数略高于农房贷款;从贷款的平均额度来看,农地贷款的平均贷款数量为 82.1395 万元,农房贷款的平均贷款数量为 54.0137 万元,农地贷款的数量远高于农房贷款。这说明就目前的"两权"抵押贷款来看,农地贷款是创业农户更为倚重的形式。

最后,我们进一步对创业农户当前贷款是否能够满足生产经营需要进行了调查,发现仍然有 391 户创业农户仍然有金融服务需求。其中,农业型创业农户 356 户,占创业农户的 91.0485%,非农型创业农户 35 户,占创业农户的 8.9515%。

从上述描述性统计分析可以看出,当前的创业农户已经开始有一定的金融服务创新需求,而金融服务创新也较好地满足了创业农户,这说明两者之间已经形成初步协同。但是我们也应该看到,创业农户尤其是农业型创业农户的金融服务需求仍然旺盛,农户创业和金融服务创新协同还有待进一步加深。

4.3　农户创业与金融服务创新协同趋势

4.3.1　农户创业趋势

(1)农民"非农化"与农业去"过密化"加剧,创业农户不断涌现。截至 2017 年,我国城镇化率为 58.82%,与发达国家 80% 左右的城镇化水平相比,我国的城镇化水平还有较大的提升空间。同时,截至 2017 年,我国总人口为 13.9 亿,如果以这个水平来推算,当我国城镇化水平达到稳定时,将还有近 3 亿的农村人口向城市转移。这意味着农民的"非农化"还有非常大的发展空间,这个过程不仅会诱导大量农户进城从事非农就业和非农创业，同时也将进一步推动我国农业的去"过密化"，农业经营的规模效应进一步凸显，从而刺激农民通过转入土地从事农业创业。

（2）农户经营风险不断下降，盈利能力持续提升。农户创业的过程是一个通过"干中学"效应从非熟练到熟练的过程。创业初期的农户既面临较大的自然与市场风险，也面临较大的管理和组织风险，但是随着创业的深入，农户对新技术以及市场规律的了解也更加深刻，因此规避自然和市场风险的能力也逐步增强。同时，随着创业的年限变长，农户的经营管理经验逐渐丰富，组织结构将进一步优化，管理也将更加合理有效，因此组织和管理风险也会进一步下降，而伴随创业农户经营风险的下降，其盈利能力将会呈现出持续上升的趋势。

（3）组织程度高级化，产业融合程度加深。宏观来看，我国目前的农户创业尚处于初级阶段，组织程度较低。从发达国家的经验来看，未来一段时间，随着我国工业、农业现代化的进程进一步加快，无论是对非农创业农户还是农业创业农户而言，他们都将基于自身所从事产业的特点，通过产业链的联合与合作，实现优势互补，并形成协作，带动整个产业链竞争力的提升，促进产业深度融合发展。

4.3.2　金融服务创新趋势

（1）产权资产抵押担保融资机制逐渐完善。缺乏有效的抵押担保长期以来都是制约创业农户获取金融服务的瓶颈。随着国家加快农村综合改革，稳妥推广土地经营权、农房、农业生物资产等农业资产的权属界定与抵押担保融资政策，农村产权资产的金融价值将大幅提升。金融机构也必将在原有基础之上，通过创新担保抵押融资方式为创业农户提供金融服务，如金融机构针对创业农户创新联合担保方式，由村集体组织或专业合作社创业农户自愿组成联保小组，联保成员提供相互担保。金融监管部门也必将会引导金融机构加大现代农业金融服务创新力度，针对创业农户差异化金融需求，拓宽抵押质押范围，为其提供多样化融资方案。

（2）融资风险分担机制将更加成熟。要提升金融机构服务创业农户的积极性，客观上就需要建立多元主体共担的融资风险机制。如通过发挥政府的引导作用，建立政银保、政银担、政银企、私募股权融资等多种风险分担组合模式，实现创业农户融资风险在多主体间有效分担，从而提高金融机构服务现代农业的积极性。同时，随着创业农户组织化程度的不断提高，产业链条的不断延伸，以产业链融资为核心的信贷融资风险分担机制逐渐会成为风险分担融资的主流。

4.3.3 农户创业与金融服务创新协同趋势

（1）创业农户金融需求更容易满足。随着农户创业的逐渐深入，农户的经营管理能力逐步增强，盈利能力进一步提升。同时，农村产权资产改革深入推进，农户拥有了合格的抵押物，再加上金融服务创新导致机构经营风险降低，无疑极大地增强了创业农户对金融机构的吸引力，金融机构也将会基于自身可持续发展的角度，积极为创业农户提供金融服务，创业农户的金融需求将更容易满足。

（2）金融机构金融服务创新绩效不断提升。随着农户创业形式的多元化以及组织高级化，他们对于金融服务的需求也将趋于多元化和差异化，为此，金融机构也会相应地根据创业农户的需求，对金融服务进行不断的创新，同时，由于农户的经营管理能力和盈利能力大幅提升，其还款能力也会相应提高，这便保证了创业农户未来会对金融机构的运行提供强有力的支撑，金融服务创新绩效不断改善，进而实现农户创业与金融服务创新协同发展。

4.4　本章小结

从中华人民共和国成立以来农业经济发展的历程来看，农户创业与金融服务创新主要经历了 1979~2003 年、2004 年至今两个阶段。本书基于上述时期划分，利用描述性统计分析方法，对农户创业与金融服务创新协同的演进历程进行了分析。在此基础上，我们结合农业未来的发展导向，对农户创业和金融服务创新协同趋势进行了简单的展望。

改革开放以来，家庭联产承包责任制开始实行，农户经营自主权大幅提高，国家逐步恢复金融机构的金融属性，两者有望形成协同；但随着改革重心从农村转移到城市，以及制度红利的逐渐消散，农户经营陷入停滞不前的状态，金融市场化改革则进一步导致金融机构发展"非农化"，两者之间仍然难以形成有效协同。

2004 年之后，随着农户"非农化"以及农业的去"过密化"，农户的经营特征逐渐变迁，以工商农户、专业大户、家庭农场为代表的创业农户开始崛起，农户经营绩效逐步提升；同时，国家对"三农"问题高度重视，金融资源大量向农村投放，金融服务创新不断涌现，两者之间已经形成了初步协同。

　　未来一段时间，创业农户的经营管理能力和盈利能力都将提升，其组织化程度和产业融合程度都将深化，再加上农村产权资产改革深入推进，产权资产抵押担保融资机制逐渐完善，融资风险分担机制更加成熟，金融服务创新将继续深化，创业农户的金融需求将更容易满足，金融机构金融服务创新绩效将进一步提高，两者的协同无疑会进一步加深。

第5章 农户创业与金融服务创新协同性测度

从本章开始，我们将对农户创业与金融服务创新协同的有效性进行测度，关于协同有效性的测度将从两者的协同性以及供求两端绩效两方面展开。本章首先对农户创业与金融服务创新协同性进行测度，具体从以下方面展开：第一节提出研究假说；第二节对农户创业与金融服务创新协同性测度进行实证设计；第三节从农户创业与金融服务创新发展的因果关系检验和金融服务创新与农户创业绩效的因果关系检验两个方面对农户创业与金融服务创新协同性进行测度；最后是简单的小结。

5.1 研究假说

在工业化、城镇化的宏观背景下，非农工资上涨造成农村劳动力转移，从而带动农业工资的上涨，从事规模化、专业化农业经营的创业农户在大量转入土地之后，势必会采取劳动力替代的资本密集型生产方式，进而极大地节约生产成本，其资本—劳动比相对于传统生产方式会出现大幅提升，因而其金融服务需求相对于原来细碎化经营的普通农户而言无疑更加旺盛。而从事非农经营的创业农户从土地和劳动力密集型的农业转化为资本密集型的工商业，对于这些退出农业而选择非农经营的创业农户来说，资本对于土地和劳动力的替代必然需要大量增加资本要素的投入，从而产生了强烈的金融服务需求。综上所述，无论是从事规模化、专业化经营的农业创业农户，还是退出农业生产转而从事工商业经营的非农创业农户，生产方式的转变提升了金融要素的相对重要性。然而，根据第 5 章的实证结果，他们的资金需求难以被有效的满足，于是他们希望在传统金融服务基础上，能够出现一种可以满足他们现有需求的金融服务。同时，从金融结构理论的视角来看，经济的发展决定金融的发展，而金融的发展也能够反作用于经济，两者之间存在着循环促进的关系。农业生产方式的改变和农户的非农化，也必然要求金融服务通过相应地调整，使农业经济和金融之间达到新的均衡。

农户经营特征分化不仅使农业生产、经营方式以及业态发生了转变，而且也导致农户的资本形态发生了巨大的变化。在原来细碎化的经营模式下，农户的生产性投资较小，其生产性固定资产水平也相应较低。而随着农业逐渐去过密化以及农户的非农化，创业农户应运而生，无论是对农业创业农户还是对非农创业农户而言，他们广泛采用规模化、专业化的生产方式，这要求他们对土地流转、农业基础设施、生产线建设等生产性项目进行大量的投资，进而会形成大量的生产性固定资产。然而，受制于我国特殊的农村土地制度以及城乡二元产权结构，这些生产性固定资产以及农户原有的资产却无法成为正规金融机构合格的抵押物，从而变成了沉睡的农村产权资产。于是，创业农户便陷入了如下的怪局：一方面，他们规模化、专业化的生产经营方式导致他们存在大量的金融服务需求；另一方面，他们手中拥有的大量农村产权资产却无法成为金融机构合格的抵押物。此外，创业农户生产经营方式乃至业态的改变，也催生了多种不同于传统信贷服务的担保、保险以及农业投资基金等一系列新型金融服务。因此，通过科学的制度创新唤醒农村沉睡的资产以及创新金融服务种类，进而满足创业农户生产经营的需要，便成为了发展当前金融服务，进而使金融与农业经济、农户经营形成良性互动，进而构建新型农业、农户以及金融机构框架的关键。

从中华人民共和国成立以来金融机构发展的历史轨迹来看，计划经济时期，金融机构功能在赶超战略导向下被财政化，成为向城市和工业输送资金的管道。20 世纪 80 年代中期之后，在外部国家工业化、城市化的战略导向以及内部"小农"经济模式难以支撑农村正规金融机构存在的双重约束下，金融机构无法有效地促进农业经营主体的发展，这也使金融机构的发展一直游离于农村经济的发展之外，而并没有内生于农村经济。但是随着 20 世纪末期我国逐步跨越工业化初级阶段，以及"三农"问题的日益严重，国家开始逐步调整发展战略，提出要实现统筹城乡发展，并于 21 世纪初提出了"工业反哺农业，城市支持农村"，同时对农业采取"多予、少取、放活"的方针，这从根本上改善了农业发展的外部条件。从内部条件来看，在工业化、城市化背景下，农业逐渐去"过密化"，农业经营的规模效应逐步显现，以创业农户为核心的新型农户凭借自身较好的经营能力和盈利能力开始能够支撑农村正规金融机构的可持续发展，这便为金融内生于农村经济创造了良好的基础条件。考虑到国家对于涉农金融机构业务范围的严格限制，以及非农金融的同业竞争进一步加剧，金融机构要实现长期可持续发展，也必须紧紧依靠具有较强经营能力和盈利能力的创业农户。

在简要剖析我国金融机构发展的内外部条件之后，我们再对金融业务自身进行分析。前文已经提到，长期以来，由于从事小规模、细碎化经营的普通农户盈利能力有限，因此难以支撑农村正规金融的可持续发展；同时，我国特殊的农村土地制度以及城乡二元产权结构下的农村产权资产同样是花费了大量的投资而形成的生产性固定资产，但是却无法成为正规金融机构合格的抵押物。因此，尚且不论金融机构发展的内外部条件，仅从金融服务自身而言，也对金融机构的发展产生了强烈的制约。因此，要实现金融机构与创业农户的有效协同，以达到两者的发展能够彼此促进这一目的，则毫无疑问需要对传统金融服务进行创新，以"两权"抵押贷款为代表的金融服务创新正是在这一背景下应运而生的。从第4章的分析来看，当前金融服务已经开始为创业农户的发展提供良好的资金动力。同时，农户创业的蓬勃兴起又推动了金融服务创新的进一步发展。相对于小规模、细碎化经营的普通农户而言，规模化、专业化经营的创业农户更强的盈利能力能够为金融服务创新奠定坚实的经济基础。此外，随着我国农业现代化进程的进一步推进，农村产权资产市场建设的进一步扩大和完善，创业农户现有的农村产权资产无疑将能够通过农村产权资产市场的交易而获得更为科学的市场定价，并逐步成为被正规金融机构认可的抵押物，进而突破制约金融机构发展的瓶颈。综上所述，随着创业农户盈利能力的增强，以及农村产权交易市场的进一步完善，金融服务创新将能够有效地克服传统金融服务发展的弊端，进而成为有利于金融机构与创业农户发展的有效制度安排。综上所述，本书提出以下研究假说：

假说1：农户创业迎合了金融机构发展需要，能够在一定程度上刺激金融服务创新发展。

假说2：金融服务创新可以在一定程度上满足创业农户的金融需求，提升其创业绩效。

假说3：农户创业与金融服务创新存在协同性，但鉴于两者均方兴未艾，协同性还有待进一步深化。

5.2　农户创业与金融服务创新协同性 测度的实证设计

5.2.1　数据来源

本章所用数据来源于 2015 年国务院发展研究中心农村经济研究部"农村土地金融制度"课题研究组①在我国的三大经济带中的浙江、黑龙江、甘肃、四川和贵州 5 个省份（见表 5.1）开展的农业新型经营主体金融需求调查，问卷调查内容主要涉及专业大户、家庭农场、合作社等新型农业经营主体的家庭特征、农业生产经营规模、经营类型、资金需求及信贷满足等方面。为考虑农村土地经营权以及农村住房财产权试点改革对新型农业经营主体的影响，调查县（市）选择的都是农村土地经营权抵押贷款与农村住房财产权抵押贷款改革的试点县（市），这确保了数据来源对于我国的"两权抵押"发展状况具有非常强的代表性。最终，本次调查共获得 1578 个样本，其中，部分被访者因各种原因没有完成问卷，成为无效样本，最终获取有效样本 1569 个，占全部调查样本的99.43%。同时，参照本书第 3 章对于创业农户的定义，我们共筛选出创业农户② 916 户，其中农业型创业农户 800 户、非农型创业农户 116 户。

---

① 在此，笔者对提供本数据的国务院发展研究中心农村经济研究部的程郁主任表示衷心的感谢。

② 本书第 3 章将"农户创业"定义为：以家庭作为基本决策单位的市场经济活动参与组织，进行识别机会、组织和利用资源，实现价值创造的过程。具体而言，本书界定的创业农户包括以下三类农户：①专业大户；②家庭农场；③工商农户。本书所使用的问卷中，通过以下问题对创业农户进行识别：贵经营主体属于什么类型？（可多选）[1] 专业大户；[2] 家庭农场；[3] 农业生产企业；[4] 合作社；[5] 一般农户；[6] 其他，请说明。首先，我们将选择选项 [1] 或者选项 [2]（其中一项或者同时选择两项）的农户视为创业农户，对于在选择选项 [1] 或者选项 [2] 的基础上还选择了其他选项的农户，我们根据该农户是否选择选项 [3] 或选项 [4]（其中一项或者同时选择两项）来做进一步划分，如果没有选项 [3] 或选项 [4]，我们将农户视为创业农户；如果选项中含有选项 [3] 或选项 [4]，我们则通过以下问题进行进一步区分，即 A06 该经营主体创立时的出资主体是？[1] 农户家庭独资；[2] 多个农户家庭合资；[3] 农户入股；[4] 企业投资；[5] 私人老板独资；[6] 多人（非农户）合伙投资；[7] 其他，请说明。选择选项 [1] 的农户，我们将其视为创业农户，否则不视为创业农户。除此之外，对于选择选项 [5] 的农户，我们再结合目前实际经营的土地面积为多少亩这一问题进行区分。其中，对于南方省份，50 亩以上的我们视为创业农户，对于北方省份，100 亩以上的我们视为创业农户。对于选择选项 [6] 的农户，我们根据其对自己经营的描述来进行确定，如果其进行个体工商业经营，我们视其为创业农户。

表 5.1　样本地区分布概况

地区	省份	样本县（市）分布
东部地区	浙江	嘉兴市海盐县和嘉善县、湖州市长兴县
中部地区	黑龙江	齐齐哈尔市克山县、绥化市肇东市
西部地区	四川 贵州 甘肃	成都市郫县、遂宁市蓬溪县、乐山市井研县；铜仁市德江县、六盘水市盘县（现更名为盘州市）、水城县和六枝特区、遵义市湄潭县、黔西南布依族苗族自治州兴仁县和安龙县、安顺市普定县、贵阳市开阳县、毕节市金沙县；陇南西和县

5.2.2　实证模型设定

在对实证模型进行设定之前，我们首先需要回顾第 3 章对于"协同"的定义。本书将"协同"定义为系统内部两个或者两个以上的不同资源或者个体，协同一致地完成某一目标，在结果上实现系统内部个体之间的相互促进与发展。因此，本章要对农户创业与金融服务创新的协同性进行测度，便需要将农户创业与金融服务创新纳入农村经济这个系统，并检验两者在农村经济系统内是否实现了相互促进与发展，具体而言，则是检验农户创业是否促进了金融服务创新的发展，以及金融服务创新是否促进了农户创业的发展。因此，本书的实证分析分为两部分，以保证对农户创业与金融服务创新协同性检验的合理性和完备性：第一部分，我们将检验农户创业对金融服务创新发展的影响；第二部分，我们将检验金融服务创新对农户创业发展的影响。最后，在综合分析两部分的实证结果的基础上，对两者的协同性进行客观的评价。为此，本书的实证模型也分为了两个部分，具体如下：

5.2.2.1　农户创业对金融服务创新影响的模型设定

对于农户创业对金融服务创新影响的实证模型，我们选取了金融服务创新发展作为因变量，自变量为农户创业，实证模型的具体设定如下：

$$Y_f = \alpha_1 + \beta_1 X_e + cons_1 + \varepsilon_1 \tag{5.1}$$

其中，Y_f 为金融服务创新发展，X_e 为农户创业，$cons_1$ 为控制变量，β_1 为自变量系数，α_1、ε_1 分别为截距项和扰动项。

5.2.2.2　金融服务创新对农户创业影响的模型设定

对于金融服务创新对农户创业影响的实证模型，我们选取了农户创业绩效作为因变量，自变量为金融服务创新，实证模型的具体设定如下：

$$Y_e = \alpha_2 + \beta_2 X_f + cons_2 + \varepsilon_2 \tag{5.2}$$

其中，Y_e 为农户创业绩效，X_f 为金融服务创新，$cons_2$ 为控制变量，β_2 为自变量系数，α_2、ε_2 分别为截距项和扰动项。

5.2.3　分析方法选取

根据 5.2.2 小节的分析，本书对于农户创业与金融服务创新协同有效性的测度，是围绕农户创业是否促进了金融服务创新的发展，以及金融服务创新是否促进了农户创业的发展两个方面来展开的，并综合两方面的回归结果来对两者的协同性进行综合评价。因此，在实证方法的选取上，如果采取传统的 OLS 方法对模型进行估计可能会产生两类问题，一是农户创业绩效与金融创新服务获取之间的内生性可能会造成采用 OLS 方法的估计是有偏的，二是模型仍然可能存在遗漏变量的问题，这使得我们不能完全分离影响农户创业绩效的其他相关因素。对于第一个问题，我们可以加入工具变量，以尽可能规避内生性影响，但是对于第二个问题，采用工具变量法并不能有效地解决。因为准确地度量获得金融创新服务与未获得金融创新服务对农户创业绩效的影响存在一个关键问题，即对同一创业农户而言，不可能同时观察到这个农户获得金融创新服务与未获得金融创新服务对自身创业绩效的影响。显然，这是一个遗漏数据问题，在任何时点上，同一创业农户只能是上述两种状态之一，这即为典型的反事实因果推断分析框架。因此，无论是 OLS 方法还是 2SLS 方法通常假定能够控制足够多的控制变量，并假定获得金融创新服务与未获得金融创新服务是相同的，这显然是不合理的，如果两户创业农户的特性完全不同，则上述估计方法就是有偏的，根本问题是 OLS 方法和 2SLS 方法无法克服样本的自选择问题。

为了解决上述问题，本书借鉴了 Rosenbaum 和 Rubin（1983）提出的倾向性得分匹配方法。倾向得分匹配方法的基本思想是：在评估某一行为或政策的效果时，通过倾向得分值找到与干预组尽可能相似的控制组，进行配对分析，那么样本选择偏误就可以被有效降低，并且有效去除控制变量等可观察因素对考察变量的混杂偏移。倾向得分匹配是通过控制影响因素作用的混淆来纠正对干预效应的估计偏差，该方法减小估计偏差的思想是基于干预组和控制组在尽可能相似的条件下比较其估计结果的差异。由于本书的实证分析包含了农户创业是否促进了金融服务创新的发展，以及金融服务创新是否促进了农户创业的发展两个部分，因此本书将在两个部分选择不同的干预：在第一部分的实证分析中，我们将农户创业作为干预；在第二部分的实证分析中，我们将金融服务创新作为干预。下面我们以金融服务创新是否促进了农户创业发展为例，对倾向得分匹配方法的推导进行介绍。

Rosenbaum 和 Rubin（1983）定义的倾向性得分是在给定影响因素特征向量的条件下接受干预的条件概率，其表达式为：

$$p(X) = \Pr\{D = 1 \mid X\} = E\{D \mid X\} \tag{5.3}$$

式（5.3）中，$D\{0, 1\}$ 表示是否接受过干预，X 是反映研究对象接受干预前其特征的一个多维向量。$p(X)$ 为研究对象在给定接受干预前特征向量条件下接受干预的条件概率。如果在特征向量 X 限定的样本组中干预是随机发生的，那么，在单维变量 $p(X)$ 的值限定的样本中干预也是随机发生的。如此一来，如果倾向性得分可以求出，则可以通过下面的计算途径分别得到金融服务创新对农户创业绩效的平均处理效应（ATT）：

$$
\begin{aligned}
\tau &\equiv E\{Y_{1i} - Y_{0i} \mid D_i = 1\} \\
&= E\{E\{Y_{1i} - Y_{0i} \mid D_i = 1,\ p(X)\}\} \\
&= E\{E\{Y_{1i} \mid D_i = 1,\ p(X)\}\} - E\{E\{Y_{0i} \mid D_i = 1,\ p(X)\}\}
\end{aligned} \tag{5.4}
$$

式（5.4）中，Y_{1i} 和 Y_{0i} 分别是干预组和控制组的两个反事实情形下的潜在结果，表示个体观测。需要说明的是，式（5.4）有两种假设[①]，由于 $p(X_i)$ 为连续变量，很难进行精确匹配，因此要估计金融服务创新对农户创业绩效的平均处理效应，需要采取其他匹配方法。常用的非精确匹配方法有三种，即最邻近匹配、半径匹配以及核匹配。

最邻近匹配的规则为 $C(i) = \min\limits_{j} \| p_i - p_j \|$，这里，$C(i)$ 表示与创业农户 i 成功匹配的创业农户 j 的集合，即倾向性得分与创业农户最为近似的集合。半径匹配的规则为 $C(i) = \{ p_j \mid \| p_i - p_j \| \leqslant r \}$，这里，$r$ 为预先设定的搜索半径，此时，匹配创业农户 j 的集合为倾向性得分与创业农户 i 的得分不大于搜索半径的所有创业农户样本。匹配完成后，ATT 的估计方法为（Becker & Ichino，2002）：

$$ATT^M = \frac{1}{N^T} \sum_{i \in T} Y_i^T - \frac{1}{N^T} \sum_{j \in T} w_j Y_j^C \tag{5.5}$$

式（5.5）中，M 代表匹配方法，Y_i^T、Y_j^C 分别代表干预组和控制组的观测结果，T 和 C 分别表示干预组（获得金融创新服务）和控制组（未获得金融创新

[①] 一种假设是，在给定倾向性得分的前提下，干预前的变量是平衡的，如果 $p(X)$ 是倾向性得分，则 $D \perp X \mid p(X)$；另一种假设是，在给定倾向性得分不受限制的前提下，干预的过程也是不受限制的，如 $Y_1,\ Y_0 \perp D \mid X$。

服务），将与创业农户 i 成功匹配且未获得金融创新服务的创业农户数量表示为 N_j^C，则式（5.5）中的权重 $w_j = \sum_i w_{ij}$，ATT 的方差公式为：

$$Var(ATT^M) = \frac{1}{N^T}Var(Y_i^T) + \frac{1}{(N^T)^2}\sum_{j \in C}(w_j)^2 Var(Y_j^C) \tag{5.6}$$

而核匹配方法与最邻近匹配方法和半径匹配方法有较大差异，为了对创业农户 i 进行匹配，需要将其 PS 值（倾向性得分）附近的未获得金融创新服务的创业农户数量进行加权，权重与创业农户 i 和创业农户 j 的 PS 值之差相关。本书估计 ATT 所采用的匹配方法为常用的最邻近匹配方法。

5.2.4　变量选取

5.2.4.1　因变量

从本书的实证模型的设定可知，本书将分别检验农户创业对金融服务创新发展的影响，以及金融服务创新对农户创业绩效的影响，以此来分析农户创业与金融服务创新的协同性。为此，本书的因变量选取分为两个部分。

第一个部分选择金融服务创新发展的代理变量作为因变量，在 3.1.2 小节中，我们将区别于传统信贷服务的金融服务都定义为金融服务创新。因此，当前针对创业农户发展的农业保险、农业信托、农产品期货、互联网金融、"两权"抵押贷款、农业产业链融资以及各种组合金融服务都属于本书所界定的金融服务创新的范畴。就目前针对创业农户的金融服务创新而言，实施最广泛的无疑是"两权"抵押贷款。考虑到数据可获得性以及分析结果的代表性，本书在实证分析中选择了"两权"抵押贷款作为金融服务创新的代理变量。同时，为了从多维度考察金融服务创新的发展现状，我们选择了是否获得金融创新服务、金融创新服务获得数量与金融创新服务数量占金融服务总量比例（简称"金融创新服务占比"）三个变量作为衡量金融服务创新发展的代理变量，进而能够从金融创新服务获得的难易程度、金融创新服务的获得数量以及金融创新服务的获得深度三个层面对金融服务创新发展进行分析。

第二个部分选择农户创业绩效的代理变量作为因变量。关于农户创业绩效，学界已经进行过广泛的讨论。目前，学术界对于农户创业绩效尚未形成专门、系统的研究，没有一个精确的界定。国内外学者基本上都是以创业的成果来衡量创业绩效。因为大多数创业属于企业创新活动，所以创业成果体现为企业成果，衡量创业绩效的指标主要是反映企业盈利能力的相关指标，包括利润率、资产报酬率、收益率等。如周亚虹和许玲丽（2007）以企业净利润率衡量企业绩效，罗婷等（2009）和石俊国等（2014）采用主营业务利润率衡量创业绩效，Griffin 和 Hauser（1996）使用财务绩效衡量新产品开发和创新绩效，Bodlaj 等（2012）使用新产品获得的收益衡量创新绩效，Gilbert 等（2008）则使用企业创新过程中实现的市场价值来衡量创新绩效。由于农村、农民和农业的特殊性，因此农户创业的绩效界定与普通企业的创业绩效比较，存在自身特点和差异。企业的创业绩效往往用会计制度及相关的财务指标进行衡量，但考虑农民、农民工等个人创业的特点，衡量农民创业绩效的指标除了企业方面的评价指标，更多采用农户、农民工等个人层面的评价指标体系，数据收集除了利用会计体系，更多采用问卷设计和实地调研获取。例如，朱红根和康兰媛（2013）使用成长绩效、主观绩效、客观绩效等测量农民工返乡创业的绩效。问卷中，成长绩效为在时间上与上一年度绩效的比较，主观绩效则为农民对自身创业成功程度的一种判断，客观绩效则为创业利润指标。周菁华（2013）、张应良和汤莉（2013）等采用农民对自身创业的评价"好"与"不好"二分变量作为衡量绩效的指标。赵浩兴和张巧文（2013）也采用问卷设计方法，对农村微型企业创业者的创业绩效进行研究，从生存绩效和成长绩效两个方面衡量创业绩效。生存绩效即企业未来存活年限，成长绩效则包含企业财务指标和非财务指标。在已有关于企业创新、创业以及农民工创业等绩效评价与相关操作性指标设计成果的基础上，本书将从金融和科技两个方面对农村创业绩效进行研究。综上所述，本书选择了农户创业收入、农户家庭总收入、农户创业利润三个变量作为农户创业绩效的代理变量，进而能够从农户创业数量绩效、农户创业对家庭生活的改善以及农户创业质量绩效三个维度对农户创业绩效进行分析。

5.2.4.2　自变量

与因变量的选取一样，本书的自变量的选择也分为两个部分：第一部分选取金融服务创新的代理变量作为自变量，第二部分选取农户创业的代理变量作为自变量。为此，我们选择了金融服务创新和农户创业两个变量分别作为两个部分的自变量。关于农户创业变量，本书在数据来源部分已经就创业农户的选取进行了详细的说明，因此，农户创业变量以农户是否参与创业来界定。对于金融服务创新变量，需要说明的是，近年来，各种各样的金融服务创新不断涌现，如农村产权资产抵押贷款、农业担保、农业保险、农村产权资产信托、农业投资基金等。但是，就我国目前的金融服务创新来看，主要是围绕农村产权资产抵押贷款来展开，或者说，农村产权资产抵押贷款是当前我国金融服务创新的最基本、最主要的形式。因此，在综合考虑对于研究问题的普适性和代表性，以及数据的可获得性的情况下，本书选择了是否获得农村土地经营权抵押贷款与农村住房财产权抵押贷款作为界定金融服务创新变量的标准。

5.2.4.3　控制变量

鉴于影响农户创业绩效的因素较多，为防止遗漏变量对估计结果造成系统性偏差，我们需要加入一系列的控制变量对农户的各项特征进行控制。我们加入了性别、年龄、受教育程度变量对户主特征进行控制；加入经营年限、土地面积、劳动力、机械化程度、生产性投资变量对农户家庭经营特征进行控制；加入党员变量对农户社会资本特征进行控制；加入财政补贴变量对政府支持进行控制；加入所在县域规模以上企业数量对农户创业环境进行控制。此外，为规避数据波动带来的影响，我们对数值较大的变量进行了对数处理。

本书主要变量的定义如表 5.2 所示。

表 5.2　主要变量定义

变量名称	定义
创业收入	2014 年经营性收入[①]之和（万元：取对数）
总收入	2014 年总收入（万元：取对数）
创业利润	2014 年利润（万元：取对数）
金融服务创新	农村土地经营权抵押贷款和农村住房财产权抵押贷款之和（万元：取对数）
农房抵押贷款	农村住房财产权抵押贷款（万元：取对数）
农地抵押贷款	农村土地经营权抵押贷款（万元：取对数）
性别	户主性别，男＝1，女＝0
年龄	户主年龄（岁）
受教育程度	户主受教育程度：未上学＝1；小学＝2；初中＝3；高中/中专/技校＝4；大专/高职＝5；本科＝6；研究生及以上＝7
经营年限	开始实现规模化到目前的时间（年）
土地面积	当前土地实际经营面积（亩：取对数）
劳动力	家庭或合伙成员投入的劳动力数量与雇用工人的数量之和（人）
机械化程度	生产设备总资产价值（万元：取对数）
生产性投资	2014 年各类生产投资价值（元：取对数）
党员	经营主体负责人是否为党员，是＝1，否＝0

变量名称	定义
财政补贴	政府支持生产的补贴与奖励（元：取对数）
创业环境	所在县域规模以上企业数量[2]（家：取对数）

注：①此处的经营性收入由粮食作物种植收入、经济作物种植收入、养殖业收入和工商经营收入组成。②数据来源于《2015年中国县域统计年鉴：县市卷》。

5.2.5 统计模型设定

根据本书的实证模型与变量选取情况，本书对农户创业与金融服务创新发展的因果关系进行检验时，设定如下统计模型：

$$HQ = \alpha_1 + \beta_1 CY + cons_1 + \varepsilon_1 \tag{5.7}$$

$$SL = \alpha_2 + \beta_2 CY + cons_2 + \varepsilon_2 \tag{5.8}$$

$$BL = \alpha_3 + \beta_3 CY + cons_3 + \varepsilon_3 \tag{5.9}$$

其中，HQ、SL、BL 分别表示是否获得金融创新服务、金融创新服务获得数量与金融创新服务占比，CY 表示农户创业，$cons_1$、$cons_2$、$cons_3$ 为控制变量，β_1、β_2、β_3 为自变量系数，α_1、α_2、α_3 为截距项，ε_1、ε_2、ε_3 为扰动项。

在对金融服务创新与农户创业绩效的因果关系进行检验时，设定如下统计模型：

$$CS = \alpha_1 + \beta_1 HQ + cons_1 + \varepsilon_1 \tag{5.10}$$

$$ZS = \alpha_2 + \beta_2 HQ + cons_2 + \varepsilon_2 \tag{5.11}$$

$$LR = \alpha_3 + \beta_3 HQ + cons_3 + \varepsilon_3 \tag{5.12}$$

其中，CS、ZS、LR 分别表示农户创业收入、农户家庭总收入、农户创业利润，HQ 表示是否获得金融创新服务，$cons_1$、$cons_2$、$cons_3$ 为控制变量，β_1、β_2、β_3 为自变量系数，α_1、α_2、α_3 为截距项，ε_1、ε_2、ε_3 为扰动项。

5.2.6 分析方法和指标选取特色

5.2.6.1 分析方法选取特色

关于协同性的测度，学术界通常的做法是对自变量与因变量进行协整检验、格兰杰因果关系检验，或者通过建立多层次指标体系对自变量与因变量之间的协同度进行测算。但是上述两类方法的采用在数据结构和指标体系上存在较高的要求。首先，对自变量与因变量进行协整检验、格兰杰因果关系检验要求数据为时间序列数据或者面板数据；其次，对自变量与因变量进行协同度测算则要求一个丰富的指标体系进行支撑。鉴于农户创业与金融服务创新方兴未艾，数据获得难度非常大，尤其是时间序列数据或者面板数据的获取需要对调查农户进行长时间的追踪，需要巨大的人力、物力和财力作为支撑，而上述条件对于本书的研究而言，几乎是一个不可能完成的任务。

因此，如何利用截面数据对农户创业与金融服务创新的协同性进行测度便成为了本书实证分析的重点与难点。为此，我们充分考虑了本书对于农户创业与金融服务创新的定义，即农户创业与金融服务创新协同，是农村经济系统中，以家庭作为基本决策单位，识别机会，组织和利用资源，实现价值创造的市场经济活动参与组织和金融机构在对利润追求的动机下，通过不断改变原有为农村经济服务的金融业务、金融工具、金融活动及相应制度的组合方式，或者创造新的为农村经济服务的金融业务、金融工具、金融活动及相应制度，两者之间通过协同一致，在结果上实现相互促进与发展。根据定义，本书通过农户创业与金融服务创新相互因果关系检验的方式来测度两者的协同性，并最终采用了倾向得分匹配法。这一方法的采用在兼顾数据结构的同时，对农户创业与金融服务创新进行了有效的测度，具有一定的创新性，对后续相关研究具有一定的借鉴价值。

5.2.6.2　指标选取特色

前文已经提到，农户创业与金融服务创新方兴未艾，数据获得难度非常大，这也给本书在农户创业与金融服务创新衡量指标的选取方面带来了极大的困难。本书的实证分析不仅希望得到两个指标的离散变量，即是否参与农户创业与是否获得金融创新服务，还希望获得两者在创业收入、创业利润以及金融创新服务获得数量、金融创新服务数量占金融服务总量比例方面的指标，以便能够更为全面、细致地刻画农户创业与金融创新服务获取的情况，对于研究主题有更深入的把握。为此，有别于学术界在采用倾向得分匹配法时，对因变量采取单一变量的做法，本书在对农户创业与金融服务创新相互因果关系进行检验时，均选择了多个因变量，进而对干预的结果进行更加深刻的把握。具体而言，本书在对农户创业进行干预时，选择了是否获得金融创新服务、金融创新服务获得数量与金融创新服务占比三个变量作为衡量金融服务创新发展的代理变量，进而能够从金融创新服务获得的难易程度、金融创新服务的获得数量以及金融创新服务的获得深度三个层面对金融创新服务发展进行分析。在对金融服务创新进行干预时，选择了农户创业收入、农户家庭总收入、农户创业利润三个变量作为农户创业绩效的代理变量，从而能够从农户创业数量绩效、农户创业对家庭生活的改善以及农户创业质量绩效三个维度对农户创业绩效进行分析，从而能够全方位地刻画农户创业对于金融服务创新发展的影响，以及金融服务创新对于农户创业绩效的影响。

5.2.7　描述性统计

5.2.7.1　主要变量的基本统计特征

表5.3列出了各变量的均值、标准差、最小值、最大值等描述性统计特征。

表5.3　主要变量的基本统计特征

变量	均值	标准差	最小值	最大值
创业收入	4.2268	1.7182	0.0062	10.3089
总收入	13.4179	1.7874	8.2427	19.5311
创业利润	1.3064	0.6353	0	3.6991
金融服务创新	0.9735	1.8105	0	7.8823
农房抵押贷款	0.3002	0.9874	0	6.9077
农地抵押贷款	0.7407	1.6685	0	7.8823
性别	0.9007	0.3052	0	1
年龄	43.8169	7.8292	24	71
受教育程度	3.6457	0.9553	1	7
经营年限	4.2459	3.8056	0.5	30
土地面积	4.7681	2.2173	0	10.9647
劳动力	33.0476	124.1539	2	2496
机械化程度	2.3231	2.1976	0	11.4721
生产性投资	3.6057	1.8943	0.1568	9.0183
党员	0.3843	0.4866	0	1
财政补贴	0.9205	1.8591	0	6.6127
创业环境	4.1249	1.3814	1.0986	7.0630

注：本表中所有变量的定义与表5.2相同。

5.2.7.2　创业农户的金融创新服务特征

（1）创业农户金融创新服务供求情况。表5.4显示了创业农户和普通农户金融创新服务获取的一些统计特征。从普通农户的情况来看，申请"两权"贷款的农户有 34 户，占到普通农户总数的 13.8776%①，获得金融创新服务的有 30 户，获得率为 88.2353%，平均每笔贷款金额为 11.8667 万元。其中，获得农村土地经营权抵押贷款（简称"农地贷款"）的普通农户有 16 户，占到获得金融创新服务创业农户总数的 53.3333%②，平均每笔金额为 7.5 万元；获得农村住房财产权抵押贷款（简称"农房贷款"）的创业农户有 22 户，占到获得金融创新服务创业农户总数的 73.3333%，平均每笔金额为 10.7273 万元。从创业农户的情况来看，申请"两权"贷款的创业农户有 207 户，占到创业农户总数的 22.5982%，获得金融创新服务的有 195 户，获得率高达 94.1605%，平均每笔贷款金额为 70.581 万元。其中，获得农地贷款的创业农户有 129 户，占到获得金融创新服务创业农户总数的 62.3188%，平均每笔金额为 82.1395 万元；获得农房贷款的创业农户有 90 户，占到获得金融创新服务创业农户总数的 43.4782%，平均每笔金额为 54.0137 万元。

表 5.4　农户金融创新服务的供求特征

变量	创业农户	非农型	农业型	专业大户	家庭农场	普通农户
"两权"申请（户）	207	20	187	139	57	34
"两权"获得（户）	195	19	176	130	55	30
获得率（%）	94.2028	95	94.1176	93.5251	96.4912	88.2353
数量（万元）	70.5810	199.7500	54.5832	54.4844	70.6451	11.8667
期限（年）	1.6575	2	1.6153	1.6137	1.7903	1.7895
利率（%）	8.2739	9.4833	8.1251	8.2158	7.0725	8.4211
农地申请（户）	137	12	125	90	43	17
农地获得（户）	129	12	117	84	41	16
获得率（%）	94.1605	100	93.6000	93.3333	95.3488	94.1176
数量（万元）	82.1395	245.8333	65.3504	62.7976	81.9024	7.5000
期限（年）	1.6124	1.7500	1.5982	1.7381	1.5363	1.6875
利率（%）	7.9186	8.7416	7.8341	7.8060	7.2365	8.2500

①　本数据由表 5.4 中申请"两权"贷款普通农户数（34）除以 5.2.1 小节中普通农户总数（245）而得，本章类似计算参照本例。

②　本数据由表 5.4 中获得"农地"贷款的普通农户数（16）除以获得"两权"贷款普通农户数（30）而得，本章类似计算参照本例。

续表

变量	创业农户	非农型	农业型	专业大户	家庭农场	普通农户
农房申请（户）	109	14	95	76	23	26
农房获得（户）	90	12	78	61	21	22
获得率（%）	82.5688	85.7142	82.1052	80.2631	91.3043	86.6154
数量（万元）	54.0137	153.6667	38.6825	43.0367	42.8095	10.7273
期限（年）	1.7159	2.2500	1.6410	1.4426	2.2857	1.8636
利率（%）	8.7833	10.2250	8.5615	8.9081	6.7523	8.5455

上述结果表明，虽然仍然处于试点阶段，但我国已经有相当数量的创业农户拥有金融创新服务需求，同时，从获得率来看，金融创新服务的获得率非常高，远高于农户其他金融服务的获得率，虽然这其中有一定的政府引导和推动作用，但是这仍然可以在一定程度上说明金融创新服务有可能会成为供求双方均认可的金融服务。对比创业农户和普通农户的金融服务创新数据我们可以发现，无论从获得"两权"抵押贷款的农户占子样本的比例，还是获得"两权"抵押贷款的数量来看，创业农户均远远优于普通农户。主要原因在于供给和需求两个方面：从需求来看，相比普通农户，创业农户的生产性投资更多，资金需求量更大，进而在传统金融服务无法满足自身的融资需求时，会主动寻求金融创新来缓解融资约束；从供给来看，创业农户拥有的农村产权资产数量更为庞大，抵押能力更强，且盈利能力也比普通农户更强，因此相对更容易获得金融创新服务。

我们将创业农户分为农业型创业农户和非农型创业农户，以进一步观测不同类型创业农户的金融创新服务获取情况。结果显示：获得"两权"贷款的非农型创业农户有 19 户，占自身总数的 7.4509%，平均每笔金额为 199.75 万元。其中，获得农地贷款的有 12 户，占到获得"两权"贷款非农型创业农户总数的 63.1578%，平均每笔金额为 245.8333 万元；获得农房贷款的有 12 户，占到获得"两权"贷款非农型创业农户总数的 63.1578%，平均每笔金额为 153.6667 万元。获得"两权"贷款的农业型创业农户有 178 户，占自身总数的 29.9663%，平均每笔金额为 54.5832 万元。其中，获得农地贷款的有 117 户，占到获得"两权"贷款农业型创业农户总数的 65.7303%，平均每笔金额为 65.3504 万元；获得农房贷款的有 78 户，占到获得"两权"贷款农业型创业农户总数的 43.8202%，平均每笔金额为 38.6825 万元。进一步地，我们将农业型创业农户按照家庭农场和专业大户进行分类，以观测两类农业型创业农户的金融创新服务获取情况。结果显示：获得"两权"贷款的专业大户有 130 户，占自身总数的 21.8855%，平均每笔金额为 54.4844 万元。其中，获得农地贷款的有 84 户，占到获得"两权"贷款专业大户总数的 64.6153%，平均每笔金额为 62.7976 万元；获得农房贷款的有 61 户，占到获得"两权"贷款专业大户总数的 46.9231%，平均每笔金额为 43.0367 万元。获得"两权"贷款的家庭农场有 55 户，占自身总数的 21.5686%，平均每笔金额为 70.6451 万元。其中，获得农地贷款的有 41 户，占到获得"两权"贷款家庭农场总数的 74.5454%，平均每笔金额为 81.9024 万元；获得农房贷款的有 21 户，占到获得"两权"贷款家庭农场总数的 38.1818%，平均每笔金额为 42.8095 万元。上述结果表明，农业型创业农户是金融服务创新最大的受益对象，非农型创业农户对金融创新服务的需求较小。而两类农业型创业农户中，拥有金融创新服务的家庭农场与专业大户比例大致相同，但是家庭农场的融资数额高于专业大户。

在上述基础上，我们将金融服务创新分为农村土地经营权抵押贷款（简称"农地贷款"）和农村住房财产权抵押贷款（简称"农房贷款"），以便于观测不同类型金融创新服务的运行情况。首先，从申请的情况来看，申请农地贷款的创业农户要略多于申请农房贷款的创业农户，同时无论从贷款获得率还是获得数量来看，农地贷款都远高于农房贷款。其次，从两类贷款自身的特征来看，两者在贷款期限上相差不大，但是农房贷款的利率要明显高于农地贷款。上述结果说明，目前的"两权"贷款中，农地贷款是当前缓解创业农户资金困难的主力，创业农户也倾向于选择农地贷款，农房贷款在获得率和供给数量上还有待提高。

（2）金融服务创新对创业农户绩效的影响。我们对比获取"两权"贷款与未获取"两权"贷款的创业农户的创业收入、总收入以及利润，来分析金融服务创新对农户创业绩效的影响。从表 5.5 可知，获取"两权"贷款的创业农户的创业收入为 297.0793 万元，总收入为 325.5945 万元，利润为 73.1312 万元；未获取"两权"贷款的创业农户的创业收入为 204.8024 万元，总收入为 210.6305 万元，利润为 67.7039 万元。通过上述对比我们可以发现，获取"两权"贷款的农户的创业收入和总收入明显高于未获取"两权"贷款的农户，但是利润方面的优势并不明显。

表 5.5 金融服务创新对创业农户绩效的影响

创业绩效指标	获取	未获取
创业收入（万元）	297.0793	204.8024
总收入（万元）	325.5945	210.6305
利润（万元）	73.1312	67.7039

注：表格中的指标均为平均值。

5.3 农户创业与金融服务创新协同性测度结果及分析

5.3.1 农户创业与金融服务创新发展的因果关系检验：假说 1 的验证

5.3.1.1 控制组与干预组的选择

根据上述内容的分析框架和估计方法，本书选取了干预效应的非实验研究方法，将农户创业作为干预对象，把所有农户分为干预组（进行创业）和控制组（未进行创业）两组子样本，对式（5.7）、式（5.8）、式（5.9）三个统计模型进行检验。在干预组和控制组影响金融创新服务获取的特征变量匹配的情况下，特征变量选择最外生的控制变量，包括代理创业农户户主特征的年龄、性别、受教育程度变量，代理创业农户经营特征的经营年限、土地面积、劳动力总数、机械化程度变量，代理创业农户社会资本特征的党员变量，代理创业农户所获政府支持的财政补贴变量，代理创业农户创业环境的当地规模以上企业数变量。此外，需要特别指出的是，为了控制创业农户其他金融资源获取对于金融创新服务获取的影响，本书还加入了其他贷款变量[①]，以测量创业农户和非创业农户的金融创新服务获取差异程度。表 5.6 是按照农户是否创业划分的干预组和控制组的频数分布，创业农户比例为 78.89%，非创业农户比例为 21.11%。本书从是否获取金融创新服务、金融创新服务数量、金融创新服务占总金融服务比例三个维度来衡量农户金融服务创新的发展情况。

---

① 本书中提及的其他贷款是指创业农户获取的贷款总额中除"两权"抵押贷款以外的贷款。

表 5.6　农户是否创业的控制组与干预组频数分布

是否创业	频数（户）	百分比（%）	累计百分比（%）
是	916	78.89	78.89
否	245	21.11	100
合计	1161	100	—

5.3.1.2　农户是否创业的 Logit 回归结果及分析

根据倾向性得分的研究逻辑和估计方法，本书先估计创业农户是否获得金融创新服务的 Logit 概率模型。在是否获得金融创新服务的 Logit 概率模型中，解释变量与绩效方程中需要控制的影响因素相同。这样做的目的一是根据数据来源选择最外生的控制变量，如年龄、性别、受教育程度等；二是倾向得分匹配法要求，是否获得金融创新服务的 Logit 概率模型中的解释变量与绩效方程中的解释变量必须一致。

从实证结果来看（见表 5.7），在户主特征中，受教育程度对农户创业产生了显著的正效应，这说明受教育程度能够明显提升农户创业的概率。受教育程度越高，对于风险和利润的评估也更加精准，进而具有更强的企业家精神，选择创业；此外，受教育程度越高，获取和处理信息的能力越强，经营和管理水平也相应越高，从而能够更好地积累资本、扩张经营规模，从事创业活动。在经营特征中，土地面积、劳动力和生产性投资三个变量农户创业产生了显著的正效应，这说明这三个变量都对农户创业有明显的促进作用。无论是从事农业还是非农产业的经营，要素的投入都严格遵循自身的边际报酬规律：在经营的起步阶段，要素的边际报酬呈现递增的趋势，达到临界点之后，边际报酬逐渐下降。自从改革开放确立家庭联产承包责任制以来，长期小规模、细碎化的"小农"经营模式，随着工业化、城镇化进程加速逐步开始分化，从事农业经营的农业型创业农户与从事工商业经营的非农创业农户开始出现，但是他们都是由"小农"演化而来，因此，其经营规模是逐步由小变大的，在市场经济逐步完善的背景下，土地、劳动力、资本三类要素占比相对较大的农户通过增加三种要素的投入来追求规模报酬递增的动机更强，进而更有可能跨过创业门槛，成为创业农户。在政府支持中，财政补贴对农户是否创业产生了显著的正效应，这说明财政补贴能够明显提升农户创业的概率。毫无疑问，农户创业需要大量的资金投入，能否获得足够的资金是决定农户是否创业最关键的因素，政府通过补贴的形式对农户创业的正外部性进行补偿，能够在一定程度上缓解创业农户的资金压力，促使其选择创业。此外，中国经济目前仍处于转轨阶段，政府在经济发展中仍然发挥着主导作用，在政府对金融仍然具有强大控制力的背景下，政府通过金融政策与财政政策进行配套，综合财政与金融两种手段对创业农户进行资金扶持，让创业农户获得其中一项扶持政策时，也往往会获得另一种配套政策，进而在财政补贴的基础上再通过金融手段缓解农户的资金压力，促使其选择创业。创业环境对农户创业产生了显著的正效应，这说明创业环境能够明显提升农户创业的概率。这是因为创业环境越好，区域内企业数量越多，资金、技术的外溢效应越强，进而可以促进农户从事相关下游产业的非农创业；同时，创业环境越好，地区经济越发达，农户去"过密化"速度越快，农业经营的规模效应越明显，从而刺激农户从事农业创业。

表 5.7　农户是否创业的 Logit 回归结果

变量	系数	标准差	Z 值	P 值
其他贷款	−0.0372	0.0361	−1.03	0.3020
性别	0.1399	0.2257	0.62	0.5350
年龄	−0.0091	0.0090	−1.01	0.3120
受教育程度	0.2581***	0.0767	3.36	0.0010
经营年限	0.0096	0.0183	0.53	0.5990
土地面积	0.0859**	0.0374	2.30	0.0220
劳动力	0.0026**	0.0011	2.40	0.0170
机械化程度	−0.0371	0.0354	−1.05	0.2950
生产性投资	0.1843***	0.0466	3.95	0.0000
党员	−0.0523	0.1452	1.50	0.1330
财政补贴	0.1149***	0.0376	3.05	0.0020
创业环境	0.0773***	0.0514	3.80	0.0000
常数项	2.7165***	0.0874	4.06	0.0000
Pseudo R^2	0.1055			

注：*、**、***分别表示系数在10%、5%、1%的水平下显著，下同，本表中所有变量的定义与表5.2相同。

5.3.1.3　倾向得分匹配结果及分析

在对干预组和控制组进行匹配之后，我们对农户创业对于金融服务创新发展的处理效应进行了估计。从表 5.8 的估计结果来看，在金融创新服务获取方程中，干预组处理效应为 0.0556，在 10% 的水平上显著；控制组处理效应为 0.053，在 10% 的水平上显著；平均处理效应为 0.0545，在 5% 的水平上显著。从实证结果来看，干预组与控制组的处理效应均显著，并且干预组处理效应大于控制组，且平均处理效应显著，这说明农户创业与金融创新服务之间存在因果关系，相比未参与创业的农户，参与创业的农户获得金融创新服务的概率明显更高。在金融创新服务数量方程中，干预组处理效应为 0.4686，在 1% 的水平上显著；控制组处理效应为 0.4254，在 1% 的水平上显著；平均处理效应为 0.4432，在 1% 的水平上显著。从实证结果来看，干预组与控制组的处理效应均显著，并且干预组处理效应大于控制组，且平均处理效应显著，这说明农户创业与金融创新服务获取数量之间存在因果关系，参与创业的农户获得金融创新服务的数量明显高于未参与创业的农户。在金融创新服务比值方程中，干预组处理效应为 -0.0211，不显著；控制组处理效应为 -0.0218，不显著；平均处理效应为 -0.0214，不显著。从实证结果来看，干预组与控制组的处理效应以及平均处理效应均不显著，这说明农户创业与金融创新服务比值之间不存在因果关系。相比未参与创业的农户，参与创业的农户的金融创新服务比值没有明显提升。

表 5.8 农户创业倾向得分匹配结果

方程	处理效应	系数	标准误差	Z 值	P 值
金融创新服务 获取方程	干预组处理效应	0.0556*	0.0308	1.80	0.0720
	控制组处理效应	0.0530*	0.0295	1.79	0.0730
	平均处理效应	0.0545**	0.0275	1.98	0.0480
金融创新服务 数量方程	干预组处理效应	0.4686***	0.1391	3.37	0.0010
	控制组处理效应	0.4254***	0.1457	2.92	0.0040
	平均处理效应	0.4432***	0.1271	3.49	0.0000
金融创新服务 比值方程	干预组处理效应	-0.0211	0.0276	-0.76	0.4450
	控制组处理效应	-0.0218	0.0302	-0.72	0.4700
	平均处理效应	-0.0214	0.0262	-0.82	0.4140

由上述实证结果可知，农户创业与是否获取金融创新服务以及获取金融创新服务数量之间均存在因果关系，但是与金融创新服务比值不存在因果关系。正如 5.1 节所指出的那样，农业型创业农户在大量转入土地之后，势必会采取劳动力

替代的资本密集型生产方式，进而极大地节约生产成本，其资本—劳动比相对于传统生产方式会出现大幅提升，因而其金融服务需求相对于原来细碎化经营的普通农户而言无疑更加旺盛；而从事非农经营的非农型创业农户从土地和劳动力密集型的农业转化为资本密集型的工商业，对于这些退出农业而选择经商办厂的创业农户来说，资本对于土地和劳动力的替代必然需要大量增加资本要素的投入力度，从而产生强烈的金融服务需求。无论是农业型创业农户还是非农型创业农户，其创业过程都伴随着资本对劳动力的替代，都将会大幅增加自身的生产性投资，因此，其资金需求要远远大于从事小规模、细碎化经营的普通农户。同时，对于两类创业农户而言，他们的经营模式决定了拥有农村产权资产也远远大于普通农户，在传统金融服务无法满足自身的融资需求时，会内生以农村产权资产抵押贷款为出发点的金融服务创新需求，在金融服务创新试行之后，创业农户原有的金融服务创新需求得以释放，再加之更为雄厚的农村产权资产，导致无论是就获得概率还是获得数量而言，创业农户都明显高于普通农户。但是鉴于当前的金融服务创新尚处于试点阶段，无论是服务对象的数量还是资金投放的数量均有限，尚不足以对农户的融资结构产生决定性的影响，因此创业农户获取金融创新服务数量占总金融服务数量的比值还有限，有待进一步提高，上述结果也证明了假说1的正确性。

5.3.1.4 匹配平衡检验

依据 Smith 和 Todd（2005）的研究，我们通过计算配对后处理组与对照组基于各匹配变量的标准偏差进行匹配平衡性检验，以进一步验证匹配结果的有效性，标准偏差的值越小，可认为模型匹配效果越好[①]。同时，为进一步检验匹配的效果优劣，在计算匹配变量标准偏差的同时，对处理组和控制组农户匹配变量的均值进行 T 检验，以判断两者是否存在显著差异，如果没有统计上的显著差异，则可认为匹配效果满足要求，相反则必须改变匹配办法重新匹配。

我们通过计算配对后处理组创业农户与对照组创业农户基于各匹配变量的标准偏差进行匹配平衡性检验，以进一步验证匹配结果的有效性。从表5.9的结果来看，各匹配变量的标准偏差的绝对值均显著小于20%（见图5.1），可认为选取的匹配变量是适合的，且匹配方法选择恰当，因此本书的配对估计结果是可以信赖的。平衡性检验的 T 检验的概率值表明，上述匹配变量均不能在10%的显著

[①] Rosenbaum 和 Rubin（1985）指出，一般情况下，只要标准偏差的绝对值小于20%，匹配就是有效的。

性水平下拒绝匹配后处理组与控制组无显著差异的原假设，因此匹配结果满足了匹配平衡的要求。

表 5.9 农户创业的匹配平衡检验结果

匹配变量	干预组均值	控制组均指	标准偏差（%）	标准偏差减少（%）	T 检验概率值
其他贷款	1.6641	1.5966	-6.30	67.20	0.2560
性别	0.9013	0.8821	9.00	-391.40	0.1360
年龄	43.8375	43.9455	-2.80	-10.80	0.6310
受教育程度	3.5334	3.6849	1.00	97.50	0.8560
经营年限	4.2272	4.2874	4.30	12.50	0.4460
土地面积	4.3738	4.5628	-2.20	95.50	0.6670
劳动力	6.5370	23.9715	-5.60	78.90	0.1470
机械化	2.1242	2.4017	-0.80	97.90	0.8840
生产性投资	3.4123	3.7051	0.90	98.30	0.8690
党员	0.4025	0.3175	4.40	89.40	0.4260
财政补贴	0.9041	1.0576	-8.00	7.50	0.1790
创业环境	4.1121	4.1796	1.30	85.20	0.8170

注：本表中所有变量的定义与表 5.2 相同。

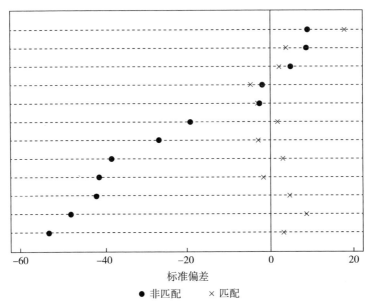

图 5.1 农户创业匹配变量的标准偏差

5.3.2 金融服务创新与农户创业绩效的因果关系检验：假说2的验证

5.3.2.1 干预组与控制组的选择

根据上述内容的分析框架和估计方法，本书选取了干预效应的非实验研究方法，将金融创新服务作为干预对象，把创业农户分为干预组（获得金融创新服务）和控制组（未获得金融创新服务）两组子样本，对式（5.10）、式（5.11）、式（5.12）三个统计模型进行检验。在干预组和控制组影响农户创业绩效的特征变量匹配的情况下，特征变量选择最外生的控制变量，包括代理创业农户户主特征的年龄、性别、受教育程度变量，代理创业农户经营特征的经营年限、土地面积、劳动力总数、机械化程度变量，代理创业农户社会资本特征的党员变量，代理创业农户所获政府支持的财政补贴变量，代理创业农户创业环境的当地规模以上企业数变量，以测量获得金融创新服务和未获得金融创新服务的农户创业绩效的差异程度。表5.10是创业农户按照是否获得金融创新服务分为干预组和控制组的频数分布，获得金融创新服务的创业农户比例为21.29%，未获得金融创新服务的创业农户比例为78.71%。本书以农户创业收入、总收入以及创业利润来衡量创业农户的绩效。

表 5.10　是否获取金融创新服务控制组与干预组频数分布

是否获得金融创新服务	频数（户）	百分比（%）	累计百分比（%）
是	195	21.29	21.29
否	721	78.71	100
合计	916	100	—

5.3.2.2 是否获得金融创新服务的 Logit 回归结果及分析

根据倾向性得分的研究逻辑和估计方法，本书先估计创业农户是否获得金融创新服务的 Logit 概率模型。在是否获得金融创新服务的 Logit 概率模型中，解释变量与绩效方程中需要控制的影响因素相同。这样做的目的一是根据数据来源选择最外生的控制变量，包括年龄、性别、受教育程度等；二是倾向得分匹配法要求，是否获得金融创新服务的 Logit 概率模型中的解释变量与绩效方程中的解释变量必须一致。

从表5.11的实证结果来看，农户经营特征变量中，经营年限对金融服务创新产生了显著的负效应，经营年限会显著降低获得金融创新服务的概率。一般而言，创业农户经营年限越长，资金实力越强，融资渠道也越稳定，借助新的金融服务来获取融资的可能性越小，而以"两权"贷款为代表的金融服务创新最近几年才兴起，长期经营的创业农户对其需求有限；同时，从我们的调查数据来看，获得金融创新服务的创业农户的经营年限都较短，均在3年左右，这也从另外一个角度证明了创业农户经营年限长并不利于金融创新服务的获得。土地面积对金融服务创新产生了显著的正效应，这说明土地面积显著提高了获得金融创新服务的概率，土地面积越大，创业农户所需要进行的生产性投资越多，因此资金需求越强；同时，当前的金融服务创新是以农村土地经营权抵押贷款和农村住房财产权抵押贷款为核心而展开的，其中，无论从获得金融创新服务的农户数量还是从获得贷款的数额来看，农村土地经营权抵押贷款在当前金融创新服务中所占的比重最大，因此土地面积不仅能够有效刺激金融创新服务需求，同时能够极大地提高获得金融创新服务的概率。在政府支持中，财政补贴对金融服务创新产生了显著的正效应，这说明财政补贴会显著提高创业农户获得金融创新服务的概率。这一结论在一定程度上似乎不符合常理，因为当农户获得财政补贴之后，会缓解其资金约束，进而会降低对金融服务创新的需求。对此，我们从两个方面来对这一结论进行解释：首先，当前的农户创业普遍处于起步阶段，需要大量的基础设施等前期投资，资金缺口非常大，而财政补贴的数量有限，难以从根本上缓解创业农户的资金压力，所以仍然需要金融手段来缓解自身融资约束。其次，正如前文所述，当前中国政府对于创业农户的扶持通常采用的金融和财政两种手段都是由政府主导的，所以两者有极大的关联性，这一现象在我们的实地调研中也非常普遍。因此，在政府主导财政和金融两种支持手段的背景下，当创业农户获得其中一项扶持政策时，往往也会获得另一种配套政策。这也是财政补贴能够显著地提高创业农户获取金融创新服务的概率的原因。创业环境对金融服务创新产生了显著的负效应，这说明创业环境会显著降低创业农户获得金融创新服务的概率。这是因为创业环境越好，区域内企业数量越多，实体经济发达程度越高，金融发展程度也相应越高，区域内经济与金融之间的相互促进程度越高，进而能够形成一个稳定的经济系统。同时，企业数量越多，金融发展程度越高，资金的外溢效应也越强。因此，区域内的创业农户在产生资金需求时，往往能够通过原有稳定的经济系统获得资金，从而会降低借助金融创新服务进行融资的可能性。

表 5. 11　是否获得金融创新服务的 Logit 回归结果

变量	系数	标准差	Z 值	P 值
其他贷款	−0.0431	0.0393	−1.09	0.2760
性别	0.2124	0.2654	0.80	0.4230
年龄	0.0037	0.0097	0.30	0.7670
受教育程度	−0.0418	0.0841	−0.49	0.6240
经营年限	−0.0513**	0.0239	−2.28	0.0230
土地面积	0.2157***	0.0395	5.38	0.0000
劳动力	0.0017	0.0012	0.75	0.4500
机械化程度	0.0824**	0.0371	2.25	0.0250
生产性投资	−0.0256	0.0239	−1.07	0.2840
党员	−0.0172	0.1854	−0.09	0.9250
财政补贴	0.1087***	0.0387	2.81	0.0050
创业环境	−0.1273**	0.0596	−2.16	0.0310
常数项	−1.5289**	0.6473	−2.36	0.0180
Pseudo R^2	0.0802			

注：本表中所有变量的定义与表 5.2 相同。

5.3.2.3　倾向得分匹配结果及分析

在对干预组和控制组进行匹配之后，我们对农户创业对于金融服务创新发展的处理效应进行了估计。从表 5.12 的估计结果来看，在创业收入方程中，干预组处理效应为 0.3194，在 5% 的水平上显著；控制组处理效应为 0.2712，在 5% 的水平上显著；平均处理效应为 0.3076，在 1% 的水平上显著。从实证结果来看，干预组与控制组的处理效应均显著，并且干预组处理效应大于控制组，且平均处理效应显著，这说明金融创新服务与农户创业收入之间存在因果关系，相比未获得金融创新服务的农户，获得金融创新服务农户的创业收入明显更高。在总收入方程中，干预组处理效应为 0.3275，在 1% 的水平上显著；控制组处理效应为 0.2971，在 1% 的水平上显著；平均处理效应为 0.3193，在 1% 的水平上显著。从实证结果来看，干预组与控制组的处理效应均显著，并且干预组处理效应大于控制组，且平均处理效应显著，这说明金融创新服务与创业农户总收入之间存在因果关系，获得金融创新服务的创业农户总收入明显高于未获得金融创新服务的创业农户。在创业利润方程中，干预组处理效应为 −0.0011，不显著；控制组处理效应为-0.0185，不显著；平均处理效应为-0.0052，不显著。从实证结果来看，干预组与控制组的处理效应以及平均处理效应均不显著，这说明金融创新服务与农户创业利润之间不存在因果关系，相比未获得金融创新服务的创业农户，获得金融创新服务农户的创业利润没有明显的提升。

表 5.12　金融服务创新倾向得分匹配结果

方程	处理效应	系数	标准误差	Z 值	P 值
创业收入方程	干预组处理效应	0.3194**	0.1253	2.55	0.0110
	控制组处理效应	0.2712**	0.1194	2.26	0.0240
	平均处理效应	0.3076***	0.1167	2.65	0.0080
总收入方程	干预组处理效应	0.3275***	0.1071	3.06	0.0020
	控制组处理效应	0.2971***	0.0985	3.04	0.0020
	平均处理效应	0.3193***	0.0963	3.34	0.0010
创业利润方程	干预组处理效应	-0.0011	0.0519	-0.02	0.9860
	控制组处理效应	-0.0185	0.0482	-0.38	0.7040
	平均处理效应	-0.0052	0.0474	-0.10	0.9180

　　由上述实证结果可知，金融服务创新与农户创业收入与总收入之间均存在因果关系，但是与农户创业利润不存在因果关系。对此，我们结合实证结果和我们调查的情况做出以下解释：首先，创业初期属于规模报酬递增的阶段，在此期间，通过多种要素的投入从而实现规模报酬递增对于创业成功至关重要。资金要素作为农户创业所必须的要素之一，对于创业初期农户的重要性不言而喻，获得融资可以促进创业农户进行生产性投资，迅速扩大经营规模，实现规模经济，并达到增加产出、提高创业收入与总收入的效果。然而，虽然创业收入与总收入的提高可以通过资金注入、规模扩张而迅速实现，但是利润的提升却需要资金、劳动力、技术、管理等多重要素协同发挥作用，因而金融服务创新要对农户创业利润产生显著的作用还需要与上述多种要素形成合力，仅仅依靠金融服务创新来解决创业农户的融资约束还远远不够。其次，我国金融服务创新目前仍处于试点阶段，尚未成为一种成熟的金融服务，因而金融机构对于创业农户的支持也持一定保留的态度，在描述性统计部分，我们也已经提到，"两权"贷款对大部分创业农户而言也仅仅占到其融资金额的小部分，因此对各种生产要素的整合能力也有

限，难以对农户创业利润的提升起到显著的作用。最后，农业投资的周期往往较长，农业经营利润的产生相比投资存在滞后，投资尤其是固定投资是一次性投入，但是之后的多期均能产生收益，从而实现利润回流。我国的农户创业尚处于初期，就我们的调研数据来看，农户创业的平均经营年限仅为 4.2459 年，大部分农户的经营年限集中在 1~5 年[1]，尚未进入回报期，因此也制约了金融创新服务对农户创业利润的促进作用，上述结果也验证了假说 2 的正确性。

5.3.2.4 匹配平衡检验结果

从表 5.13、图 5.2 的结果来看，各匹配变量的标准偏差的绝对值均显著小于 20%，可认为选取的匹配变量是适合的，且匹配方法选择恰当，本书的配对估计结果是可以信赖的。同时，平衡性检验的 T 检验的概率值表明，上述匹配变量均不能在 10% 的显著性水平下拒绝匹配后处理组与控制组无显著差异的原假设，满足了匹配平衡的要求。

表 5.13　金融服务创新的匹配平衡检验结果

匹配变量	干预组均值	控制组均值	标准偏差（%）	标准偏差减少（%）	T 检验概率值
其他贷款	1.3378	1.6791	7.10	30.20	0.3800
性别	0.9514	0.8915	-8.30	32.50	0.2740
年龄	43.8852	43.6131	2.40	62.20	0.7660
受教育程度	3.6271	3.6357	4.80	-15.00	0.5530
经营年限	3.6858	4.5183	-5.20	82.00	0.4830
土地面积	5.4832	4.3763	6.80	88.20	0.4270
劳动力	29.4495	28.3091	12.20	5.00	0.1020
机械化	3.1684	2.0887	-10.30	74.50	0.2620
生产性投资	12.7551	11.9038	-6.70	59.50	0.3950
党员	0.3876	0.3669	9.30	35.40	0.2710
财政补贴	1.2185	0.8288	-1.50	91.70	0.8650
创业环境	3.8223	4.2067	6.00	72.70	0.4590

注：本表中所有变量的定义与表 5.2 相同。

[1]　根据调查数据，高达 75.23% 的农户规模化经营的年限低于 5 年。

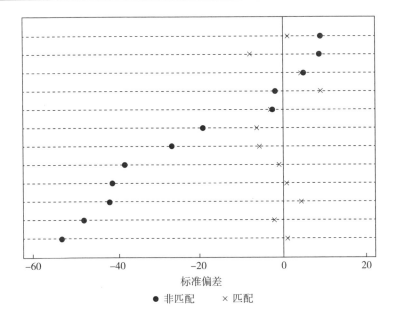

图 5.2 金融服务创新匹配变量的标准偏差

5.3.3 农户创业与金融服务创新协同性的讨论：假说 3 的验证

首先，从 5.3.1 小节的实证结果来看，农户创业与是否获取金融创新服务和获取金融创新服务数量之间均存在因果关系，但是与金融创新服务比值不存在因果关系。其次，从 5.3.2 小节的实证结果来看，金融服务创新与农户创业收入和总收入之间均存在因果关系，但是与农户创业利润不存在因果关系。这说明农户创业在一定程度上对金融服务创新的发展起到了促进作用，同时金融服务创新也在一定程度上对农户创业绩效起到了一定的促进作用，两者之间已经在一定程度上产生了相互促进与发展的关系。综上所述，根据本书对于协同的定义，我们可以判定农户创业与金融服务创新在一定程度上已经形成了有效协同。但是我们也应该看到：一方面，由于当前的金融服务创新尚处于试点阶段，无论是服务对象的数量还是资金投放的数量均有限，尚不足以对农户的融资结构产生决定性的影响，因此农户创业与金融创新服务比值不存在因果关系；另一方面，由于创业利润的提升需要资金、劳动力、技术、管理等多重要素协同发挥作用，因而"两权"抵押贷款要对创业利润产生显著的作用还需要与上述多种要素形成合力，因此金融创新服务与农户创业利润不存在因果关系，两者协同性还有待进一步深化，上述结果也验证了假说3的正确性。

5.4 本章小节

本章在提出农户创业与金融服务创新协同相关假说的基础上，利用2015年国务院发展研究中心农村经济研究部"农村土地金融制度"课题研究组开展的农业新型经营主体金融需求调查数据，运用倾向得分匹配法，分别从农户创业与金融服务创新发展的因果关系检验和金融服务创新与农户创业绩效的因果关系检验两个方面对农户创业与金融服务创新协同性进行测度。

首先，从需求端来看，在传统金融服务无法有效地满足创业农户的金融需求的背景下，对于金融服务创新的需求开始出现，大量农村产权资产的存在也为金融服务创新提供了突破口。从供给端来看，金融机构要实现长期可持续发展，必须紧紧依靠具有较强经营能力和盈利能力的创业农户，而金融服务创新的出现可能促使金融机构走出难以在农村地区长期可持续发展的困境。综合来看，创业农户经营绩效的提升与金融机构功能的转变已经为农户创业与金融服务创新奠定了良好的基础。

其次，从农户创业与金融服务创新发展的因果关系检验结果来看，农户创业与是否获取金融创新服务、获取金融创新服务数量之间均存在因果关系，但是与金融创新服务比值不存在因果关系。其原因在于，创业农户资本替代的经营方式以及手中大量的农村产权资产，决定了他们对金融服务创新拥有强烈的需求，同时更容易获得该项服务。但是，当前的金融服务创新尚处于试点阶段，无论是服务对象的数量还是资金投放的数量均有限，尚不足以对创业农户的融资结构产生决定性的影响。

再次，从金融服务创新与农户创业绩效的因果关系检验结果来看，金融服务创新与农户创业收入和总收入之间均存在因果关系，但是与农户创业利润不存在因果关系。其原因在于，通过获得融资，创业农户可以扩大生产性投资，迅速扩张经营规模，实现规模经济，进而增加产出，提高创业收入与总收入。然而，限于当前金融服务创新的力度，以及创业利润的提升需要资金、劳动力、技术、管理等多重要素协同发挥作用，投资回报存在时滞效应，金融服务创新暂时还不能对创业农户的利润产生显著的影响。

　　最后，结合两方面的实证结果来看，农户创业在一定程度上对金融服务创新的发展起到了促进作用，同时，金融服务创新也在一定程度上对农户创业绩效起到了促进作用，两者之间已经在一定程度上产生了相互的促进与发展，在一定程度上已经形成了有效协同。但是鉴于当前的金融服务创新无论是服务对象的数量还是资金投放的数量均有限，尚不足以对创业农户的融资结构产生决定性的影响，以及创业利润的提升需要资金、劳动力、技术、管理等多重要素协同发挥作用，两者的协同性还有待进一步深化。

第6章　农户创业与金融服务创新协同的绩效评价：需求视角

在第 5 章中，我们通过对农户创业与金融服务创新相互因果关系的检验，对两者的协同性进行了分析。接下来，我们将从需求和供给视角出发，对金融服务创新需求主体——创业农户和供给主体——金融机构的绩效进行进一步的实证分析，以更为全面地透视农户创业与金融服务创新协同的有效性。本章将从需求视角出发，对协同绩效进行评价。在第一节，我们将对需求视角下农户创业与金融服务创新协同绩效进行实证设计；在第二节，我们将对需求视角下农户创业与金融服务创新协同整体绩效进行实证分析；在第三节，我们将对需求视角下农户创业与金融服务创新协同分层绩效进行实证分析；最后是简单的总结。

6.1　需求视角下农户创业与金融服务创新协同绩效的实证设计

6.1.1　数据来源

与第 5 章一样，本章所用数据依然来源于 2015 年国务院发展研究中心农村经济研究部"农村土地金融制度"课题研究组开展的农业新型经营主体金融需求调查数据，鉴于 5.2.1 小节已经对数据进行了详细的介绍，此处不再赘述。

6.1.2　实证模型设定

本章的研究目的是从需求视角研究农户创业与金融服务创新的协同绩效，也就是金融服务创新对农户创业绩效的影响。为此，我们选取了金融服务创新发展作为自变量，农户创业绩效为因变量，实证模型的具体设定如下：

$$Y=\alpha+\beta X+cons+\varepsilon \tag{6.1}$$

其中，Y 表示农户创业绩效，X 表示金融服务创新，$cons$ 为控制变量，β 为自变量系数，α、ε 分别为截距项和扰动项。

6.1.3　分析方法选取

6.1.3.1　模型内生性的讨论

正如第 5 章所述，无论是从基本的经济学原理还是从实践经验来看，创业农户获得金融创新服务与其自身的创业收入、总收入以及创业利润之间可能呈现出互为因果的关系，这在一定程度上会导致上述模型设定存在内生性问题。具体来讲，收入以及利润较高的创业农户可能得到更多的金融创新服务，而收入、利润相对较低的创业农户则有可能获得较少的信贷资金。同时，创业农户的收入以及利润也可能受到金融创新服务的影响。譬如，获得金融创新服务能够保证农户优化自身经营规模、引进先进技术和设备，进而提高自身的收入与利润。总之，无论是上述哪种情况，都在一定程度上导致创业农户绩效与金融服务创新之间存在相互的因果关系，进而导致无法准确判断金融服务创新对农户创业绩效的影响。当然，就其他导致内生性的因素而言，由于影响被解释变量的因素往往很多，考虑数据的可得性，任何实证研究中几乎总是存在遗漏变量，因此，有必要对模型的内生性进行检验，进而确定是否采用工具变量法对模型估计进行进一步的纠正。

6.1.3.2　分析方法选取

工具变量法的工作原理是将内生变量分解为与扰动项相关和与扰动项不相关的两个部分，分别与工具变量以及被解释变量进行回归，具体而言，应首先将内生变量与工具变量进行回归，从而得到一个新的拟合值，进而保证拟合值与扰动项不相关，其次将拟合值与被解释变量进行回归，进而得出内生变量与被解释变量的外生一致估计。两阶段最小二乘法很好地满足了上述要求，其具体原理主要分为以下两步：首先进行第一阶段回归，用内生解释变量对工具变量进行回归，得到拟合值；其次进行第二阶段回归，用被解释变量对第一阶段回归的拟合值进行回归，进而得出一致估计。综上所述，本书选取了两阶段最小二乘法对金融服务创新与农户创业绩效的线性方程进行回归分析，在考虑模型内生性的情况下，本小节的最终实证模型设定为：

$$Y = \alpha + \beta X + Z + cons + \varepsilon \tag{6.2}$$

其中，Y 表示农户创业绩效，X 表示金融服务创新，Z 表示工具变量，$cons$ 为控制变量，β 为自变量系数，α、ε 分别为截距项和扰动项。

在对实证模型进行纠正之后，下面本书将对工具变量法（简称"IV 法"）进行进一步介绍：

我们用最简单的回归模型来介绍 IV 法，即被解释变量 y 只对一个解释变量 x 进行回归：

$$y = \beta x + u \tag{6.3}$$

该模型设定不含截距项。如果 y 和 x 分别用各自均值离差来衡量，就不会失去一致性。

具体来说，假设 y 衡量收入，x 衡量学校教育年数，u 是误差项。该简单回归模型假设 x 和式（6.3）中的误差项不相关，那么 x 对 y 的唯一影响只有通过 βx 项的直接影响。误差项 u 体现了除学校教育以外所有影响收入的因素。比如，个人能力就是 u 中的一个因素，然而更高的个人能力会引起和 u 之间的相关性，因为平均来说，更高的个人能力会和更长的学校教育年数相关，于是现在 x 和 u 之间存在着相关性。

这样 OLS 估计量 $\hat{\beta}$ 就与 β 不一致了，因为 $\hat{\beta}$ 包含了模型所需要的学校教育对收入的直接影响（β），以及受过更高学校教育的人可能会具备更高的个人能力以至于得到更高的误差项 u，从而对 y 有更高的间接影响。

解决内生性问题最显而易见的方法是加入一个控制个人能力的解释变量，这一方法被称为控制函数法。但这种解释变量也许并不可得。在收入—教育数据集中很少有对个人能力进行测度的变量，如 IQ 测试；即使测度了个人能力，这种测度也会遭到这样的质疑，即他们能在多大程度上对天生的能力进行测度。

IV 法提供了另外一种解决方法。我们引入一个（新的）工具变量 z，其性质为：它的变化和 x 的变化相关，但不会直接导致 y 的变化（除了通过 x 带来的间接变化以外），比如，和大学的邻近程度（z）可能会影响大学的入读（x），但不会直接影响收入（y）。

在这个简单的例子里，IV 估计量为 $\hat{\beta}_{IV} = \sum_i z_i y_i / \sum_i z_i x_i$。它可以解释为 y 和 x 的相关系数和 x 与 z 的相关系数的比值，或者在经过一些代数变换后，变为

dy/dz 与 dx/dz 的比值。例如，如果增加一个单位的 z 会带来 0.2 年的受教育年数增加和 500 元的收入，那么 $\hat{\beta}_{IV}=500/0.2=2500$，因此增加一年学校教育年数能带来 2500 元的收入增加。

如果工具变量 z 和误差项 u 不相关，但和解释变量 x 相关，那么工具变量估计量 $\hat{\beta}$ 与 β 是一致的。

现在我们考虑更为一般的回归模型，其中标量形式的被解释变量 y_1 依赖于表示为 m 个内生性解释变量和表示为 x_1 的 K_1 个外生性解释变量（包括一个截距项），这个模型称为结构方程，即：

$$y_{1i}=y'_{2i}\beta_1+x'_{1i}\beta_2+u_i,\ i=1,\ \cdots,\ N \tag{6.4}$$

假设回归误差项 u_i 和 x_{1i} 不相关，但和 y_{2i} 相关。该相关性将会导致 OLS 估计量与 β 不一致。

要获得一致的估计量，我们假设存在至少 m 个对于 y_2 的工具变量 x_2 能够满足假设 $E(u_i/x_{2i})=0$。工具变量 x_2 必须和 y_2 相关，这样它们能够提供被作为工具的变量的相关信息。做到这一点的方法之一就是假设 y_2 的每一个成分 y_{2j} 满足下面的第一阶段方程（也称简化式模型）：

$$y_{2ji}=x'_{1i}\pi_{1j}+x'_{2i}\pi_{2j}+v_{ji},\ j=1,\ \cdots,\ m \tag{6.5}$$

这个第一阶段方程的右边只包含了外生变量。式（6.4）里的外生性解释变量 x_1 可以被用作其自身的工具变量。一个难题就是要找出至少一个额外的工具变量 x_2。通常 y_2 是标量形式的，即 $m=1$，我们需要找到一个额外的工具变量 x_2。更为一般地，如果有 m 个内生性解释变量，我们就至少需要 m 个额外的工具变量 x_2。这可能会比较有难度，因为 x_2 必须是一个能从 y_1 的结构方程（6.4）中被合理排除的变量。

式（6.4）可以更加简化地写为：

$$y'_i=x'_i\beta+u_i \tag{6.6}$$

其中，解释变量向量 $x'_i=[y'_{2i}x'_{1i}]$，包括了内生变量和外生变量，并且被解释变量是用 y 而不是用 y_1 来表示的。我们简单结合这些变量的工具变量。这样 IV 的向量（或者，更简单来说，即工具变量）就是 $z'_i=[x'_{1i}x'_{2i}]$，其中 x_1 作为它自己的（理想的）工具变量，x_2 是 y_2 的工具变量，而且工具变量 z 满足条件矩约束：

$$E(u_i\mid z_i)=0 \tag{6.7}$$

综上所述，我们用工具变量 z 完成了 y 对 x 的回归。

式（6.7）的假设很重要（且在很多情形下极其重要），它意味着 $E(z_i u_i) = 0$，因此矩条件或者说总体零相关条件如下：

$$E\{z'_i(y_i - x'_i\beta)\} = 0 \qquad (6.8)$$

工具变量估计量就是式（6.6）的样本估计值。

我们首先分析第一种情况 $\dim(z) = \dim(x)$，即恰好识别的情况，此时工具变量的个数恰好等于解释变量的个数。这样式（6.8）的样本估计量就是 $\sum_{i=1}^{N} z'_i(y_i - x'_i\beta) = 0$。像前面一样，把向量 x'_i 堆栈成矩阵 X，把标量 y_i 堆栈成向量 y，把向量 z'_i 堆栈成矩阵 Z。这样我们就得到了 $Z'(y - X\beta) = 0$，对 β 求解后得到 IV 估计量：

$$\hat{\beta}_{IV} = (Z'X)^{-1}Z'y \qquad (6.9)$$

第二种情况是 $\dim(z) < \dim(x)$，也叫作不可识别或者弱识别的情况，这时工具变量的个数少于解释变量的个数。这样就不存在一致的 IV 估计量。这种情况通常在实践中发生。要想得到足够的工具变量，即使在只有一个内生性解释变量的应用中只需要一个工具变量，也可能要求具有很强的创造力或者获得不同寻常的更多数据。

第三种情况是 $\dim(z) > \dim(x)$，也被称为过度识别，这时工具变量的个数大于被解释变量的个数，特别可能发生的情况是：经济理论导致在感兴趣的方程中明确地排除了一些变量，如果这些被排除的工具变量与包含在感兴趣的方程中的内生性解释变量相关，则把这些排除的解释变量作为工具变量。这样 $Z'(y - X\beta) = 0$ 就得不到 β 的解，因为这是一个有 $\dim(z)$ 个方程却只有 $\dim(x)$ 个未知量的系统。要达到恰好识别，唯一可能的方法就是去掉一些工具变量。但是存在一些更有效的估计量，其中之一就是两阶段最小二乘（2SLS）的估计量：

$$\hat{\beta}_{2SLS} = \{X'Z(Z'Z)^{-1}Z'X\}^{-1}X'Z(Z'Z)^{-1}Z'y \qquad (6.10)$$

如果误差项 u_i 是独立且同方差的，则这个估计量就是最有效的估计量。它等同于恰好识别情况下的 $\hat{\beta}_{IV}$。2SLS 的提出是因为它能分两步来计算：第一步，用 OLS 估计式（6.3）给出的第一阶段回归；第二步，用 OLS 估计式（6.4）的结构方程，其中第一步的预测值替代结构方程中的内生性解释变量。

一个较为常用的估计量是广义矩方法（GMM）估计量：

$$\hat{\beta}_{GMM} = (X'ZWZ'X)^{-1}X'ZWZ'y \qquad (6.11)$$

其中，W 是满秩对称加权矩阵。一般而言，W 的权重可能同时取决于数据和未知参数。对于恰好识别模型，W 的任何取值都会得到同样的估计量。这个估计量使目标函数最小化：

$$Q(\beta) = \left\{ \frac{1}{N}(y - X\beta) \right\} W \left\{ \frac{1}{N} Z'(y - X\beta) \right\} \tag{6.12}$$

即 $Z'(y - X\beta)$ 的矩阵加权二次形式。

对于 GMM 估计来说，W 的某些取值会比其他的更好。2SLS 估计量是通过加权矩阵 $W = (Z'Z)^{-1}$ 得到的。最优的 GMM 估计量使用 $W = \hat{S}^{-1}$，则有：

$$\hat{\beta}_{OGMM} = (X'Z\hat{S}^{-1}Z'X)^{-1}X'Z\hat{S}^{-1}Z'y \tag{6.13}$$

其中，S 是 $Var(N^{-1/2}Z'u)$ 的一个估计值，如果误差项 u_i 是独立且异方差的，那么有 $\hat{S} = 1/N \sum_{i=1}^{N} \hat{u}_i^2 z_i z_i'$，其中 $\hat{u}_i = y_i - x_i'\hat{\beta}$，且 $\hat{\beta}$ 是一致的估计量，通常写作 $\hat{\beta}_{2SLS}$。在恰好识别的情况下，该估计量简化为 $\hat{\beta}_{IV}$。

6.1.4　变量选取

6.1.4.1　工具变量

考虑到模型可能存在的内生性问题，本章选取相应的工具变量，进而对模型进行更为有效的估计。综合考虑上述因素，本书在研究创业收入、总收入与金融服务创新的关系时选取了贷款利率和金融机构工作经历两个变量作为工具变量；同时，考虑到利率可能会影响创业成本进而影响创业利润，本书在研究创业利润与金融服务创新的关系时去掉了利率变量，而仅仅选择了金融机构工作经历变量作为工具变量。这样选择的理由在于，利率是农户做出贷款决策的重要依据，而利率对于农户的创业收入与总收入几乎没有影响；同时，金融机构工作经历对农户的金融创新服务办理、获取的难易程度有着非常重要的影响，而对于创业绩效却不存在影响。因此，本书选择了上述两个变量作为工具变量，并通过统计检验对它们的有效性进行测度。

6.1.4.2　因变量

本章的因变量为农户创业绩效的代理变量，与第 5 章相同，本章选取了农户创业收入、农户家庭总收入、农户创业利润三个变量作为农户创业绩效的代理变量。鉴于 5.2.4 小节已经对选择上述变量的原因进行了详细的论述，此处不再赘述。

6.1.4.3　自变量

本章的自变量为金融服务创新的代理变量，在第 5 章的讨论中，我们选取了是否获得金融创新服务、获得金融创新服务数量与金融创新服务数量占金融服务总量比例三个变量作为金融服务创新的代理变量,在本章中,如果依然选取上述三个变量,无疑会造成估计结果的重复,使本书的分析不够简洁,为此,本章选择了对农户创业绩效作用最明显的金融创新服务获取数量作为金融服务创新的代理变量。此外,鉴于5.2.5小节已经对变量进行过详细的描述性统计分析,本章也不再赘述。

6.1.4.4 控制变量

与第5章一样,我们加入了性别、年龄、受教育程度变量对户主特征进行控制;加入经营年限、土地面积、劳动力、机械化程度、生产性投资变量对农户家庭经营特征进行控制;加入党员变量对农户社会资本特征进行控制;加入财政补贴变量对政府支持进行控制;加入所在县域规模以上企业数变量对创业环境进行控制。鉴于5.2.5小节已经对本章数据进行了详细的描述性统计分析,此处不再赘述。

6.1.5 统计模型设定

根据本书的实证模型与变量选取情况,我们设定如下统计分析模型,检验金融服务创新对农户创业绩效的影响:

$$CS = \alpha_1 + \beta_1 SL + cons_1 + \varepsilon_1 \tag{6.14}$$

$$ZS = \alpha_2 + \beta_2 SL + cons_2 + \varepsilon_2 \tag{6.15}$$

$$LR = \alpha_3 + \beta_3 SL + cons_3 + \varepsilon_3 \tag{6.16}$$

其中,CS、ZS、LR 分别表示农户创业收入、农户家庭总收入、农户创业利润,SL 表示获得金融创新服务数量,$cons_1$、$cons_2$、$cons_3$ 为控制变量,β_1、β_2、β_3 为自变量系数,α_1、α_2、α_3 为截距项,ε_1、ε_2、ε_3 为扰动项。

6.1.6 分析方法和指标选取特色

6.1.6.1 分析方法选取特色

由于计量手段与数据上的局限性,国内对于金融资源获取与创业绩效的相关研究往往采用普通最小二乘法对数据进行分析。但是根据前文所述,无论是从基本的经济学原理还是从实践经验来看,创业农户获得金融创新服务与其自身的创业收入、总收入以及创业利润之间可能呈现出互为因果的关系,这在一定程度上会导致上述模型设定存在内生性问题。具体来讲,收入以及利润较高的创业农户可能得到更多的金融创新服务,而收入、利润相对较低的创业农户则有可能获得较少的信贷资金。同时，创业农户的收入以及利润也可能受到金融创新服务的影响。譬如，获得金融创新服务能够保证农户优化自身经营规模、引进先进技术和设备，进而提高自身的收入与利润。总之，无论是上述哪种情况，都在一定程度上导致创业农户绩效与金融服务创新之间存在相互的因果关系，进而导致无法准确判断金融服务创新对于农户创业绩效的影响。为了规避模型设定的内生性，使估计结果更为精确，本书采取了相对于最小二乘法更为合理的工具变量法。

6.1.6.2 指标选取特色

众所周知，工具变量的选取是决定工具变量法使用最终成败的关键性因素。而难以获得有效的工具变量也是国内外众多学者放弃使用工具变量法最主要的原因。本书在综合考虑问卷设计的基础上，不仅选择了国内外普遍采用的创业者金融机构工作经历作为工具变量，而且考虑到利率对于金融资源获取的重要影响以及利率对创业收入与总收入的影响微乎其微，因此本书还纳入了利率这一工具变量，这是目前国内外文献中较少采用的。从检验结果来看，采用这两个工具变量无论在工具变量外生性还是在弱工具变量方面均有着非常好的检验效果，这也说明了工具变量选择的合理性与有效性。除了工具变量的选择，本书还通过查阅历年《中国县域统计年鉴》，选择了规模以上企业数作为创业环境的控制变量，使创业绩效的微观影响因素与宏观环境形成了有机结合，这也是目前国内外研究经常忽视的地方。

6.1.7 描述性统计

表6.1列出了各变量的均值、标准差、最小值、最大值等描述性统计特征。

表6.1 主要变量的基本统计特征

变量	均值	标准差	最小值	最大值
创业收入	4.2268	1.7182	0.0062	10.3089
总收入	13.4179	1.7874	8.2427	19.5311
创业利润	1.3064	0.6353	0	3.6991
金融服务创新	0.9735	1.8105	0	7.8823
农房抵押贷款	0.3002	0.9874	0	6.9077
农地抵押贷款	0.7407	1.6685	0	7.8823
性别	0.9007	0.3052	0	1

变量	均值	标准差	最小值	最大值
年龄	43.8169	7.8292	24	71
受教育程度	3.6457	0.9553	1	7
经营年限	4.2459	3.8056	0.5	30
土地面积	4.7681	2.2173	0	10.9647
劳动力	33.0476	124.1539	2	2496
机械化程度	2.3231	2.1976	0	11.4721
生产性投资	3.6057	1.8943	0.1568	9.0183
党员	0.3843	0.4866	0	1
财政补贴	0.9205	1.8591	0	6.6127
创业环境	4.1249	1.3814	1.0986	7.0630
利率	5.9162	4.2823	0	20
金融机构工作经历	0.0603	0.3846	0	1

注：本表中所有变量的定义和单位与表5.2相同。

6.2 需求视角下农户创业与金融服务创新协同绩效：整体情况

6.2.1 解释变量内生性检验

解释变量存在内生性是我们采用工具变量法对方程进行回归的前提，如果解释变量不存在内生性，那么便没有必要对方程采用两阶段最小二乘法进行回归，为此，本书需要先对解释变量进行内生性检验，具体结果如表6.2所示。从检验结果来看，创业收入方程、总收入方程与创业利润方程的 Chi（2）值分别为8.69、11.87 与 14.02，其 P 值分别为 0.0032、0.0006 与 0.0002，均在 1% 的显著水平上拒绝"所有解释变量均外生"的原假设，即初步认为"两权"贷款变量是内生变量，但是由于传统 Hausman 检验建立在同方差的前提下，在异方差的情形下并不成立，因此还需进行异方差稳健的 DWH 检验。从检验结果来看，无论是 Durbin 值还是 Wu-Hausman 值均在 1% 的显著水平上拒绝了异方差的原假设，因此，Hausman 估计结果是稳健的。

表 6.2　解释变量内生性、工具变量外生性以及弱工具变量检验结果

方程	Chi（2）	Durbin	Wu-Hausman	Score chi（2）	Robust F
创业收入方程	8.6900 （0.0032）	10.4746 （0.0012）	10.4214 （0.0013）	1.2727 （0.2593）	476.616 （0.0000）
总收入方程	11.8700 （0.0006）	9.6976 （0.0018）	9.6415 （0.0020）	0.6921 （0.4054）	467.435 （0.0000）
创业利润方程	14.0200 （0.0002）	7.5912 （0.0059）	7.5326 （0.0062）	0.0513 （0.8208）	460.131 （0.0000）

注：括号内为 P 值。

6.2.2　工具变量外生性检验

工具变量的外生性和有效性是对方程进行有效估计的基础，因此，在对解释变量进行了内生性检验之后，我们需要进一步对工具变量进行外生性检验和弱工具变量检验。从表 6.2 的结果来看，创业收入方程、总收入方程与创业利润方程的 Score chi（2）值分别为 1.2727、0.6921 与 0.0513，其 P 值分别为 0.2593、0.4054 与 0.8208，均接受了"所有工具变量均外生"的原假设，因此，我们认为所有工具变量均外生。

6.2.3　弱工具变量检验

在上述检验的基础上，我们进一步对工具变量进行弱工具检验。从表 6.2 的结果来看，创业收入方程、总收入方程与创业利润方程的 Robust F 值分别为 476.616、467.435 与 460.131，其 P 值均为 0.0000，均在 1% 的显著水平上拒绝"存在弱工具变量"的原假设，因此，我们认为本书所选取的利率与金融机构工作经历变量均不是弱工具变量，本书采用所选的工具变量具有高度的合理性和有效性。

6.2.4　实证结果与分析

表 6.3 显示了统计模型式（6.14）、式（6.15）、式（6.16）的回归结果，

考虑到金融服务创新与农户创业绩效之间的内生性，我们在对创业收入、总收入进行回归时，选用了利率和金融机构工作经历作为工具变量，在对利润进行回归时，选取了金融机构工作经历作为工具变量。从回归结果来看，"两权"贷款对创业收入、总收入产生了显著的正效应，但是对创业利润的作用不显著。这说明金融服务创新对创业农户的收入产生了明显的提升作用，但尚未对创业利润产生明显的促进作用。产生上述结果的原因在于，创业农户通过获得融资可以扩大生产性投资，迅速扩张经营规模，实现规模经济，进而增加产出，提高创业收入与总收入。然而，限于当前金融服务创新的力度，以及创业利润的提升需要资金、劳动力、技术、管理等多重因素协同发挥作用，"两权"贷款对创业利润的促进作用不明显。而且，我国金融服务创新目前仍处于试点阶段，尚未成为一种成熟的金融服务，金融机构对于创业农户的支持也持一定的保留态度。另外，农业的投资周期较长，农业经营利润的产生相比投资存在滞后，投资尤其是固定投资是一次性投入，但是之后的多期均能产生收益，从而实现利润回流。

表 6.3　金融服务创新对农户创业绩效的回归结果

自变量	创业收入方程		总收入方程		创业利润方程	
	OLS	2SLS	OLS	2SLS	OLS	2SLS
"两权"贷款	0.1712*** (0.0300)	0.1065*** (0.0304)	0.2071*** (0.0347)	0.1183*** (0.0376)	0.0240* (0.0136)	0.0006 (0.0149)
其他贷款	0.1456*** (0.0268)	0.1448*** (0.0265)	0.1955*** (0.0319)	0.1884*** (0.0314)	0.0281** (0.0114)	0.0262** (0.0113)
性别	-0.2295 (0.1513)	-0.2271 (0.1506)	-0.2594 (0.1768)	-0.2413 (0.1756)	-0.1225* (0.0701)	-0.1182* (0.0692)
年龄	-0.0045 (0.0062)	-0.0042 (0.0062)	-0.0073 (0.0072)	-0.0073 (0.0072)	-0.0005 (0.0025)	-0.0004 (0.0025)
受教育程度	0.2081*** (0.0661)	0.2125*** (0.0656)	0.2322*** (0.0712)	0.2393*** (0.0705)	0.1327*** (0.0225)	0.1345*** (0.0223)
经营年限	0.0493*** (0.0138)	0.0478*** (0.0138)	0.0518*** (0.0144)	0.0511*** (0.0142)	0.0035*** (0.0046)	0.0033*** (0.0045)
土地面积	0.1744*** (0.0290)	0.1872*** (0.0291)	0.1353*** (0.0339)	0.1516*** (0.0338)	0.0787 (0.0114)	0.0826 (0.0114)
劳动力	0.0010 (0.0004)	0.0011 (0.0004)	0.0011 (0.0007)	0.0012 (0.0007)	0.0010 (0.0006)	0.0011 (0.0006)

续表

自变量	创业收入方程		总收入方程		创业利润方程	
	OLS	2SLS	OLS	2SLS	OLS	2SLS
机械化程度	0.1843 ***	0.1924 ***	0.1893 ***	0.1935 ***	0.0581 ***	0.0593 ***
	(0.0325)	(0.0323)	(0.0374)	(0.0375)	(0.0130)	(0.0130)
投资	−0.0059 ***	−0.0046 ***	−0.0257 *	−0.0290 *	−0.0021	−0.0029
	(0.0167)	(0.0169)	(0.0168)	(0.0169)	(0.0053)	(0.0053)
党员	0.0689	0.0735	0.1135	0.1084	−0.0192	−0.0206
	(0.1162)	(0.1167)	(0.1262)	(0.1257)	(0.0458)	(0.0455)
财政补贴	0.0728 **	0.0693 **	0.0545 *	0.0508 *	0.0211 **	0.0201 *
	(0.0287)	(0.0284)	(0.0279)	(0.0276)	(0.0105)	(0.0104)
创业环境	0.1263 ***	0.1224 ***	0.1173 ***	0.1094 ***	0.0262 *	0.0238 *
	(0.0371)	(0.0371)	(0.0399)	(0.0393)	(0.0147)	(0.0145)
常数项	1.4867 ***	1.4738 ***	11.1550 ***	11.1730 ***	0.3354 **	0.3426 **
	(0.4453)	(0.4403)	(0.4974)	(0.4912)	(0.1581)	(0.1576)
R^2	0.3271	0.3235	0.3063	0.3008	0.3085	0.3054

注：本表中所有变量的定义与表5.2相同。*、**、***分别表示系数在10%、5%、1%的水平下显著，括号中数值为标准差，下同。

在控制变量方面，从户主特征来看，受教育程度对创业收入、总收入以及创业利润均有显著的正效应，这说明受教育程度无论是对创业绩效的数量还是质量均有显著提升。受教育程度越高，获取和处理信息的能力越强，经营和管理水平也相应越高，这无疑对创业收入、总收入和创业利润产生明显的提升作用。从经营特征来看，经营年限、机械化程度对三个因变量也产生了显著的正效应；土地面积对创业收入和总收入产生了显著的正效应，但是对创业利润作用不显著；投资对创业收入、总收入产生了显著的负效应，但是对创业利润作用不显著。经营年限越长，创业农户生产、经营、管理等方面的经验都更加丰富，"干中学"效应更加明显，因而能够最大限度地赚取利润和规避风险。机械化程度越高，机械对劳动力的替代就越强，生产效率越高，因而能够刺激收入与利润的同时增长。土地面积越大，生产规模相应越大，因此农户的收入自然也越高，但是创业利润的增长却不能仅仅依靠规模的增长，更需要生产、管理绩效的提升。投资的增加无疑会降低当期收入，因此对收入会有明显的抑制作用。从政府支持来看，财政补贴能够对农户的创业收入、总收入和创业利润产生显著的正效应，财政补贴作为政府补贴能够对创业农户生产经营所带来的正外部性进行有效的补偿，能够对创业农户的收入和利润均产生很好的促进作用。创业环境也会对农户的创业收入、总收入和创业利润产生显著的正效应，创业农户所在区域的企业数量越多，创业环境越好，技术、资金等溢出效应越强，无论对农户的创业数量还是创业质量均能够产生良好的提升作用。

6.3 需求视角下农户创业与金融服务创新协同绩效：分层比较

6.3.1 需求视角下农户创业与金融服务创新协同绩效：区域差异

从表6.4的结果来看，金融服务创新对中、西部农户的创业收入产生了显著的正效应，对东部地区创业农户的创业收入作用不显著。产生这样结果的原因在于，东部地区经济发达，城乡经济一体化程度高，农户普遍可以借助正规或非正规金融机构获取传统金融服务，亦即传统的金融服务已经能够较好地满足农户的金融需求，因此对于"两权"抵押贷款等金融创新服务的依赖程度较低。中部、西部地区相对落后，城乡一体化程度相对较低，传统金融服务难以完全满足他们的金融服务需求，因此，"两权"抵押贷款等一系列金融创新服务的出现对传统金融服务的不足进行了有效的弥补，很好地迎合了创业农户的融资需求，创业农户通过获得金融创新服务也得以缓解自身的金融约束，扩大经营规模，进而增加自身创业收入。

表6.4　东部、中部、西部金融服务创新与农户创业绩效

自变量	创业收入方程			总收入方程			创业利润方程		
	东部	中部	西部	东部	中部	西部	东部	中部	西部
"两权"贷款	0.0491 (0.0766)	0.2193*** (0.0609)	0.1584*** (0.0579)	0.0469 (0.0674)	0.2069*** (0.0429)	0.1764*** (0.0568)	−0.0072 (0.0263)	−0.0370 (0.0179)	0.0220 (0.0237)
其他贷款	0.1332** (0.0637)	0.0335 (0.0497)	0.2541*** (0.0424)	0.1357** (0.0623)	0.2157*** (0.0376)	0.2406*** (0.0430)	−0.0192 (0.0202)	−0.0305 (0.0190)	0.0405*** (0.0149)

续表

自变量	创业收入方程			总收入方程			创业利润方程		
	东部	中部	西部	东部	中部	西部	东部	中部	西部
性别	0.3704	-0.2128	-0.3532	0.4751*	-0.1457	-0.2993	0.1673	0.1115	-0.1733**
	(0.308)	(0.2473)	(0.2195)	(0.2872)	(0.1794)	(0.2175)	(0.1067)	(0.1382)	(0.0830)
年龄	0.0058	-0.0006	-0.0017	0.0092	-0.0068	-0.0018	0.0097*	0.0021	-0.0001
	(0.0191)	(0.0078)	(0.0093)	(0.0187)	(0.0069)	(0.0093)	(0.0054)	(0.0027)	(0.0035)
受教育程度	0.0831	-0.2152	0.3595***	0.1513	-0.1336	0.3484***	0.1142**	-0.0233	0.1353***
	(0.1754)	(0.1735)	(0.0958)	(0.1427)	(0.0914)	(0.0952)	(0.0459)	(0.0304)	(0.0314)
经营年限	0.1168***	0.0256	0.0350*	0.1015***	0.0173	0.0342	0.0199**	-0.0012	-0.0099
	(0.0270)	(0.0240)	(0.0210)	(0.0241)	(0.0161)	(0.0210)	(0.0079)	(0.0073)	(0.0063)
土地面积	0.1035	0.5641***	0.0363	0.1646	0.655***	0.0319	0.0113	0.3212***	0.0788***
	(0.1443)	(0.1497)	(0.0430)	(0.1237)	(0.1025)	(0.0426)	(0.0318)	(0.0345)	(0.0164)
劳动力	-0.0061	0.0006	0.0014*	-0.0045	0.0004	0.0011*	0.0008	0.0009	0.0007
	(0.0038)	(0.0033)	(0.0007)	(0.0029)	(0.0029)	(0.0006)	(0.0010)	(0.0011)	(0.0004)
机械化程度	0.2472***	0.0730	0.2483***	0.2504***	0.0376	0.2473***	0.0710***	0.0104	0.0868***
	(0.0721)	(0.0481)	(0.0586)	(0.0693)	(0.0284)	(0.0583)	(0.0186)	(0.0097)	(0.0208)
投资	0.0449	0.0808**	-0.0609***	0.0446	0.0903***	-0.0584***	0.0237**	0.0122	-0.0149**
	(0.0596)	(0.0359)	(0.0180)	(0.0598)	(0.0336)	(0.0177)	(0.0101)	(0.0112)	(0.0063)
党员	0.1946	0.0745	0.0127	0.2813	0.1128	-0.0146	-0.0114	-0.0094	-0.0099
	(0.2992)	(0.1443)	(0.1795)	(0.2827)	(0.1155)	(0.1805)	(0.0794)	(0.0449)	(0.0702)
财政补贴	-0.1247	-0.1917	0.0104	-0.0697	-0.0676	0.0167	-0.0233	-0.0146	-0.0024
	(0.0590)	(0.0875)	(0.0427)	(0.0491)	(0.0527)	(0.0412)	(0.0165)	(0.0127)	(0.0163)
创业环境	-0.8347	-0.0774	0.2676***	-0.4863	-0.0184	0.2715***	0.0894	0.0956**	-0.0131
	(0.5491)	(0.2205)	(0.0686)	(0.3738)	(0.1424)	(0.0688)	(0.128)	(0.0479)	(0.0262)
常数项	6.8657	0.2743	1.4193**	13.052***	8.7248***	10.634***	-0.613	-1.2273***	0.6337***
	(4.730)	(1.9417)	(0.6351)	(3.0702)	(1.2184)	(0.6357)	(1.020)	(0.3902)	(0.2214)
R^2	0.2881	0.5843	0.2862	0.3739	0.7364	0.2842	0.2745	0.6901	0.3104

注：本表中所有变量的定义与表 5.2 相同，同时，本节中所有内容仍然是基于统计模型式（6.14）、式（6.15）、式（6.16），之后不再赘述。

此外，对比中部地区和西部地区的结果来看，金融服务创新无论是对于创业收入还是总收入的促进作用均呈现出中部地区优于西部地区的特征。就目前的实际情况来看，农地经营权抵押贷款和农房财产权抵押贷款是针对创业农户的金融创新服务最主要的两种形式。就农房价值而言，中部和西部差异不大，因此农房财产权抵押贷款对于中部、西部农户的影响大致相同。就农地价值而言，以黑龙江为代表的中部地区多处于平原地带,适宜进行大规模农业经营,户均土地面积大,从我们调查的数据来看,中部地区农户的土地面积高达 1340 亩,其土地经营权抵押估值高,因而可以获得较高水平的抵押贷款;而西部地区多丘陵、山地,经营规模相对较小,因此土地经营权抵押贷款获得相对较少。此外,中部地区的农业长期处于规模化和专业化的经营之下,已经形成较为成熟的经营体系,而西部地区的农业规模化和专业化经营尚处于起步期,因而中部地区的资金使用效率相比西部地区更高,因而中部地区的金融服务创新无论是对创业收入还是总收入的促进作用都优于西部地区。

6.3.2 需求视角下农户创业与金融服务创新协同绩效:创业农户内部差异

我们选用了工具变量分位数法对金融服务创新对于不同收入阶层创业农户的异质性影响进行分析,先对创业农户进行收入四分层,将创业农户划分为中低收入、中等收入、中高收入、高收入四个收入区间,相应地,我们使用工具变量分位数方法对创业农户的 25 分位点、50 分位点、75 分位点、90 分位点进行回归,以深入探究金融服务创新对于本书所划分四个收入阶层创业农户的异质性作用。

从表 6.5 的实证结果来看,“两权”贷款对 25 分位点和 50 分位点创业农户的创业收入、总收入以及创业利润均没有产生显著的影响,对 75 分位点和 90 分位点创业农户的创业收入和总收入产生了显著的正效应,但是对创业利润没有产生显著的影响。上述结果充分说明了金融服务创新对于不同收入阶层创业农户的创业绩效存在异质性。具体而言,金融服务创新更加有利于提升中高收入和高收入创业农户的创业绩效,而对中低收入和中等收入创业农户的创业绩效并没有产生显著的促进作用,这也揭示了目前的金融服务创新领域存在一定的“精英俘获”现象。对此,我们将原因归纳如下:从需求端来看,收入较高的创业农户资本实力更雄厚,无论是土地经营面积还是住房的市场价值均普遍高于收入较低的创业农户,因此其可用于申请“两权”贷款的抵押资产价值更高。同时,收入更高的创业农户的受教育程度往往更高,也更加容易理解“两权”贷款的申请、办理程序,这也为他们获得相对更多的“两权”贷款奠定了人力资本基础。从供给端来看,农贷资金进入乡村需要寻求内部化节约交易成本的主体进行对接,这一角色通常由乡村精英担任(温涛等,2016),“两权”贷款作为金融服务创新的重要组成部分,尚处于试点阶段,面临着较高的风险,因此金融机构也希望

表 6.5　基于收入分层的金融服务创新与农户创业绩效的分位数回归结果

自变量	创业收入方程				总收入方程				创业利润方程			
	25分位	50分位	75分位	90分位	25分位	50分位	75分位	90分位	25分位	50分位	75分位	90分位
"两权"贷款	0.1439 (0.1492)	-0.0352 (0.1595)	0.5134*** (0.1465)	0.5235*** (0.2023)	0.2096 (0.1482)	0.0152 (0.1674)	0.4481*** (0.1392)	0.5472*** (0.2081)	-0.0062 (0.0166)	0.0155 (0.0167)	0.0192 (0.0141)	-0.0381 (0.0215)
其他贷款	0.1758*** (0.0306)	0.1631*** (0.0356)	0.1954*** (0.0342)	0.1846*** (0.0525)	0.1855*** (0.0305)	0.1728*** (0.0362)	0.1961*** (0.0328)	0.1755*** (0.0537)	0.0289*** (0.0094)	0.0227** (0.0104)	0.0336*** (0.0091)	0.0455*** (0.0167)
性别	-0.2153 (0.1837)	-0.1643 (0.1926)	-0.4081** (0.1753)	-0.1407 (0.2463)	-0.2454 (0.1817)	-0.1185 (0.2025)	-0.3392*** (0.1692)	-0.1353 (0.2550)	-0.0052 (0.0581)	-0.0946 (0.0598)	-0.1883*** (0.0517)	-0.3965*** (0.0823)
年龄	-0.0237*** (0.0072)	-0.0119 (0.0073)	0.0072 (0.0067)	0.0192 (0.0098)	-0.0267*** (0.0074)	-0.0134* (0.0082)	0.0057 (0.0066)	0.0166* (0.0092)	-0.0054** (0.0025)	-0.0034 (0.0027)	0.0034 (0.0028)	0.0113*** (0.0037)
受教育程度	0.0186 (0.0635)	0.1645** (0.0692)	0.2284*** (0.0682)	0.3622*** (0.1036)	0.0092 (0.0627)	0.2144*** (0.0721)	0.2449*** (0.0652)	0.3417*** (0.1041)	0.1313*** (0.0197)	0.1287*** (0.0214)	0.1012*** (0.0191)	0.1557*** (0.0294)
经营年限	0.0427*** (0.0154)	0.0568*** (0.0152)	0.0738** (0.0135)	0.0864*** (0.0172)	0.0456*** (0.0159)	0.0577*** (0.0165)	0.0582*** (0.0134)	0.0845*** (0.0147)	-0.0023 (0.0045)	-0.0028 (0.0044)	0.0126*** (0.0046)	0.0073 (0.0055)
土地面积	0.1925*** (0.0354)	0.1978*** (0.0411)	0.101 (0.0426)	0.0073 (0.0646)	0.1782*** (0.0356)	0.1891*** (0.0432)	0.0392 (0.0194)	0.0051 (0.0662)	0.1072*** (0.0087)	0.0667*** (0.0103)	0.0593*** (0.0108)	0.0833*** (0.0188)
劳动力	0.0013 (0.0017)	0.0062*** (0.0018)	0.0063*** (0.0014)	0.0162** (0.0012)	0.0013 (0.0018)	0.0067*** (0.0011)	0.0054*** (0.0015)	0.0176*** (0.0014)	0.0013 (0.0001)	0.0033*** (0.0002)	0.0054*** (0.0005)	0.0075*** (0.0004)
机械化程度	0.1365*** (0.0335)	0.1615*** (0.0323)	0.2745*** (0.0301)	0.2593*** (0.0451)	0.1287*** (0.0344)	0.1684*** (0.0343)	0.2892*** (0.0288)	0.2522*** (0.0485)	0.0482*** (0.0114)	0.0676*** (0.0092)	0.0751*** (0.0084)	0.0474*** (0.0153)
投资	0.0465*** (0.0133)	-0.0045 (0.0172)	-0.0135 (0.0181)	-0.0163 (0.0296)	-0.0451*** (0.0132)	-0.0091 (0.0181)	-0.0193 (0.0175)	-0.0116 (0.0293)	-0.0135*** (0.0047)	-0.0024 (0.0056)	-0.0016 (0.0054)	0.0018 (0.0095)
党员	0.0637 (0.1306)	-0.0039 (0.1462)	0.1182 (0.1375)	0.1226 (0.1761)	-0.0086 (0.1291)	-0.0815 (0.1546)	0.1452 (0.1301)	0.1011 (0.1885)	-0.1243*** (0.0416)	-0.0548 (0.0443)	-0.0332 (0.0401)	0.0791 (0.0616)
财政补贴	-0.0632** (0.0287)	-0.0526 (0.0338)	-0.1491 (0.0327)	-0.1461*** (0.0476)	-0.0144 (0.0285)	-0.0023 (0.0354)	-0.1174*** (0.0311)	-0.1233*** (0.0487)	-0.0494*** (0.0096)	-0.0092 (0.0102)	-0.0285*** (0.0091)	-0.0177 (0.0143)
创业环境	0.0745* (0.0439)	0.0844* (0.0495)	0.0785* (0.0481)	0.0871 (0.0673)	0.0721* (0.0436)	0.0567 (0.0711)	0.1053 (0.0458)	0.0813 (0.0691)	0.0393*** (0.0127)	0.0125 (0.0158)	0.0238 (0.0136)	-0.0367 (0.0237)
常数项	1.8264*** (0.4372)	1.9092*** (0.4922)	2.4674*** (0.4743)	1.9125*** (0.6752)	11.198*** (0.4363)	11.156*** (0.5172)	11.595*** (0.4543)	11.2955*** (0.6794)	0.2172 (0.1377)	0.5264*** (0.1523)	0.5778*** (0.1386)	0.7282*** (0.2159)

寻求内部化主体来降低贷款风险，而按照上述逻辑，收入相对更高的创业农户显然更加容易成为金融机构心仪的对接主体，进而更容易获得"两权"贷款。

6.3.3 需求视角下农户创业与金融服务创新协同绩效：经营主体差异

表6.6、表6.7和表6.8展示了"两权"贷款对专业大户、家庭农场、工商农户、专业合作社以及龙头企业五类经营主体创业绩效的回归结果。从上述回归结果来看，"两权"贷款对不同经营主体的创业绩效产生了不同的影响。具体而言，"两权"贷款对专业大户、家庭农场、龙头企业三类经营主体的经营性收入、总收入产生了显著的正效应，对工商农户、专业合作社两类经营主体的经营性收入、总收入作用不显著；"两权"贷款仅对龙头企业的利润产生了显著的正效应。产生上述结果的原因如下：

表6.6　金融服务创新对五类经营主体创业收入的回归结果

自变量	专业大户	家庭农场	工商农户	专业合作社	龙头企业
"两权"贷款	0.1281** (0.0553)	0.1207* (0.0657)	0.1173 (0.0972)	−0.0686 (0.0630)	0.1126** (0.0459)
其他贷款	0.2254*** (0.0414)	0.2165*** (0.0496)	0.0344 (0.0833)	0.0581 (0.0553)	0.0197 (0.0425)
性别	−0.2573 (0.2291)	−0.1945 (0.3182)	−0.8967* (0.4634)	0.1786 (0.4176)	−0.5045** (0.2424)
年龄	−0.0094 (0.0084)	−0.0321*** (0.0112)	0.0289 (0.0224)	0.0517*** (0.0132)	0.0027 (0.0115)
受教育程度	0.2134* (0.1132)	0.0820 (0.0983)	0.2006 (0.1716)	0.4265*** (0.1399)	−0.0777 (0.1265)
经营年限	0.0255 (0.0180)	0.0496*** (0.0164)	0.1927*** (0.0584)	0.0336 (0.0522)	0.0840*** (0.0304)
土地面积	0.2046*** (0.0439)	0.1445** (0.0651)	−0.0438 (0.0995)	−0.1015 (0.0660)	0.2413*** (0.0471)
劳动力	0.0006 (0.0006)	0.0058 (0.0042)	0.0030 (0.0096)	0.0021* (0.0012)	−0.0002 (0.0003)
机械化程度	0.1143** (0.0457)	0.1743*** (0.0609)	0.3856*** (0.0972)	0.2074*** (0.0646)	0.1453** (0.0574)

续表

自变量	专业大户	家庭农场	工商农户	专业合作社	龙头企业
投资	−0.0566***	0.0927**	0.0169	0.1507*	0.1097**
	(0.0183)	(0.0430)	(0.0736)	(0.0866)	(0.0513)
党员	−0.0984	0.1812	0.0936	0.3093	−0.2674
	(0.1644)	(0.2017)	(0.5816)	(0.3382)	(0.2239)
财政补贴	−0.1253**	0.0037	−0.2279	0.0318	0.0066
	(0.0526)	(0.0386)	(0.1534)	(0.0633)	(0.0526)
创业环境	0.1117*	0.1225**	0.1037	0.3275***	0.1423**
	(0.0622)	(0.0545)	(0.1754)	(0.1259)	(0.0609)
常数项	2.5326***	1.4624	0.8458	−3.0392**	1.2102
	(0.6367)	(0.8947)	(1.3212)	(1.1897)	(0.9426)
R^2	0.2583	0.4569	0.4113	0.5093	0.3641

表 6.7　金融服务创新对五类经营主体总收入的回归结果

自变量	专业大户	家庭农场	工商农户	专业合作社	龙头企业
"两权"贷款	0.1325**	0.1182*	0.1153	−0.0593	0.1336***
	(0.0515)	(0.0641)	(0.0893)	(0.0601)	(0.0396)
其他贷款	0.2083***	0.2156***	0.0638	0.0522	0.0188
	(0.0399)	(0.0486)	(0.0719)	(0.0425)	(0.0380)
性别	−0.1972	−0.1992	−0.7083	0.0884	−0.4372*
	(0.2227)	(0.3187)	(0.4579)	(0.3972)	(0.2365)
年龄	−0.0108	−0.0307***	0.0234	0.0488***	0.0015
	(0.0083)	(0.0111)	(0.0213)	(0.0132)	(0.0111)
受教育程度	0.2374**	0.0883	0.1842	0.3996***	0.0206
	(0.0948)	(0.0970)	(0.1635)	(0.1354)	(0.0782)
经营年限	0.0183	0.0512***	0.1623***	0.0313	0.0884***
	(0.0167)	(0.0167)	(0.0436)	(0.0522)	(0.0306)
土地面积	0.2155***	0.1498**	−0.0288	−0.0993	0.2482***
	(0.0392)	(0.0648)	(0.0925)	(0.0655)	(0.0444)
劳动力	0.0004	0.0054	0.0023	0.0021**	−0.0002
	(0.0005)	(0.0041)	(0.0067)	(0.0011)	(0.0003)
机械化程度	0.0941**	0.1692***	0.4067***	0.2174***	0.1412***
	(0.0392)	(0.0598)	(0.0822)	(0.0619)	(0.0538)
投资	−0.0529***	0.0926**	0.0037	0.1503*	0.1207**
	(0.0179)	(0.0428)	(0.0706)	(0.0869)	(0.0508)

自变量	专业大户	家庭农场	工商农户	专业合作社	龙头企业
党员	−0.0856 (0.1545)	0.1835 (0.1982)	0.4143 (0.3678)	0.2971 (0.3327)	−0.1178 (0.1776)
财政补贴	−0.0775* (0.0416)	0.0426 (0.0366)	−0.1142 (0.0957)	0.0463 (0.0597)	0.0249 (0.0433)
创业环境	0.1124* (0.0579)	0.1168** (0.0539)	0.2092* (0.1158)	0.3383*** (0.1198)	0.1553*** (0.0528)
常数项	11.6830*** (0.5764)	10.6295*** (0.8871)	9.8502*** (1.3157)	6.4143*** (1.1745)	9.8643*** (0.8327)
R^2	0.2813	0.4692	0.5033	0.5091	0.4841

表6.8　金融服务创新对五类经营主体创业利润的回归结果

自变量	专业大户	家庭农场	工商农户	专业合作社	龙头企业
"两权"贷款	0.0031 (0.0203)	0.0369 (0.0259)	−0.0234 (0.0359)	0.0094 (0.0258)	0.0317* (0.0168)
其他贷款	0.0383*** (0.0147)	0.0266 (0.0187)	−0.0139 (0.0257)	0.0158 (0.0253)	−0.0011 (0.0159)
性别	−0.1453** (0.0709)	0.1005 (0.1293)	−0.4215** (0.1933)	−0.0891 (0.1723)	−0.1374 (0.1025)
年龄	−0.0035 (0.0029)	−0.0034 (0.0045)	0.0064 (0.0077)	0.0094 (0.0059)	−0.0002 (0.0044)
受教育程度	0.1603*** (0.0299)	0.1053** (0.0428)	0.0136 (0.0506)	0.0882 (0.0617)	−0.0309 (0.0310)
经营年限	−0.0019 (0.0058)	−0.0043 (0.0067)	0.0266* (0.0156)	0.0151 (0.0098)	0.0338*** (0.0116)
土地面积	0.0922*** (0.0132)	0.0787*** (0.0246)	0.0543** (0.0274)	0.0345 (0.0332)	0.1072*** (0.0164)
劳动力	0.0005 (0.0004)	0.0027 (0.0016)	0.0051*** (0.0017)	0.0006 (0.0004)	0.0002 (0.0002)
机械化程度	0.0260* (0.0138)	0.0713*** (0.0205)	0.0786*** (0.0276)	0.0750*** (0.0233)	0.0475*** (0.0169)
投资	−0.0056 (0.0060)	0.0212* (0.0128)	−0.0024 (0.0167)	0.0505 (0.0351)	0.0210 (0.0179)
党员	−0.0690 (0.0535)	−0.0801 (0.0764)	0.1173 (0.1592)	0.2324 (0.1422)	−0.1081* (0.0652)

续表

自变量	专业大户	家庭农场	工商农户	专业合作社	龙头企业
财政补贴	-0.0158 (0.0148)	-0.0131 (0.0165)	-0.0609** (0.0287)	0.0268 (0.0265)	-0.0034 (0.0159)
创业环境	0.0087 (0.0221)	0.0503** (0.0233)	0.0652* (0.0364)	0.0521 (0.0420)	-0.0180 (0.0190)
常数项	0.5501*** (0.1938)	-0.1527 (0.3264)	0.6734 (0.4725)	-0.5622 (0.5398)	0.8527** (0.3534)
R^2	0.3001	0.4152	0.4627	0.3983	0.4024

　　专业大户、家庭农场以及龙头企业主要从事农产品的生产和加工以及销售，因此具有较多的土地经营权、农房财产权等农村产权资产，这也为上述三类经营主体获得"两权"贷款，进而提升经营性收入和总收入提供了先决条件；工商农户主要从事农产品的加工和销售，乃至其他非农经营活动，在当前的金融政策框架下，其可用于"两权"抵押贷款的产权资产寥寥无几，而对于我国的专业合作社而言，目前更多的是起到组织管理作用，并不具有实体经济基础，也没有可用于"两权"抵押的资产，因而"两权"贷款并没有对这两类经营主体的经营性收入和总收入产生显著的提升作用。

　　鉴于目前的"两权"贷款只能为农业经营主体提供资金，而无法提供技术、管理等要素，因此在无法有效提升农业经营主体收入的情况下，金融创新服务显然也无法促进工商农户与专业合作社两类经营主体的利润，同时，对于专业大户、家庭农场和龙头企业三类经营主体而言，"两权"贷款仅对龙头企业的利润产生了显著的促进作用。对于作为创业农户重要组成部分的专业大户、家庭农场两类经营主体而言，"两权"贷款无法有效提升其利润的原因已经在本书的5.3.1 小节中进行了阐释，此处不再赘述。而对于"两权"贷款能够有效促进龙头企业利润的原因，我们归纳为以下两点：第一，龙头企业在五类经营主体中，资产实力最为雄厚，可用于申请"两权"抵押贷款的产权资产最多，抵押能力最强，加之其长期与金融机构有业务往来，也最有可能得到金融机构的信任进而获得融资。第二，龙头企业作为当前各类农业经营主体的最高级组织形式，其在生产、运营和管理上都是最为先进的，要素的利用效率也最高，通过"两权"贷款资金的注入，龙头企业能够高效地促进资金、劳动力、技术、管理等多重因素协同发挥作用，进而实现利润的提升。

6.3.4 需求视角下农户创业与金融服务创新协同绩效：金融服务创新差异

表 6.9 显示了农地经营权抵押贷款与农房财产权抵押贷款对农户创业绩效的回归结果。从回归结果来看，农房财产权抵押贷款对农户创业收入、总收入以及创业利润均没有产生显著的影响，农地经营权抵押对农户创业收入、总收入产生了显著的正效应，但是并没有对利润产生显著的影响。以上结果说明，虽然农地经营权抵押贷款和农房财产权抵押贷款都没有对创业利润产生显著的提升作用，但是农地经营权抵押贷款对创业农户的创业收入、总收入产生了显著的促进作用，其对农户创业绩效的效果好于农房财产权抵押贷款。

表 6.9 农地经营权抵押贷款与农房财产权抵押贷款对农户创业绩效的回归结果

自变量	创业收入方程		总收入方程		创业利润方程	
	农房	农地	农房	农地	农房	农地
"两权"贷款	0.0293 (0.0987)	0.0968* (0.0664)	−0.0313 (0.0894)	0.1046* (0.0619)	0.0011 (0.0252)	−0.0069 (0.0381)
其他贷款	0.2647*** (0.0334)	0.2427*** (0.0315)	0.1965*** (0.0400)	0.2307*** (0.0303)	0.0430*** (0.0113)	0.0389*** (0.0111)
性别	−0.2759 (0.1863)	−0.2418 (0.1853)	−0.2972 (0.1822)	−0.1992 (0.1825)	−0.0695 (0.0691)	−0.0805 (0.0675)
年龄	−0.0156** (0.0072)	−0.0166** (0.0072)	−0.0208*** (0.0072)	−0.0168** (0.0071)	−0.0030 (0.0025)	−0.0030 (0.0025)
受教育程度	0.1561* (0.0807)	0.1587* (0.0814)	0.1714** (0.0747)	0.1716** (0.0711)	0.1345*** (0.0243)	0.1337*** (0.0245)
经营年限	0.0332*** (0.0125)	0.0322** (0.0126)	0.0441*** (0.0139)	0.0282** (0.0121)	−0.0031 (0.0044)	−0.0023 (0.0045)
土地面积	0.1847*** (0.0354)	0.2028*** (0.0372)	0.2008*** (0.0355)	0.2115*** (0.0340)	0.0905*** (0.0118)	0.0861*** (0.0115)
劳动力	0.0007 (0.0006)	0.0009 (0.0007)	0.0008 (0.0006)	0.0007 (0.0005)	0.0008* (0.0004)	0.0007* (0.0004)
机械化程度	0.1217*** (0.0363)	0.1335*** (0.0369)	0.1233*** (0.0360)	0.1185*** (0.0339)	0.0423*** (0.0125)	0.0397*** (0.0120)
投资	−0.0475*** (0.0174)	−0.0430*** (0.0167)	−0.0171 (0.0169)	−0.0409** (0.0164)	−0.0045 (0.0052)	−0.0047 (0.0053)

续表

自变量	创业收入方程		总收入方程		创业利润方程	
	农房	农地	农房	农地	农房	农地
党员	−0.0194	0.0237	−0.0194	0.0292	−0.0577	−0.0684
	(0.1329)	(0.1322)	(0.1307)	(0.1254)	(0.0452)	(0.0444)
财政补贴	−0.0665**	−0.0666**	−0.0275	−0.0258	−0.0095	−0.0101
	(0.0330)	(0.0339)	(0.0292)	(0.0284)	(0.0111)	(0.0110)
创业环境	0.0932**	0.0928**	0.1547***	0.0893**	0.0165	0.0194
	(0.0419)	(0.0416)	(0.0399)	(0.0389)	(0.0146)	(0.0144)
常数项	2.7921***	2.6715***	11.8956***	11.8439***	0.4378***	0.4665***
	(0.5227)	(0.5141)	(0.5006)	(0.4745)	(0.1638)	(0.1672)
R^2	0.2802	0.2817	0.2395	0.3027	0.3134	0.3076

注：本表中所有变量的定义与表5.2相同。

产生上述结果的原因在于，首先，前文的分析中已经提到，金融服务创新对于创业农户的收入有明显的促进作用，但是尚不能有效地改善创业农户的创业利润，受到这一整体性影响的约束，无论是农地经营权抵押贷款还是农房财产权抵押贷款都只是作为金融服务创新的组成部分，其政策效果无法突破金融服务创新的总体效果。其次，就两类金融创新服务而言，农地作为创业农户最主要的生产资料，其面积较大、抵押价值相比农房而言往往更高，因而成为创业农户申请"两权"抵押贷款的主要选择。从我们的调查数据来看，获得农地经营权抵押贷款的创业农户为129户，而获得农房财产权抵押贷款的创业农户仅为90户，平均每笔农地经营权抵押贷款数量为82.1395万元，而平均每笔农房财产权抵押贷款的估值仅为62.7976万元。最后，就两类贷款的办理而言，农地经营权抵押贷款也优于农房财产权抵押贷款。2016年3月24日，中国人民银行发布的《农民住房财产权抵押贷款试点暂行办法》规定，变卖或拍卖抵押的农民住房，受让人范围原则上应限制在相关法律法规和国务院规定的范围内。而目前对于受让人的规定按照2005年《中华人民共和国土地管理法》第62条、第63条的规定，受让人只能限制在本集体成员，且需符合"一户一宅"的原则。这两项规定便将抵押住房的受让人限制在了村集体范围内。此外，对于熟人社会的中国而言，本村人即使存在购买需求，也碍于情面不会进行购买，这极大地阻碍了抵押物的处置，也会将贷款风险集中于金融机构，制约金融机构放贷的积极性。

6.4 本章小结

本章利用 2015 年国务院发展研究中心农村经济研究部"农村土地金融制度"课题研究组开展的农业新型经营主体金融需求调查数据，综合运用工具变量法、工具变量分位数法对金融服务创新与农户创业绩效的整体影响、分层影响进行实证分析，并得出了以下主要结论：

首先，从整体视角来看，金融服务创新对创业农户的创业收入和总收入产生了明显的提升作用，但尚未对创业利润有明显的促进作用。其原因在于，创业收入与总收入的提高，可以通过扩大生产性投资而迅速实现。然而，创业利润的提升却需要资金、劳动力、技术、管理等多重因素协同发挥作用，金融服务创新力度有限，农业投资存在时滞效应，金融服务创新还不能显著提升创业农户的创业利润。

其次，从区域差异的视角来看，金融服务创新对我国三大区域创业农户绩效的影响呈现出中部高于西部、西部高于东部的特征；从农户内部差异的视角来看，金融服务创新对创业农户创业绩效的影响与农户收入存在正相关关系；从经营主体差异的视角来看，龙头企业、专业大户、家庭农场、工商农户、专业合作社呈现出影响从高到低逐次递减的特征；从不同金融创新服务的视角来看，农村土地经营权抵押贷款对创业农户创业绩效的促进作用高于农村住房财产权抵押贷款。

综上所述，从需求视角来看，创业农户与金融服务创新协同绩效较好，但有待进一步提高，随着时间的推移，创业农户不断发展，金融服务创新不断深入，两者协同绩效会进一步增强。同时，分层差异的结果也提示政府在制定相关政策时应当因地制宜、因时制宜。

第7章 农户创业与金融服务创新协同的绩效评价：供给视角

在第6章中，我们从需求视角出发，对农户创业与金融服务创新协同进行了绩效评价。在本章中，我们将从供给视角出发，对两者协同的绩效进行分析。第一节，我们将对供给视角下农户创业与金融服务创新协同绩效进行实证设计；第二节，我们将对供给视角下农户创业与金融服务创新协同整体绩效进行实证分析；第三节，我们将对供给视角下农户创业与金融服务创新协同分层绩效进行实证分析；最后是简单的总结。

7.1 供给视角下农户创业与金融服务创新协同绩效的实证设计

7.1.1 数据来源

本章所用数据来源于2017年原农业部"国家农村金融综合改革试验区"项目评估组在我国的东部、中部、西部三大经济带中的江苏、福建、山西、安徽、广西和重庆6省（市）开展的金融机构农村产权抵押融资调查，问卷调查内容主要围绕银行、担保等金融机构2014年、2015年和2016年三年以"两权"抵押贷款为主的贷款、担保等方面的实际情况展开。考虑到金融服务创新对金融机构运行效率的影响，调查区（县）选择的都是金融改革的试点区（县）（见表7.1)，这确保了数据来源对于我国的金融服务创新发展状况具有非常强的代表性。最终，本次调查共获得39家金融机构的样本，其中有效样本34家，占全部调查样本的 87.18%。在这 34 家金融机构中，有担保 11 家，均为地方性金融机构；银行 23 家，其中地方性银行 13 家、国有银行 10 家[①]。

表 7.1　样本地区分布概况

地区	省份	样本区（县）分布
东部地区	江苏、福建	常州市武进区、三明市沙县
中部地区	山西、安徽	晋中市祁县、六安市金寨县
西部地区	重庆、广西	永川区、百色市田东县

7.1.2　实证模型设定

本章的研究目的是从供给视角研究农户创业与金融服务创新的协同绩效，也就是金融服务创新对金融机构绩效的影响，为此，我们选取了金融服务创新发展作为自变量，金融机构绩效为因变量，实证模型的具体设定如下：

$$Y = \alpha + \beta X + cons + \varepsilon \tag{7.1}$$

其中，Y 表示金融机构绩效，X 表示金融服务创新，$cons$ 为控制变量，β 为自变量系数，α、ε 分别为截距项和扰动项。

7.1.3　分析方法选取

机构绩效的评价由于变量的内生性往往不能采取线性回归，因此学术界一般采用非线性方法对机构绩效进行评价，在众多非线性方法中，数据包络分析（简称"DEA"）法是被采用最广，也是最为经典的方法之一。因此，本章也采用 DEA 方法对金融机构的绩效进行评价。

7.1.3.1　DEA 方法介绍

DEA 方法在 1978 年由著名的运筹学家 Charnes、Cooper 和 Rhodes 首先提出，从相对效率的角度来评价部门之间的有效性。这种方法能依据一组同类型单位

---

①　由于 2015 年国务院发展研究中心"农村土地金融制度"课题研究组的调研数据中并没有涉及金融机构的数据，为此我们在对金融机构的绩效进行评价时采用了 2017 年"国家农村金融综合改革试验区"的调研数据，鉴于两次调研均是针对国家农村金融的改革试验区，它们在农业经济、农村金融领域的特征大致相似，因此两套数据之间具有很高的替代性。

（部门）输入输出值来对有效生产前沿面①做出估计，以此判断被评价单元（样本点）是否在有效生产前沿面上。DEA 方法习惯上称被研究是否有效率的对象或主体为决策单元（简称"DMU"），按照多种投入和多种产出的观察值，对同类决策单元的有效性进行评价。因此，DEA 方法测度的效率实质上是一种相对效率，即某一决策单元的效率是参照构成系统所有决策单元效率水平的一种相对效率，是与系统前沿面上某点效率的比值。DEA 评价某 DMU 是否有效，实质上就是判断该 DMU 是否位于生产可能集的前沿面上。

假设我们要测量一组共 n 个 DMU 的技术效率，记为 $DMU_j(j=1, 2, \cdots, n)$；每个 DMU 有 m 种投入，记为 $x_i(i=1, 2, \cdots, m)$，投入的权重表示为 v_i $(i=1, 2, \cdots, m)$；q 种产出，记为 $y_r(r=1, 2, \cdots, q)$，产出的权重表示为 u_r $(r=1, 2, \cdots, q)$。当前要测量的 DMU 记为 DMU_k，其产出投入比表示为：

$$h_k = \frac{u_1 y_{1k} + u_2 y_{2k} + \cdots + u_q y_{qk}}{v_1 x_{1k} + x_2 x_{2k} + \cdots + v_m x_{mk}} = \frac{\sum\limits_{r=1}^{q} u_r y_{rk}}{\sum\limits_{i=1}^{m} v_i x_{ik}} \quad (v \geqslant 0;\ u \geqslant 0) \tag{7.2}$$

接下来，给要测量的技术效率值附加一项条件，将所有 DMU 采用上述权重得出的效率值 θ_j 限定在 $[0, 1]$ 区间内，即：

$$\frac{\sum\limits_{r=1}^{q} u_r y_{rk}}{\sum\limits_{i=1}^{m} v_i x_{ik}} \leqslant 1 \tag{7.3}$$

Charnes、Cooper 和 Rhodes 创立的第一个 DEA 模型是基于规模收益不变的 CCR 模型，其线性规划模型表示为式（7.4），这一非线性规划模型的含义在于，在使所有 DMU 的效率值都不超过 1 的条件下，使被评价 DMU 的效率值最大化，因此模型确定的权重 v 和 u 是对被评价 DMU_k 最有利的。从这个意义上讲，CCR 模型是对被评价 DMU 的无效率状况做出的一种保守估计，因为它采用的权重是最有利被评价的，采用其他任何权重得出的效率值都不会超过这组权重得出的效率值。

---

① 生产前沿面是被评价单元观察值包络面的一部分，它是指经由观察到的被评价单元的生产活动信息所得到的经验性的前沿面。

$$\max \frac{\sum_{r=1}^{q} u_r y_{rk}}{\sum_{i=1}^{m} v_i x_{ik}}$$

$$s.t. \frac{\sum_{r=1}^{q} u_r y_{rk}}{\sum_{i=1}^{m} v_i x_{ik}} \leq 1; \ v \geq 0; \ u \geq 0; \ i = 1, \ 2, \ \cdots, \ m; \ r = 1, \ 2, \ \cdots, \ q;$$

$$j = 1, \ 2, \ \cdots, \ n \tag{7.4}$$

在 CCR 模型的基础上，Banker、Charnes 和 Cooper 于 1984 年提出了基于规模报酬可变的 BCC 模型，BCC 模型得出的技术效率排除了规模的影响，因此被称为"纯技术效率"。其原理是在 CCR 对偶模型的基础上增加了约束条件 $\sum_{j=1}^{n} \lambda_j (\lambda \geq 0)$，作用是使投影点的生产规模与被评价 DMU 的生产规模处于同一水平，即：

$$\min \theta \ s.t. \sum_{j=1}^{n} \lambda_j x_{ij} \leq \theta x_{ik} \sum_{j=1}^{n} \lambda_j y_{rj} \geq y_{rk} \sum_{j=1}^{n} \lambda_j = 1, \ \lambda \geq 0;$$

$$i = 1, \ 2, \ \cdots, \ m; \ r = 1, \ 2, \ \cdots, \ q; \ j = 1, \ 2, \ \cdots, \ n \tag{7.5}$$

下面本章将以规模报酬不变的 CCR 模型以及规模报酬可变的 BCC 模型对金融机构的金融服务创新效率进行测度。

7.1.3.2 Malmquist 指数分析方法介绍

Malmquist 指数最初是由瑞典经济学家 Malmquist 在 1953 年提出的。Malmquist 首先提出"缩放因子"概念，然后利用缩放因子之比构造消费数量指数，即最初的 Malmquist 指数。受 Malmquist 消费指数启发，Caves 等人于 1982 年将这种思想运用到生产分析中，通过距离函数之比构造生产率指数，并将这种指数命名为 Malmquist 生产率指数。Caves 等（1982）证明，在一定的条件下，Malmquist 指数的几何平均和 Tornqvist 指数是等价的。

接下来，本书对 Malmquist 生产率指数进行数学上的介绍。Lovell 将构成 CRS 生产可能集的前沿技术称为基准技术，即为了计算 TFP 而定义的参照技术；将构成 VRS 生产可能集的前沿技术称为最佳实践技术，即现实中存在的前沿技术。由 Ray 和 Desli（1997）与 Fare 等（1997），Malmquist 生产率指数应当定义在基准技术之上，基于 t 期和 $t+1$ 期参照技术的 Malmquist 生产率指数分别为：

$$M_t(x^t,\ y^t,\ x^{t+1},\ y^{t+1})=\frac{D_C^t(x^{t+1},\ y^{t+1})}{D_C^t(x^t,\ y^t)} \tag{7.6}$$

$$M_{t+1}(x^t,\ y^t,\ x^{t+1},\ y^{t+1})=\frac{D_C^{t+1}(x^{t+1},\ y^{t+1})}{D_C^{t+1}(x^t,\ y^t)} \tag{7.7}$$

因为基于 t 期和 $t+1$ 期参照技术定义的 Malmquist 生产率指数在经济含义上是对称的，所以按照 Fisher（1922）的理想指数思想，定义它们的几何平均为综合生产率指数：

$$M(x_i^t,\ y_i^t,\ x_i^{t+1},\ y_i^{t+1})=(M_t\cdot M_{t+1})^{1/2}=\left[\frac{D_C^t(x^{t+1},\ y^{t+1})}{D_C^t(x^t,\ y^t)}\cdot\frac{D_C^{t+1}(x^{t+1},\ y^{t+1})}{D_C^{t+1}(x^t,\ y^t)}\right]^{1/2}$$

$$\tag{7.8}$$

进一步地，我们将上式分解为：

$$M(x_i^t,\ y_i^t,\ x_i^{t+1},\ y_i^{t+1})=\frac{D_V^t(x^{t+1},\ y^{t+1})}{D_V^t(x^t,\ y^t)}\cdot\left[\frac{D_V^t(x^t,\ y^t)}{D_V^{t+1}(x^t,\ y^t)}\cdot\frac{D_V^t(x^{t+1},\ y^{t+1})}{D_V^{t+1}(x^{t+1},\ y^{t+1})}\right]^{1/2}\cdot$$

$$\left[\frac{D_C^t(x^{t+1},\ y^{t+1})/D_V^t(x^{t+1},\ y^{t+1})}{D_C^t(x^t,\ y^t)/D_V^t(x^t,\ y^t)}\cdot\frac{D_C^{t+1}(x^{t+1},\ y^{t+1})/D_V^{t+1}(x^{t+1},\ y^{t+1})}{D_C^{t+1}(x^t,\ y^t)/D_V^{t+1}(x^t,\ y^t)}\right]^{1/2}$$

$$=TE\Delta_{RD}\cdot T\Delta_{RD}\cdot S\Delta_{RD} \tag{7.9}$$

7.1.4　变量选取

合理地选择投入和产出指标是有效运用 DEA 法对金融机构金融创新服务进行有效测度的前提。理论上而言，测度金融机构金融创新服务的有效性，自然地应当将金融创新服务的投入和产出指标全部包含进 DEA 模型中估计效率系数，但是鉴于金融创新服务方兴未艾，其指标体系尚不成熟，以及金融机构出于商业保密的考虑所提供的数据指标也十分有限，因此，本书在兼顾尽可能多地选择投入产出指标以及数据可得性的情况下，选择了"两权"抵押贷款的贷款数量、业务笔数、总资产三个变量作为投入变量，选择了"两权"抵押贷款利息收入、单笔利息收入、"两权"贷款利润三个变量作为产出变量。下面，本书将对上述六个变量进行详细介绍。

7.1.4.1　投入指标

关于投入指标的选取，我们根据自身数据的获得情况并结合柯布—道格拉斯函数的思路，从技术、劳动力和资本三个角度去筛选。

（1）贷款（担保）数量。金融服务创新的资本投入包括前期业务开展、业务办理费用、贷款等各种资金投入，但是考虑到前期业务开展、业务办理费用等指标难以获取，同时贷款数量无疑占据了资本投入的绝大部分，因此，我们用贷款数量作为金融服务创新资本投入的代理指标。

（2）业务笔数。由于目前金融机构只是将金融服务创新作为一项经营业务，并没有成立专门的事业部，因此无法准确地统计金融服务创新的劳动力，但是考虑到当前我国金融机构以及金融的发展水平，金融服务创新业务主要环节均由人工完成，因此，本书用金融服务创新的业务笔数作为金融服务创新的劳动力投入代理变量。

（3）总资产。由于目前的研究尚缺乏能够直接刻画金融服务创新技术水平的指标，为此，我们用金融机构的技术水平进行替代。根据实际经验，金融机构的管理水平与其规模呈现出较强的相关关系，规模越大的金融机构其组织管理水平往往越高，因此，我们选择了金融机构总资产作为金融机构技术水平的代理指标。

7.1.4.2　产出指标

产出指标的选取相较于投入指标的选取更为简单，与第 5 章相同，我们选取了金融机构的收入和利润作为衡量产出的指标。

（1）总利息（担保费）收入。即金融服务创新的年利息（担保费）收入，我们用每笔贷款数量乘以相应年利率并加总得出。

（2）单笔利息（担保费）收入。即单笔金融服务创新的年利息（担保费）收入，我们用利息收入除以业务笔数得出。

（3）利润。即金融服务创新业务的利润，我们用总利息（担保费）收入减去贷款（担保）数量乘以不良贷款率得出。

7.1.5　统计模型设定

由于 DEA 法是一种非线性估计方法，因此本章的统计模型设定便与实证模型设定一样，在此不再赘述。

7.1.6　分析方法与指标选取特色

7.1.6.1　分析方法选取特色

DEA 法是被采用最广，也是最为经典的方法之一，本书采用 DEA 法对金融机构运行效率进行测度，相较于过往研究并不具有创新之处。但是本书根据数据的实际获得情况，对金融机构进行了静态效率测度、静态效率分解、动态效率测度、动态效率分解以及无效率分析，进而对金融机构的运行绩效进行了全方位的评价，因此，本章在方法运用方面的特色主要在于全面性而不是创新性，本章的分析也可以为后续相关研究提供一定的借鉴。

7.1.6.2　指标选取特色

由于本章所采用的数据主要是对农村金融机构进行调查得来的，而鉴于农村金融机构发展的滞后性，其财务指标往往尚未规范化，因此本章所采用的绩效衡量指标并非传统的资产收益率、净资产收益率等标准财务指标，而是通过一些常用指标如利率、不良率等综合计算而得，这也为后续相关研究对类似机构进行问卷调查和量化分析提供了参考。

7.1.7　描述性统计

表 7.2 列出了各变量的均值、标准差、最小值、最大值以及观察数等描述性统计特征。

表 7.2　主要变量的描述性统计

变量	均值	标准差	最小值	最大值	观察数
总资产（亿元）	91.7718	168.0750	0.3600	843.3300	34
业务笔数（笔）	445.4828	791.3801	3	2929	34
贷款数量（亿元）	7.5862	20.9216	0.0040	87.5669	34
利息收入（万元）	0.6068	1.6737	0.0003	7.0053	34
单笔利息收入（万元）	14.3889	26.3502	0.1209	121.7871	34
利润（万元）	0.5208	1.4029	-0.5977	5.9545	34

7.2　供给视角下农户创业与金融服务创新协同绩效：整体情况

7.2.1　静态效率测度

按照对效率的测量方式，DEA 模型可以分为投入导向、产出导向和非导向。

投入导向模型是从投入的角度对被评价 DMU 无效率程度进行测量，关注的是在不减少产出的条件下，要达到技术有效，各项投入应该减少的程度；产出导向模型是从产出的角度对被评价 DMU 无效率程度进行测量，关注的是在不增加投入的条件下，要达到技术有效，各项产出应该增加的程度；非导向模型则是同时从投入和产出两个方面进行测量。就当前的形势来看，"两权"抵押贷款、农业担保、农业保险等金融服务创新方兴未艾，增长速度非常快，所以对金融服务创新技术效率值的测度应当是考察在不减少投入的情况下，要达到技术有效，各项投入应当减少的程度，因此本书选择了投入导向型模型对金融服务创新的技术效率值进行测度，具体结果如表 7.3 所示。

表 7.3　金融服务创新的技术效率值（TE）

金融机构	2014 年	2015 年	2016 年	2014~2016 年		规模报酬情况		
				达标次数	标杆次数	递增	不变	递减
机构 1	1.000	1.000	1.000	3	64	0	3	0
机构 2	0.342	0.377	0.403	0	0	0	0	3
机构 3	0.477	0.353	0.371	0	0	0	0	3
机构 4	0.562	0.400	0.419	0	0	0	0	3
机构 5	1.000	1.000	1.000	3	12	0	3	0
机构 6	0.563	0.520	0.520	0	0	0	0	3
机构 7	0.270	0.259	0.351	0	0	0	0	3
机构 8	0.952	0.741	0.803	0	0	0	0	3
机构 9	0.254	0.247	0.350	0	0	0	0	3
机构 10	0.861	0.864	0.990	0	0	0	0	3
机构 11	0.291	0.281	0.407	0	0	0	0	3
机构 12	1.000	1.000	1.000	3	17	0	3	0
机构 13	0.386	0.358	0.387	0	0	0	0	3
机构 14	0.562	0.400	0.419	0	0	0	0	3
机构 15	0.761	0.762	0.962	0	0	0	0	3
机构 16	0.820	0.824	0.988	0	0	2	0	1
机构 17	0.753	0.371	0.400	0	0	1	0	2
机构 18	0.563	0.520	0.520	0	0	0	0	3
机构 19	0.874	0.850	0.998	0	0	0	0	3

续表

金融机构	2014 年	2015 年	2016 年	2014~2016 年		规模报酬情况		
				达标次数	标杆次数	递增	不变	递减
机构 20	1.000	1.000	1.000	3	44	0	3	0
机构 21	0.901	0.891	0.997	0	0	0	0	3
机构 22	0.484	0.387	0.418	0	0	0	0	3
机构 23	1.000	1.000	1.000	1	33	0	3	0
机构 24	0.511	0.462	0.469	0	0	0	0	3
机构 25	0.320	0.309	0.339	0	0	0	0	3
机构 26	1.000	1.000	0.964	2	70	0	3	0
机构 27	0.493	0.462	0.468	0	0	0	0	3
机构 28	0.755	0.659	0.798	0	0	1	1	1
机构 29	1.000	1.000	1.000	3	2	0	3	0
机构 30	0.221	0.226	0.482	0	0	0	0	3
机构 31	0.470	0.762	0.791	0	0	0	0	3
机构 32	1.000	0.627	0.627	1	18	0	1	2
机构 33	1.000	1.000	1.000	3	25	0	3	0
机构 34	1.000	1.000	0.958	2	52	0	3	0
均值	0.689	0.644	0.694	—	—	—	—	—

表 7.3 显示了 2014~2016 年调查数据中各金融机构的金融服务创新技术效率值的结果①。根据上述分析可知，生产前沿面为技术效率值 1，亦即如果该金融机构的技术效率值为 1，则该金融机构在同时期所有金融机构中是有效的，其金融服务创新也是有效率的，可以作为其他金融机构的"标杆"。如果该金融机构的技术效率值小于 1，那么说明该金融机构没有达到同时期所有金融机构的前沿面，还需要继续对自身运营效率进行改进。同时，本书借鉴李燕凌和欧阳万福（2011）对各效率值区间的划分，将效率值大于等于 0.9 定义为"效率较高"，将效率值大于等于 0.85 小于 0.9 定义为"效率一般"，将效率值小于 0.85 定义为"效率偏低"。此外，由于 DEA 模型计算出的效率值是相对效率，各年份分别对应当年的前沿面，不同年份之间的金融服务创新效率不具有可比性，因此，本

---

① 为了方便下一节的实证分析内容的展开，我们在对实证结果进行展示时，按照担保在前、银行在后，地方金融机构在前、国有金融机构在后的顺序进行排列。

书在分析效率值时，仅就当年的 34 家金融机构进行横向分析，不做纵向比较。

从横向来看，2014~2016 年，金融机构金融服务创新的技术效率的平均值为0.676，这说明 2014~2016 年，只有 67.6% 的金融服务创新真正发挥了作用，尚有 32.4% 的提升空间。从本书的效率区间划分来看，处于"效率偏低"区间，这也说明了从整体来看，我国金融服务创新的效率还较低，尚待进一步提高。其原因大致有以下三点：首先，以"两权"贷款为主的金融服务创新在我国尚处于起步阶段，总体而言，金融机构的金融创新服务也呈现出粗放式增长的特征，尚未进入高效经营阶段，难以在短时间内达到较高的效率水平。其次，金融服务创新虽然内生于我国农村经济的发展，但是无论中央政府还是地方政府都在积极参与金融服务创新的进程，在垂直权力结构的约束下，地方政府出于完成中央政府考核的考虑，会鼓励金融机构对创业农户进行放款，这其中有可能会导致金融机构的绩效目标与社会目标出现偏离，进而造成不必要的坏账，损失一定的运营效率。最后，虽然我国的创业农户逐渐走出传统农业低效性和弱质性的桎梏，但是当前仍处于成长初期，其盈利能力和还款能力相对于传统的非农企业较低，这也在一定程度上制约了金融服务创新的效率。

从纵向来看，我国金融机构 2014 年、2015 年、2016 年金融服务创新的技术效率值分别为 0.689、0.644、0.694，这说明三年间，分别只有 68.9%、64.4% 和 69.4% 的金融服务创新真正发挥了作用，分别尚有 31.1%、35.6% 和 30.6% 的提升空间。以上结果说明，纵向而言，我国的金融服务创新均处于"效率偏低"的区间，且围绕平均值小幅波动。其中，2014 年处于生产前沿面的金融机构共有 10 家，技术效率值大于等于 0.85 的共有 14 家；2015 年处于生产前沿面的金融机构共有 9 家，技术效率值大于等于 0.85 的共有 12 家；2016 年处于生产前沿面的金融机构共有 7 家，技术效率值大于等于 0.85 的共有 14 家。从上述结果可以看出，虽然我国金融服务创新"效率一般"及以上的机构数目总体保持平稳，但是生产效率达到前沿面的机构呈现出递减的趋势。其原因在于，首先，以"两权"抵押贷款为代表的金融服务创新主要兴起于 2013 年前后，而金融机构的坏账统计是以年为周期，随着时间的推移，前期积累的坏账也逐渐在财务报表中体现出来，因此后期达到生产前沿面的机构数越来越少。其次，我国经济在 2014 年进入"新常态"，经济增长速度由高速转为中高速，在宏观经济下行的大背景下，农业经济难以幸免，而农业经济的萧条也造成了银行的坏账上升，经营绩效下降。

从规模报酬来看，三年均处于规模报酬不变的金融机构有 9 家，三年均处于规模报酬递减的金融机构有 21 家，而部分机构在个别年份处于规模报酬递增阶段，但是没有金融机构在三年中均处于规模报酬递增阶段。上述结果说明，大部分金融机构均处于规模不经济的阶段，只有一定数量的金融机构一直处于规模报酬不变阶段，具体的原因本书会在接下来的无效率分析中进行详细的解释，此处不再赘述。

7.2.2　静态效率分解

在 7.2.1 小节静态效率分析中，我们利用 DEA 模型测度了金融机构金融服务创新综合效率，但是正如我们在实证方法中的介绍，综合效率的测度是基于规模报酬不变的 CCR 模型，这一假设隐含了各金融机构能够等比例地扩大产出规模，即规模并不影响金融服务创新运行效率，但是就金融机构的实际运行而言，其效率必然会受到规模的影响，无法严格满足这一假设。为此，在本节中，我们基于规模报酬可变的 BCC 模型，将综合效率进一步分解为纯技术效率[1]（PTE）和规模效率[2]（SE），从而充分地挖掘金融机构的管理水平以及资金规模对金融服务创新效率的影响。

7.2.2.1　纯技术效率分析

表 7.4 显示了金融机构的金融服务创新的纯技术效率。实证结果显示，2014 年、2015 年和 2016 年，金融机构的纯技术效率均值分别为 0.906、0.899 和 0.923，这说明从有关制度和管理水平的角度而言，2014 ~ 2016 年，分别有 90.6%、89.9% 和 92.3% 的金融服务创新真正发挥了作用，仅分别剩余 9.4%、10.1% 和 7.7% 的改进空间，各金融机构的纯技术效率均值在三年间处于“效率较高”和“效率一般”的水平。我们进一步对各机构效率进行细分，发现 2014 ~ 2016 年，纯技术效率处于生产前沿面的金融机构分别有 22 家、21 家和 21 家，而纯技术效率值在 0.85 及以上的金融机构分别为 27 家、25 家和 28 家。上述结果充分说明了金融机构在纯技术效率方面有着非常不错的表现。同时，对比 6.2.1 小节中我国金融服务创新的综合效率值，不难发现，金融服务创新在纯技

---

[1]　纯技术效率是指各金融机构与金融服务创新的运行相关制度和管理因素的绩效，即各金融机构在现行运营制度下，通过合理调整金融服务创新的资源结构，使其得以被有效利用，提高该机构的产出水平。

[2]　规模效率，顾名思义是指金融机构的运营是否达到最优规模，具体而言，是指各金融机构根据自身的实际运营情况，合理调整金融服务创新的资源规模，使之达到合理规模，进而提高资源的利用效率以及机构的产出水平。

术效率方面表现更好。我们结合计量结果以及实际调研情况，对金融服务创新纯技术效率较高的原因进行如下解释：金融机构作为市场化的主体，运营效率和盈利能力一直是其非常重视的运营目标，经过改革开放以来的长期运营以及积累，我国金融行业中的各类机构已经形成了一套行之有效的运行机制和管理模式，而当前兴起的金融服务创新的运行也正是建立在现有的高效运营机制和管理模式的基础之上，因此也确保了金融服务创新拥有绝对意义和相对意义上都较高的纯技术效率。

表 7.4　金融服务创新的技术效率分解

金融机构	纯技术效率			规模效率		
	2014 年	2015 年	2016 年	2014 年	2015 年	2016 年
机构 1	1.000	1.000	1.000	1.000	1.000	1.000
机构 2	1.000	0.739	0.731	0.342	0.510	0.552
机构 3	0.763	1.000	1.000	0.626	0.353	0.371
机构 4	0.924	0.762	0.894	0.608	0.525	0.468
机构 5	1.000	1.000	1.000	1.000	1.000	1.000
机构 6	1.000	1.000	1.000	0.563	0.520	0.520
机构 7	0.571	0.522	0.788	0.472	0.497	0.445
机构 8	1.000	1.000	1.000	0.952	0.741	0.803
机构 9	1.000	0.984	0.907	0.254	0.251	0.385
机构 10	1.000	1.000	0.994	0.861	0.864	0.996
机构 11	0.603	0.561	0.793	0.483	0.501	0.513
机构 12	1.000	1.000	1.000	1.000	1.000	1.000
机构 13	0.985	1.000	1.000	0.391	0.358	0.387
机构 14	0.924	0.762	0.882	0.608	0.525	0.474
机构 15	1.000	1.000	1.000	0.761	0.762	0.962
机构 16	0.820	0.825	1.000	1.000	1.000	0.988
机构 17	0.754	0.380	0.406	1.000	0.977	0.985
机构 18	1.000	1.000	1.000	0.563	0.520	0.520
机构 19	1.000	1.000	1.000	0.874	0.850	0.998
机构 20	1.000	1.000	1.000	1.000	1.000	1.000
机构 21	1.000	1.000	1.000	0.901	0.891	0.997
机构 22	0.902	0.934	1.000	0.537	0.414	0.418

续表

金融机构	纯技术效率			规模效率		
	2014 年	2015 年	2016 年	2014 年	2015 年	2016 年
机构 23	1.000	1.000	1.000	1.000	1.000	1.000
机构 24	1.000	1.000	1.000	0.511	0.462	0.469
机构 25	1.000	1.000	1.000	0.320	0.309	0.339
机构 26	1.000	1.000	1.000	1.000	1.000	0.964
机构 27	0.770	1.000	1.000	0.640	0.462	0.468
机构 28	1.000	0.659	0.798	0.755	1.000	1.000
机构 29	1.000	1.000	1.000	1.000	1.000	1.000
机构 30	0.271	0.266	0.482	0.815	0.850	0.999
机构 31	0.526	0.989	0.959	0.893	0.771	0.825
机构 32	1.000	0.847	0.792	1.000	0.740	0.791
机构 33	1.000	1.000	1.000	1.000	1.000	1.000
机构 34	1.000	1.000	0.958	1.000	1.000	1.000
均值	0.906	0.899	0.923	0.757	0.725	0.754

7.2.2.2　规模效率分析

表 7.4 的实证结果显示，2014 年、2015 年和 2016 年，金融机构的规模效率均值分别为 0.757、0.725 和 0.754，这说明从有关制度和管理水平的角度而言，2014~2016 年，分别还剩余 24.3%、27.5% 和 24.6% 的改进空间，各金融机构的规模效率均值在三年间均处于 "效率偏低" 的水平。我们进一步对各机构效率进行细分，发现 2014~2016 年，规模效率处于生产前沿面的金融机构分别有 12 家、11 家和 9 家，而规模效率值在 0.85 及以上的金融机构分别为 17 家、16 家和 17 家。上述结果说明各金融机构在规模效率方面表现一般。同时，对比 6.2.1 小节中金融服务创新的综合效率值，也可以发现，虽然金融服务创新在规模效率方面的表现好于综合效率，但是其优势并不明显。造成如此结果的原因大致如下：首先，正如我们在 6.2.1 小节的分析中指出，在垂直的权力结构约束下，地方政府出于完成中央政府考核的考虑，会鼓励金融机构对创业农户进行放款，这就势必会增加一部分金融服务创新规模，造成金融服务创新的规模偏离最优。其次，我国金融服务创新尚处于成长期，而对于成长初期的服务或业态而言，往往是 "野蛮生长" 式的，主要以规模的快速增长为首要目标，之后才会进入提质

增效阶段，因此成长阶段也制约了规模效率达到最优。

综上所述，通过对综合效率值的分解，我们发现，当前金融服务创新的纯技术效率处于较高的水平，这得益于金融机构自改革开放以来长期积累下的高效的运行机制和管理模式。但是受制于成长阶段以及地方政府出于政绩考虑"诱导"金融机构进行规模扩张，金融服务创新的规模效率尚处于"效率偏低"水平。因此，要提升我国金融服务创新的综合效率，相比改善金融机构的运行机制、提升金融机构的管理水平而言，应当更多地将精力放在金融服务的规模调整上，通过金融机构规模报酬所处的阶段进行适当的调节，对处于规模报酬递增阶段的金融机构，进一步加大其金融服务创新规模；对处于规模报酬递减阶段的金融机构，则应适当削减其金融服务创新规模。

7.2.3　动态效率测度

在7.2.1小节和7.2.2小节中，我们分别对我国金融服务创新的综合效率值进行了测度和分解。但是，根据DEA法的作用原理，我们可知DEA法用于对一组决策单元的相对效率进行测度，在不同的时间截面，其前沿面的选择是不同的，因此其结果只在同一时间截面具有可比性，而无法对不同时间截面的相对效率进行比较，亦即DEA法的测度结果只能进行横向对比，而不能进行纵向对比。为此，我们在本小节中引入Malmquist指数分析方法，对我国金融服务创新的效率进行纵向对比，以期更为全面地透视我国金融服务创新的绩效情况。

图7.1显示了Malmquist指数的测度结果。通过计算我们得出，2014~2016年34家我国金融机构金融服务创新技术效率变化的指数均值为1.01，这表明总体而言，金融服务创新的技术效率在三年间是上升的，但上升幅度并不大，仅为1.8%[①]。具体到机构而言，2014~2016年，金融服务创新技术效率变化的指数大于1的金融机构有14家，亦即金融服务创新的技术效率在三年间呈现上升趋势的金融机构有14家；金融服务创新技术效率变化的指数等于1的金融机构有7家，亦即金融服务创新的技术效率在三年间保持不变的金融机构有7家；金融服务创新技术效率变化的指数小于1的金融机构有13家，亦即金融服务创新的技术效率在三年间呈现下降趋势的金融机构有13家。上述结果充分说明了整体而

---

① 在对Malmquist指数进行具体分析时，我们将效率变化指数与1进行比较，若大于1，说明效率值在观测周期内是提高的；若等于1，说明效率值在观测周期内是不变的；若小于1，则说明效率值在观测周期内是下降的。

言，金融服务创新的技术效率在三年间呈现出幅度较小的上升趋势。

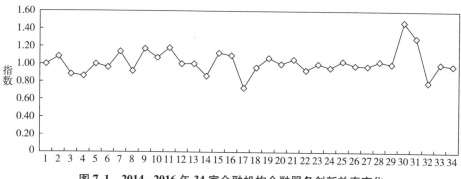

图 7.1　2014~2016 年 34 家金融机构金融服务创新效率变化

7.2.4　动态效率分解[①]

正如方法介绍中所说明的，Malmquist 指数也属于复合指数，它是由纯技术效率变化指数和规模效率变化指数所构成的，为深入探究 Malmquist 指数的变化原因，我们对 Malmquist 指数进行分解。图 7.2 显示了 2014~2016 年 34 家金融机构的金融服务创新技术效率变化的指数分解情况。

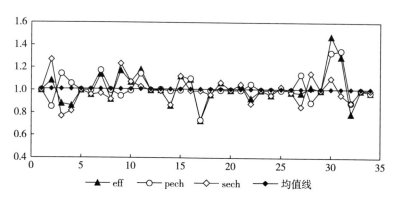

▲— eff　—○— pech　—◇— sech　—◆— 均值线

图 7.2　2014~2016 年 34 家金融机构金融服务创新效率变化的指数分解

---

① Malmquist 指数主要由全要素生产率变化指数、效率变化指数、技术进步变化指数、纯技术效率变化指数和规模效率变化指数五项测度指标构成，本书分别用 tfpch、effch、techch、pech、sech 表示上述五项指数。其中，全要素生产率变化指数可以分解为效率变化指数和技术进步变化指数，而效率变化指数可以进一步分解为纯技术效率变化指数和规模效率变化指数。鉴于本书的研究不涉及全要素生产率变化指数，因此仅对效率变化指数进行分解。

从分解结果来看，金融服务纯技术效率变化指数均值为 1.017，这说明纯技术效率在三年间是上升的，上升幅度为 1.7%；金融服务规模效率变化指数均值为 0.998，这说明规模效率在三年间是下降的，下降幅度为 0.2%。具体到机构而言，从纯技术效率变化指数来看，2014～2016 年，金融服务创新纯技术效率变化指数大于 1 的金融机构有 10 家，亦即金融服务创新的纯技术效率在三年间呈现上升趋势的金融机构有 10 家，占比 29.4%；金融服务创新纯技术效率变化指数等于 1 的金融机构有 16 家，亦即金融服务创新的纯技术效率在三年间保持不变的金融机构有 16 家，占比 47.1%；金融服务创新纯技术效率变化指数小于 1 的金融机构有 8 家，亦即金融服务创新的纯技术效率在三年间呈现下降趋势的金融机构有 8 家，占比 23.5%。从规模效率变化指数来看，2014～2016 年，金融服务创新规模效率变化指数大于 1 的金融机构有 10 家，亦即金融服务创新的规模效率在三年间呈现上升趋势的金融机构有 10 家，占比 29.4%；金融服务创新规模效率变化指数等于 1 的金融机构有 8 家，亦即金融服务创新的规模效率在三年间保持不变的金融机构有 8 家，占比 23.5%；金融服务创新规模效率变化指数小于 1 的金融机构有 16 家，亦即金融服务创新的规模效率在三年间呈现下降趋势的金融机构有 16 家，占比 47.1%。从上述结果可以看出，无论是就均值还是技术进步的机构比例而言，纯技术效率均好于规模效率，这也反映出 2014～2016 年金融机构金融服务创新技术效率的提高主要依靠纯技术效率的提高，亦即金融机构运行机制和管理水平的提质增效，而不是金融服务创新规模的有效调整。因此，未来我国金融服务创新的主要改革方向是规模的适度调整。

7.2.5 无效率分析

在 7.2.1 小节中，我们通过对各金融机构金融技术效率进行分解，进一步讨论了它们技术效率低下的原因。从结果来看，部分金融机构是因为体制机制和管理水平较低导致纯技术效率较低，而部分金融机构则是因为没有良好控制金融服务规模导致规模效率较低。在本小节中，我们进一步对纯技术效率未达到前沿面的金融机构进行投入冗余和产出不足分析，以具体考察和比较各金融机构纯技术效率低下的原因，具体结果如表 7.5 所示。

表7.5 金融服务创新投入冗余与产出不足分析

金融机构	效率值			产出			投入		
	TE	PTE	SE	Y1	Y2	Y3	X1	X2	X3
机构 2	0.403	0.731	0.552	0	4.26	0.17	0	−0.47	0
机构 4	0.419	0.894	0.468	0.09	0	0.24	0	−0.31	−7.94
机构 7	0.351	0.788	0.445	0.48	13	0	−32.59	−0.92	0
机构 9	0.350	0.907	0.385	0	4.53	0.07	−341.95	0	0
机构 10	0.990	0.994	0.996	0.34	0	0	−21.61	−0.07	0
机构 11	0.407	0.793	0.513	0	12.27	0.97	−164.16	−1.25	0
机构 14	0.419	0.882	0.474	0.78	0	0.24	0	0	−5.46
机构 17	0.400	0.406	0.985	1.8	1	0	−14.06	−2.75	0
机构 28	0.798	0.798	1.000	0	1.61	0.73	−39.12	0	0
机构 30	0.482	0.482	0.999	0.51	2.78	0	−7.07	−5.09	−18.33
机构 31	0.791	0.959	0.825	0.07	5.83	0	−8.77	−6.91	0
机构 32	0.627	0.792	0.791	0.12	74.31	0.48	0	0	0
机构 34	0.958	0.958	1.000		1	0.56	−48.54		

注：为了表达的简洁，我们用字母对各项投入产出指标进行了替代，其中 Y1 表示总利息收入，Y2 表示单笔利息收入，Y3 表示利润；X1 表示业务笔数，X2 表示贷款数量，X3 表示总资产。

　　从表7.5来看，对于技术效率低下的金融机构而言，普遍存在投入冗余和产出不足两方面的问题。一方面，这些金融机构在"两权"贷款的业务笔数和贷款数量方面存在着较为明显的投入冗余；另一方面，这些金融机构在"两权"贷款的总利息收入、单笔利息收入和利润上均存在着明显的产出不足。对于上述结果，我们结合实际调研情况做出如下解释：首先，当前的金融服务创新仍然是由政府主导的，尤其是农业担保机构，很多都是由政府财政直接出资成立。因此，这一类金融机构的运营在很大程度上会受到政府的行政干预，为了单方面地追求支持农户创业的社会目标，并没有完全按照市场规律进行运作，进而忽视财务可持续性这一重要指标。其次，当前的农户创业尚处于起步阶段，这一阶段的一大特征便是大量的创业农户竞相涌入农业或者工商业领域进行创业，但是前文的分析已经指出，创新创业是存在高度的风险性的，其中一部分创业农户会失败，进而退出这一领域，造成金融机构的坏账，从而影响了金融机构的绩效。

7.3 供给视角下农户创业与金融服务创新
协同绩效：分层比较

在 7.2 节中，我们分别从静态、动态以及无效率视角出发，对金融服务创新的总体效率进行了分析。然而，相较于传统金融服务，以"两权"抵押贷款为代表的金融服务创新的业务链条更加复杂，涉及银行、担保以及保险等多类金融机构，那么金融链条的各类机构的运行绩效如何？同时，由于我国金融体制的纵向分割（周立和周向阳，2009），国有金融机构和地方金融机构在运营目标、功能结构等方面也存在诸多差异，而上述诸多差异是否会导致国有金融机构和地方金融机构在金融服务创新上产生绩效差别？此外，与传统金融服务相比，金融服务创新作为一种新的金融服务形式，其与传统的涉农金融服务在绩效上有何差异？上述问题在 7.2 节中都没有得到充分的解答。下面，本书将基于分层视角，对银行类和非银行类金融机构、国有和地方金融机构与主要涉农金融服务的运行绩效进行对比，以期更为全面地掌握当前我国金融服务创新的现状。

7.3.1 供给视角下农户创业与金融服务创新协同绩效：银行类和非银行类

正如本书之前所论述的那样，虽然当前的金融服务创新包含了担保、保险、信托等多种形式，但是这些金融服务创新的终极目标仍然是让农户更为便捷地获得更多金融资源，而就当前的情况而言，信贷资金仍然是最为核心的金融资源。同时，无论是从我们自身的调研还是全国的情况来看，"两权"抵押贷款仍然是当前我国最主要的金融服务创新形式。而目前"两权"抵押最普遍的形式便是"银行+担保"或者"银行+担保+政府"的形式，这一点在我们的调研数据中也得到了充分的体现。由此，我们可以看出，银行和担保是当前金融服务创新的主力军，在本小节中，我们将担保作为非银行类金融机构的代表，对银行类金融机构与非银行类金融机构的运行绩效进行对比分析。

表 7.6 就银行类和非银行类金融机构运行绩效从静态[①]和动态两个角度进行

---

① 为了表达的简洁，本小节中的静态效率为 2014 年、2015 年和 2016 年三年的平均值。

了对比。从静态结果来看，银行类金融机构的技术效率平均值为 0.721，而非银行类金融机构的技术效率平均值为 0.583。这说明银行类金融机构的运行绩效高于非银行类金融机构的运行绩效，且差距幅度高达 13.8 个百分点。为进一步探究银行类金融机构与非银行类金融机构静态绩效的差异，我们将技术效率分解为纯技术效率与规模效率。结果显示，银行类金融机构的纯技术效率平均值为 0.911，规模效率为 0.798；非银行类金融机构的纯技术效率平均值为 0.895，规模效率为 0.636。从上述结果可以看出，银行类金融机构与非银行类金融机构在纯技术效率方面差距不大，仅相差不到 2 个百分点；两者最主要的差距在规模效率方面，差距高达 16 个百分点。产生上述结果的原因在于，正如前文所述，"银行+担保"的"两权"抵押贷款是当前金融服务创新最主要的形式，鉴于银行在传统的涉农业务中已经深刻地认识到农业弱质性以及涉农业务交易费用过高，涉农贷款风险过大，因此，在目前的金融服务创新中，银行往往要求担保机构为农户的贷款提供 100% 的担保。从产业链分工的角度来看，处于上游的银行只提供贷款，并收取贷款利息，但是不承担贷款风险；处于下游的担保收取一定的保费，为农户提供 100% 的担保，亦即承受所有的风险。同时，对比银行的贷款利率和担保机构的保费费率，我们发现，银行的贷款利率在 10% 左右，而担保的保费费率则在 2% 左右，这说明银行不但风险更低，而且收入更高，因此其规模效率相对较高；而担保则不仅收入较低，而且面临较高的风险，因此其规模效率相对较低。

表 7.6　银行类和非银行类金融机构运行绩效对比

绩效指标	银行类金融机构	非银行类金融机构	总体均值
TE	0.721	0.583	0.676
PTE	0.911	0.895	0.906
SE	0.798	0.636	0.745
effch	1.015	1.025	1.018
pech	1.021	1.029	1.024
sech	0.994	1.000	0.998

注：在本书 6.2.2 小节的表中，我们就各金融机构的性质已经进行了说明，因此，为了表达的简洁，我们在进行分层研究时不再对各机构的效率进行重新展示，而是根据 6.2.2 小节各表的结果测算出均值。

从动态结果来看，银行类金融机构的技术效率变化指数为 1.015，而非银行类金融机构的技术效率变化指数为 1.025。这说明银行类金融机构的运行绩效略低于非银行类金融机构的运行绩效，差距幅度仅为 1 个百分点。为进一步探究银行类金融机构与非银行类金融机构动态绩效的差异，我们将技术效率变化指数分解为纯技术效率变化指数与规模效率变化指数，结果显示，银行类金融机构的纯技术效率变化指数为 1.021，规模效率变化指数为 0.994；非银行类金融机构的纯技术效率变化指数为 1.029，规模效率变化指数为 1.000。从上述结果可以看出，非银行类金融机构在纯技术效率变化指数与规模效率变化指数方面略优于银行类金融机构，但差距不大，均在 1 个百分点的范围内。其原因在于，银行运营规模相对较大，其资金、人员相对较多，而担保运营规模相对较小，资金、人员规模也较小。从我们的调查数据来看，银行的平均资产高达 117.7556 亿元，平均人员规模为 264 人；而担保的平均资产则为 7.3250 亿元，平均人员规模为 45人。相对较小的规模使担保在业务的调整方面更具有优势，更容易根据自身当期的运营情况对下一期的运营进行调整，因而具有更高的动态效率。

7.3.2 供给视角下农户创业与金融服务创新协同绩效：国有金融机构和地方金融机构

表 7.7 对国有和地方金融机构运行绩效从静态和动态两个角度进行了对比。从静态结果来看，国有金融机构的技术效率平均值为 0.724，而地方金融机构的技术效率平均值为 0.656。这说明国有金融机构的运行绩效高于地方金融机构的运行绩效，且差距幅度为 6.8 个百分点。为进一步探究国有金融机构与地方金融机构静态绩效的差异，我们将技术效率分解为纯技术效率与规模效率，结果显示，国有金融机构的纯技术效率平均值为 0.877，规模效率为 0.831；地方金融机构的纯技术效率平均值为 0.918，规模效率为 0.701。从上述结果可以看出，地方金融机构在纯技术效率方面略优于国有金融机构，差距幅度仅为 4.1 个百分点；而国有金融机构的规模效率远高于地方金融机构，两者差距高达 13 个百分点。周立（2003）的研究指出，在我国财政体制和垂直权力结构的双重约束下，我国的金融体系呈现出纵向分割和横向分割同时存在的特征。在现行金融体系下，国有金融机构以执行中央政府的政策与经济调控措施为主，在地方经济发展中并不发挥主导性作用；而地方金融机构则以支持地方经济发展为主，同时兼顾中央政府的政策与经济调控措施。从实际情况来看，金融服务创新最先内生于地

方农业经济发展转型的需要，而后受到了中央政府的重视，在实际中执行这一系列服务的金融机构主要为地方金融机构。同时，从金融产业链的角度来看，国有金融机构目前只有银行参与到金融服务的创新之中，而担保则全部为地方政府为配合金融服务创新牵头发起成立。因此，无论是从贷款的规模还是从风险分摊的角度来看，国有金融机构均优于地方金融机构，因而效率相对较高。

表 7.7　国有金融机构和地方金融机构运行绩效对比

绩效指标	国有金融机构	地方金融机构	总体均值
TE	0.724	0.656	0.676
PTE	0.877	0.918	0.906
SE	0.831	0.701	0.745
effch	1.056	1.002	1.018
pech	1.059	1.009	1.024
sech	0.998	0.998	0.998

从动态结果来看，国有金融机构的技术效率变化指数为 1.056，而地方金融机构的技术效率变化指数为 1.002。这说明国有金融机构的动态调整绩效高于地方金融机构的运行绩效，差距幅度为 5.4 个百分点。为进一步探究国有金融机构与地方金融机构动态调整的绩效差异，我们将技术效率变化指数分解为纯技术效率变化指数与规模效率变化指数，结果显示，国有金融机构的纯技术效率变化指数为 1.059，规模效率变化指数为 0.998；地方金融机构的纯技术效率变化指数为 1.009，规模效率变化指数为 0.998。从上述结果可以看出，国有金融机构在纯技术效率变化指数方面略优于地方金融机构，差距为 5 个百分点；但两者规模效率变化指数相同。从改革开放以来我国金融发展的进程来看，国有金融机构的经营时间更长，管理经验更加丰富，因此其动态调整水平也相应较高。

7.3.3　供给视角下农户创业与金融服务创新协同绩效：各类涉农金融服务

表 7.8 显示了金融机构主要涉农金融服务的技术效率结果[①]。实证结果显示，

---

① 为表达的简洁，此处的技术效率结果为金融机构 2014 年、2015 年和 2016 年三年均值。

涉农贷款、农业企业贷款、农户贷款和"两权"抵押贷款的技术效率均值分别为 0.885、0.857、0.527 和 0.676，这说明 2014~2016 年间，四类金融服务分别有 88.5%、85.7%、52.7% 和 67.6% 真正发挥了作用，分别还剩余 11.5%、14.3%、47.3% 和 32.4% 的改进空间，涉农贷款和农业企业贷款的技术效率均值均处于"效率一般"的水平，农户贷款和"两权"抵押贷款的技术效率均值均处于"效率偏下"的水平。我们进一步对各类金融服务的效率进行细分，发现 2014~2016 年间，主要涉农金融服务处于生产前沿面的金融机构分别有 18 家、18 家、6 家、7 家，而技术效率值在 0.85 及以上的金融机构分别为 22 家、20 家、9 家、13 家。

表 7.8　主要涉农金融服务的运行绩效对比

金融机构	涉农贷款	农业企业贷款	农户贷款	"两权"抵押贷款
机构 1	1.000	0.881	1.000	1.000
机构 2	0.830	0.691	0.433	0.374
机构 3	1.000	1.000	0.231	0.400
机构 4	1.000	0.830	0.507	0.460
机构 5	1.000	1.000	1.000	1.000
机构 6	1.000	1.000	0.536	0.534
机构 7	0.480	0.702	0.158	0.293
机构 8	1.000	1.000	0.923	0.832
机构 9	0.705	0.842	0.122	0.284
机构 10	1.000	0.630	0.449	0.905
机构 11	0.437	0.845	0.152	0.326
机构 12	1.000	1.000	1.000	1.000
机构 13	0.652	1.000	0.228	0.377
机构 14	1.000	1.000	0.507	0.460
机构 15	1.000	1.000	0.282	0.828
机构 16	0.726	1.000	0.382	0.877
机构 17	0.844	0.427	0.253	0.508
机构 18	1.000	1.000	0.536	0.534
机构 19	0.594	0.603	0.395	0.907
机构 20	0.995	1.000	0.896	1.000

续表

金融机构	涉农贷款	农业企业贷款	农户贷款	"两权"抵押贷款
机构 21	0.639	0.511	0.444	0.930
机构 22	0.982	0.988	0.436	0.430
机构 23	0.855	1.000	0.848	1.000
机构 24	1.000	1.000	0.454	0.481
机构 25	1.000	1.000	0.172	0.323
机构 26	1.000	1.000	1.000	0.988
机构 27	0.823	1.000	0.438	0.474
机构 28	1.000	0.723	0.300	0.737
机构 29	1.000	1.000	0.971	1.000
机构 30	0.823	0.639	0.202	0.310
机构 31	0.708	0.613	0.357	0.674
机构 32	1.000	0.801	1.000	0.751
机构 33	1.000	1.000	1.000	1.000
机构 34	0.980	0.428	0.317	0.986
均值	0.885	0.857	0.527	0.676

　　从上述结果我们可以明显地看出，主要涉农金融服务的运行绩效呈现出涉农贷款略优于农业企业贷款、农业企业贷款优于"两权"抵押贷款、"两权"抵押贷款优于农户贷款的趋势。本书从各涉农金融服务的性质和借款的角度对上述结果进行解释：首先，从涉农贷款的统计口径来看，县域范围内的贷款均被统计到了涉农贷款之中，其借款主体除农业经营主体之外还包括大量的非农经营主体。因此，涉农贷款中实际上包含了大量的非农贷款，而就我国目前的二元经济结构来看，非农经济的运行效率远远高于农业经济，因此涉农贷款的技术效率高于其他三类金融服务。其次，农业企业作为农业经济发展的最高级形式，除经营范畴之外，其在生产经营、组织管理上已经与其他非农企业的水平相差无几，盈利能力和还款能力均非常高。因此，农业企业贷款的运行效率略低于涉农贷款，而远远高于其他两类贷款。再次，"两权"抵押贷款的借贷主体主要为家庭农场、专业大户等创业农户，虽然其生产经营和组织管理方面还难以在短期内达到农业企业的水平，但是远高于传统的普通农户，因此其盈利能力和还款能力相比普通农户高出不少。最后，普通农户在生产经营和组织管理水平方面在四类借款主体中

是最弱的，其往往是因为重大意外被迫向金融机构举债，因此还款能力在四类借款主体中最弱，因而农户贷款在四类涉农金融服务中技术效率也最低。

7.4 本章小结

本章利用 2017 年农业部"国家农村金融综合改革试验区"项目评估组调查数据，运用 DEA 法，对金融服务创新对金融机构绩效的整体影响、金融服务创新对金融机构绩效的分层影响进行实证分析，并得出了以下主要结论：

首先，对于金融机构的整体绩效情况，从静态视角来看，机构金融服务创新的技术效率平均值为 0.676，尚处于"效率偏低"的水平。进一步地，我们对技术效率值进行分解，发现金融机构的纯技术效率较高，但规模效率较低。从动态视角来看，机构金融服务创新的技术效率在 2014～2016 年是上升的，但提升幅度并不大。

其次，从银行类与非银行类金融机构差异的视角来看，银行类金融机构的运行绩效高于非银行类金融机构；从地方金融机构和国有金融机构差异的视角来看，地方金融机构在纯技术效率方面略优于国有金融机构，而国有金融机构的规模效率远高于地方金融机构；从不同涉农金融服务差异的视角来看，涉农贷款、农业企业贷款、"两权"抵押贷款、农户贷款呈现出从高到低逐次递减的特征。

最后，金融机构的金融服务创新业务绩效处于"效率偏低"的水平，亟待改善。此外，金融机构金融服务创新业务也存在着银行类与非银行类的差别、国有和地方差别等分层差异。这与当前不同类型金融机构在以"两权"抵押为核心的金融服务创新中所处的利益链条，以及地方政府与中央政府对于当地经济发展的不同目标导向有着密切的关系。

综上所述，本书通过对农户创业与金融服务创新协同性、需求视角下农户创业与金融服务创新协同绩效、供给视角下农户创业与金融服务创新协同绩效进行实证分析，完成了对农户创业与金融服务创新协同有效性的测度，测度的结果显示：农户创业与是否获取金融创新服务、获取金融创新服务数量之间均存在因果关系，但是与金融创新服务比值不存在因果关系；金融服务创新与农户创业收入和总收入之间均存在因果关系，但是与农户创业利润不存在因果关系。需求视角下农户创业与金融服务创新协同绩效评价的结果显示：金融服务创新对农户的创业收入和总收入产生了明显的提升作用，但尚未对创业利润有明显的促进作用。供给视角下农户创业与金融服务创新协同绩效评价的结果显示：从静态视角来看，机构金融服务创新业务技术效率偏低；从动态视角来看，机构金融服务创新的技术效率呈上升趋势，但提升幅度较小。综合上述实证结果，我们对农户创业与金融服务创新协同的有效性做出如下判断：农户创业与金融服务创新已经形成初步协同，但是两者协同还有待进一步深化。其原因在于：随着创业农户的盈利能力逐步改善，以及国家强调金融机构的"三农"投入，两者形成了初步协同。但农户创业尚未达到成熟阶段，经济金融能力有限；金融服务创新业务仍处于试点期，产品类型、投放力度有限；两者协同的体制机制也尚在构建之中，极大地阻碍了两者协同的进一步深化。未来一段时间，应当从不断夯实创业农户经济金融能力、加大金融服务创新力度、促进两者有效协同三个方面入手，进一步促进农户创业与金融服务创新的协同发展。

第8章 研究结论与政策建议

本书在充分借鉴相关经典理论的基础上，对农户创业、金融服务创新、协同三大核心概念进行了界定，构建了本书研究的概念框架，并在充分认识两者协同理论内涵的基础上，通过均衡分析构建了本书的理论框架；利用描述性统计方法，对农户创业与金融服务创新协同的演进历程与趋势进行梳理，厘清了两者协同的历史变迁和发展方向；运用倾向得分匹配法对农户创业与金融服务创新的相互因果关系进行检验，判断两者的协同性；运用工具变量法、工具变量分位数法检验了金融服务创新对农户创业绩效的影响；运用数据包络分析法检验了金融服务创新对金融机构运行绩效的影响。在本章中，我们将根据前文理论和实证分析结果，归纳出本书的核心研究结论，并结合中国现实国情，从夯实农户经济金融能力、加强金融服务创新以及促进两者有效协同三个维度出发，从政府支持和市场激励两种手段协调配合的层面提出促进农户创业与金融服务创新可持续发展协同的制度与政策措施。最后，本书将结合自身研究的一些体会对未来的研究进行展望。

8.1 研究结论

（1）理论上而言，在农户经营特征变迁、盈利能力提升，以及在国家调整农业农村发展战略背景下，创业农户与金融机构有望突破原有困境，达成局部均衡。传统农业经营的弱质性、传统金融服务的高额交易成本以及农户缺乏有效的抵押物直接导致了金融服务合约的局部均衡条件难以在两者之间形成，制约了农户与金融服务之间形成有效协同。随着农户经营特征变迁、国家发展战略调整、现代金融交易技术发展以及农村产权资产改革等宏微观条件发生变化，农户创业与金融服务创新之间有望形成有效协同。

（2）改革重心从农村向城市转移导致农户创业与金融服务创新难以形成有效协同；新时期，国家强调金融机构的"三农"投入，创业农户经营绩效改善，两者协同初步形成。改革开放初期，家庭联产承包责任制极大地激活了农户经营的微观活力，但随着改革重心从农村向城市转移，农户创业陷入停滞不前的状态，金融机构则逐步"非农化"，两者之间难以形成有效协同。进入新时期，创业农户逐渐崛起，金融资源大量向农村投放，金融服务创新不断涌现，两者之间已经形成了初步协同，但还有待进一步深化。

（3）农户创业与金融服务创新在一定程度上已经实现协同，但有待改进，应当进一步加大金融服务创新力度，提升机构运行效率，促进两者协同深化。农户创业与是否获得金融创新服务、金融创新服务获得数量之间均存在因果关系，但是与金融创新服务比值不存在因果关系。金融服务创新与农户创业收入、总收入之间均存在因果关系，但是与农户创业利润不存在因果关系。上述结果表明，农户创业与金融服务创新之间已经在一定程度上形成了协同，但有待进一步深化。

（4）从需求视角来看，金融服务创新对农户创业绩效起到了较好的促进作用，但存在明显的分层差异，今后应加强金融服务创新与其他要素的深度融合。从整体视角来看，金融服务创新对农户的创业收入和总收入产生了明显的提升作用，但尚未对利润有明显的促进作用。从区域差异视角来看，金融服务创新对我国三大区域创业农户绩效的影响呈现出中部高于西部、西部高于东部的特征；从农户内部差异视角来看，金融服务创新对于不同收入阶层农户的创业绩效存在异质性；从经营主体差异视角来看，龙头企业、专业大户、家庭农场、工商农户、专业合作社呈现出从高到低逐次递减的特征；从金融服务创新差异视角来看，农村土地经营权抵押贷款优于农村住房财产权抵押贷款。

（5）从供给视角来看，金融机构金融服务创新业务运行绩效较差，同时存在明显的分层差异，未来应加强对有效客户的甄别，保证财务的可持续性。从静态的视角来看，金融机构金融服务创新的技术效率较低，进一步将技术效率值进行分解，发现纯技术效率较高，规模效率较低；从动态视角来看，金融服务创新的技术效率呈上升趋势，但上升幅度较小。从分层差异来看，银行类金融机构的运行绩效高于非银行类金融机构；地方金融机构在纯技术效率方面略优于国有金融机构，国有金融机构的规模效率远高于地方金融机构；涉农贷款、农业企业贷款、"两权"抵押贷款、农户贷款呈现出从高到低逐次递减的特征。

8.2 政策建议

从研究结论来看，农户创业与金融服务创新已经形成初步协同，但是两者协同还有待进一步深化。其原因在于：随着创业农户盈利能力逐步改善，以及国家强调金融机构的"三农"投入，两者形成了初步协同。但由于农户创业尚未达到成熟阶段，经济金融能力有限；金融服务创新业务仍处于试点期，产品类型、投放力度有限；两者协同的体制机制也尚在构建之中，极大地阻碍了两者协同的进一步深化。未来一段时间，应当从不断夯实创业农户经济金融能力、加大金融服务创新力度、促进两者有效协同三个方面入手，进一步促进农户创业与金融服务创新的协同发展。为此，本书结合研究结论，着重从依托国家战略，不断夯实农户经济金融能力；加大金融服务创新力度，构建新型金融服务体系；多措并举，促进农户创业与金融服务创新有效协同这三个方面提出政策建议，以期为国家下一步对农户创业与金融服务创新协同进行战略调整提供借鉴。

8.2.1 依托国家战略，不断夯实农户经济金融能力

8.2.1.1 乡村振兴战略与城镇化战略有机融合

从我国农业经济发展的历史演进来看，中华人民共和国成立以来的农户分化以及金融制度演进历程，都是在强制性国家战略导向下的诱致性变迁过程。因此，无论是探讨创业农户的发展还是金融服务创新的推进，都离不开国家战略这一宏观约束。下面，本书围绕乡村振兴战略和城镇化战略，对如何促进农户创业提出政策建议。

（1）大力推进乡村振兴战略，促进农户从事农业创业。当前，我国社会主要矛盾由人民日益增长的物质文化需要同落后的社会生产之间的矛盾变为人民日益增长的美好生活需要和不平衡不充分的发展之间的矛盾，城乡差距亟待进一步缩小，在这一背景下，国家提出大力推进乡村振兴战略。为此，在我国主要社会矛盾再次发生变化之前，国家都应该坚持农业农村优先发展。通过实施乡村振兴

战略，构建现代农业产业体系、生产体系和经营体系，支持和鼓励农民就业创业，进而孕育更多的创业农户，实现农村产业兴旺，加快推进农业农村现代化，并最终实现城乡一体化。

（2）稳步推进新型城镇化战略，鼓励农民进行非农创业。在大力推进乡村振兴战略的同时，我们还应稳步推进新型城镇化战略。2017 年，我国的常住人口城镇化率为 58.82%，城镇常住人口 81347 万人。从发达国家的经验来看，在城镇化的成熟阶段，人口城镇化率应该在 80% 左右，因此，我国的城镇化仍有较大的发展空间。反观农村，2017 年，我国乡村常住人口仍有 57653 万人，而我国的耕地面积仅为 20 亿亩，人均耕地面积远低于世界平均水平，农业领域仍然存在较为严重的"过密化"。同时，从发达国家的经验来看，随着经济的不断发展，农业产值占 GDP 总量的比例会不断下降并最终达到 5% 以下的水平。因此，无论从推动我国城镇化还是乡村振兴的角度来看，继续稳步推进新型城镇化战略，鼓励农民进城落户，为农户进行非农创业创造良好的条件，加快农业转移人口市民化，进而在农业进一步去"过密化"的同时实现农民市民化，仍然是未来一段时间需要继续贯彻的战略。

（3）两大战略有机融合，推动创业农户的有机分化。综上所述，在未来的一段时间内，我国的发展战略是乡村振兴战略与新型城镇化战略并重的局面。一方面，国家应该坚持农业农村优先发展，引导资金、技术以及"懂农业、爱农村、爱农民"的人才进入农村，构建现代农业产业体系、生产经营体系，促进农业一二三产业融合发展，实现农业产业兴旺，乡村振兴。另一方面，也应该顺应城镇化这一历史潮流，积极以城市群为主体构建大中小城市和小城镇协调发展的城镇格局，支持和鼓励农民进行非农就业创业，加快农业转移人口市民化。通过两大战略双管齐下，进一步加速农户分化，推动农民根据自身所长进行创业，进而在农业领域实现"大众创新，万众创业"。

8.2.1.2　合理引导农户分化

根据本书的研究结论，我国的农户创业是基于城镇化、工业化进程诱导农户"非农化"，带动农业去"过密化"，进而造成原有小农分化的背景所形成的。根据这一逻辑，我国的农户创业途径分为以下两条：一条是在工业化、城镇化背景下，农民进城从事非农就业，进而在此基础上的非农创业；另一条则是在农民非农就业带动农业去"过密化"的背景下，农业经营的规模效应出现，农民进行农业创业。为此，要鼓励农户创业、提高农户经济金融能力，自然应当促进农户进一步分化。

（1）鼓励具有非农技能的农村剩余劳动力进城就业创业。根据本书的分析，当前中国的城镇化率还未达到稳定水平，尚有较大的提升空间。同时，我国农村常住人口仍然高达5.76亿，人均耕地面积仅为3.39亩，远低于世界平均水平，农业"过密化"仍然较为严重，农业经营的规模效应尚未完全释放。农村地区仍然存在剩余劳动力，为进一步提高农民收入水平，加快农户分化的进程，政府应鼓励和支持农村剩余劳动力尤其是具有一定的非农产业生产经营技能的农村剩余劳动力进城，进行非农就业或创业。通过积极参与城镇化进程，在城镇工业和服务业中争取就业或创业，农民可以获得高于农业收入水平的工资性收入或者经营性收入。同时，政府应该完善农民进城就业创业的配套政策及设施建设，要确保进城农民与市民享有同等的住房、养老、医疗、卫生等基本待遇，并为其提供适应非农就业创业的劳动者培训以及必要的帮助，帮助其实现市民化。

（2）大力培育以专业大户、家庭农场为核心的农业型创业农户。毫无疑问，以专业大户、家庭农场为核心的创业农户是构建现代农业产业体系、生产体系、经营体系，实现农业产业兴旺、乡村振兴的中坚力量。因此，需要大力培育以家庭农场、专业大户为核心的农业型创业农户，这也是构建现代农业经营体系的核心任务。具体而言，应当做到以下几点：第一，引导农业型创业农户多元融合发展，支持发展规模适度的农户家庭农场和专业大户。第二，引导农业型创业农户多路径提升规模经营水平。第三，引导农业型创业农户集群集聚发展，参与粮食生产功能区、特色农产品优势区等建设，促进农业专业化布局、规模化生产。

（3）依托多种渠道、多种手段培养职业农民。创业的关键要素是人，从本书的实证分析结果来看，创业农户要实现创业收入、利润的增长，除了需要资金、劳动力、土地这些基本要素之外，更重要的是有知识、懂技术、会经营、拥有较强的生产、经营和管理经验。随着家庭农场、专业大户等的进一步发展，培养大量"懂农业、爱农村、爱农民"的新型职业农民便成为农户创业的核心问题。具体而言，需要做到以下几点：第一，依托新型职业农民培育工程，整合各渠道培训资源，培养爱农业、懂技术、善经营的创业农户。第二，办好农业职业教育，鼓励创业农户等通过"半农半读"等多种形式接受职业教育，提高农业经营管理水平。第三，鼓励农民工、大中专毕业生等返乡下乡创办创新型创业，完善知识产权入股、参与分红等激励机制，建立产业专家帮扶和农技人员对口联系制度。

8.2.1.3　发展多种形式适度规模经营

从本书的研究结论来看，土地、劳动力等代表经营规模的变量均未能对创业农户的经营利润产生显著的正效应，这说明创业绩效并不会随着经营规模的增加而提升。无论是从理论还是实践来看，发展农业适度规模经营，才是有效提升创业农户经营绩效，保障农户创业可持续发展的合理选择。

（1）加快构建农户创新创业政策体系，完善适度规模经营顶层设计。按照中共中央办公厅、国务院办公厅印发的《关于加快构建政策体系培育新型农业经营主体的意见》要求，加快构建创业农户扶持政策体系，从顶层设计上鼓励农户进行创新创业，开展信贷支农行动、实施农业大灾保险试点等针对性、指导性强的政策措施，明确今后一段时期创业农户的发展方向和扶持举措。

（2）完善"三权"分置和土地确权，为适度规模经营奠定要素基础。健全和完善"三权"分置制度体系，指导地方出台配套实施细则，明确"三权"分置改革方案和具体措施。积极配合有关部门修改农村土地承包法，将中央关于"三权分置"有关制度安排转化为法律规定。抓紧抓实承包地确权登记颁证工作，加大工作力度，稳步扩大试点范围。

（3）健全土地流转规范管理制度，加快农村土地交易市场构建。健全当前农村土地经营权流转交易市场运行规范，不断提高土地流转管理服务水平，发挥市场机制在土地经营权流转中的积极作用。以县为中心加快建立农村土地交易所，及时引进土地互联网交易平台，培育农村土地流转服务中介，为创业农户等经营主体提供价格信息、政策咨询等土地流转服务，消除土地流转信息不对称问题，降低交易费用，建立健全监督防范制度，完善相关工作措施。

8.2.2　加大金融服务创新力度，构建新型金融服务体系

8.2.2.1　加快各类型金融机构创新

从机构视角来看，当前参与金融服务创新的金融机构主要集中于银行业金融机构和农业担保机构，为此，要深化金融服务创新，构建完备的金融服务体系，则应当在完善当前主要金融服务创新的基础之上，进一步推动农业保险、农产品期货、农业产业链融资等其他金融服务创新的发展，并最终构建金融服务创新体系。

（1）深化银行业金融机构创新，精准支持创业农户发展。银行业金融机构是当前支持创业农户发展的主力军之一，从本书的实证结果来看，以"两权"

贷款为主的金融服务创新有效地缓解了创业农户的融资困境，为创业农户的发展提供了源源不断的动力。未来的一段时间，银行业金融机构还应继续立足创业农户的实际需要，坚持市场导向，兼顾发展差异，积极探索适合创业农户的金融产品，围绕两类创业农户大力创新业务模式。具体而言，可以从以下几个方面入手：一是大力推广微贷技术，不断丰富针对返乡农民工、农村青年、农村妇女、大学生村官、科技特派员的农村创业金融产品。二是完善针对农村贫困人口、残障人士等特殊群体的金融服务产品。三是针对从事工商业经营的创业农户，开发相应的金融服务产品，以满足这一类群体的金融需求。四是按照统一安排，稳妥有序探索开展林权和农村"两权"抵押贷款试点。五是开展大型农机具金融租赁试点，有效拓宽抵押物范围。

（2）改善农业担保机构创新业务绩效，更好地助力创业农户发展。农业担保是当前重要的金融服务创新产品之一，从本书的研究结论来看，农业担保机构的运行效率普遍较低，技术效率均值仅为0.583，处于较低水平。在实证分析中，我们提出，当前农业担保机构运行绩效低下的原因主要在于利润低下而风险高企。因此，要完善农业担保机构的运营，需要从利润的提高和风险的降低两个方面入手。具体而言，可以从以下几个方面做出改进：一是鼓励农业担保机构和合作银行之间建立合理的风险分担机制和利益分享机制，在降低银行农业贷款成本和风险的同时，能够在一定程度上提升农业担保机构的运行绩效，实现银担合作共赢支持创业农户发展的良好局面。二是财政对农业担保进行适当扶持。农业担保机构设立的出发点主要是弥补农业生产经营的外部性不足，因此，公共财政应该对农业担保机构予以适当的优惠和补偿，以维持其运营的可持续性。三是增强担保机构的风险防范意识，完善担保机构的考核机制。政策性农业信贷担保机构在可持续经营的前提下，要着力降低信贷担保业务收费标准，弱化盈利考核要求，重点考核其支农发展等情况。同时，增强政策性农业信贷担保机构的经营风险防范意识，根据农业生产经营特点，逐步建立和强化对借款者的信用甄别与约束机制。

（3）鼓励其他金融服务创新发展，构建完善的金融服务创新体系。农业保险是近年来发展非常迅速的一类金融服务创新，未来农业保险应当进一步拓展其业务范围，开展农产品目标价格保险、巨灾险、天气指数险等其他能够分散创业农户自然和市场风险的险种的试点和推广。农业产业链融资也逐步成为我国重要的金融服务创新之一，农业要实现现代化，产业化发展是根本，也是必经之路，内生于农业产业化发展的产业链融资也必将拥有广阔的发展市场。因此，政府当前应鼓励"企业+合作社+农户""公司+家庭农场+农户"等多种产业链融资形式的发展，让产业链融资能够成为创业农户发展的助推剂之一。农业产业化发展孕育了产业链融资，而农业的标准化发展以及农户的避险需求则呼唤农产品期货的出现。随着创业农户的不断发展，需要期货交易的进一步发展，从而与家庭农场、专业大户形成对接，进而有效地规避农业生产的市场风险。此外，随着我国农业现代化进程的进一步推进，还需要因时制宜地鼓励农业投资基金、农业信托等其他金融服务创新的发展，并最终构建起完备的金融服务创新体系。

8.2.2.2　深化农村产权资产抵押贷款创新

从当前的金融服务创新的机构类型来看，主要是银行业金融机构和农业担保机构。从结构功能的视角来看，当前的金融体系框架决定了当前的金融服务创新产品主要为以"两权"贷款为核心的农村产权资产抵押贷款，以及围绕农村产权资产抵押贷款而设计的贷款担保。因此，从可行性的角度而言，完善当前的金融服务创新，应当在农村产权资产抵押贷款的基础上，进一步拓展其他形式的金融服务创新。为此，我们将分别就农村产权资产抵押贷款和贷款担保两类金融服务创新业务提出相应的政策建议。

（1）降低农村土地经营权抵押贷款的交易费用和处置难度。从本书的研究结论来看，虽然土地经营权抵押贷款能够在一定程度上解决创业农户的融资难问题，但是产品的设计仍然存在一定问题。首先，农地经营权抵押贷款缺少合格集体组织，创业农户和普通农户之间协调成本高。为此，政府应当规范土地流转运作，降低流转交易成本。其次，农村土地经营权处置难以及价格难以有效确定也是制约其发展的另一瓶颈。为此，有必要加快农村产权资产交易市场建设，通过市场来发现土地价值，在县一级成立土地流转市场、乡镇一级成立土地流转分中心、各自然村成立土地流转合作社，并且因地制宜地设计相应的流转制度，改善农地经营权的处置难问题。

（2）破除农村住房财产权贷款的法律障碍，扩大农村住房财产权的交易范围。从本书实证结论来看，对于农村住房财产权交易范围的限制，以及当前法律法规之间的冲突阻碍了农村住房财产权抵押贷款的交易与处置，极大地制约了农村住房的金融价值。为此，政府下一步的工作应当围绕扩大农村住房财产权抵押的交易范围以及理顺各类法律法规之间的冲突来进行。首先，地方政府应当适当扩大农村住房财产权抵押处置时的交易范围，以破解熟人社会下农房处置的交易难问题。其次，中央政府应当对农村住房财产权抵押的制度进行顶层设计，以有效解决当前的《农民住房财产权抵押贷款试点暂行办法》与《土地管理法》《宪法》之间的冲突，从而清除当前农村住房财产权抵押的法律障碍。最后，加快构建农村产权资产交易体系，进而有效地提高抵押物的金融价值以及处置的便捷度，分散金融机构的市场风险。

（3）围绕其他农村产权资产进行金融服务创新。农村土地经营权和农村住房财产权是目前我国农户所拥有的最主要的两类农村产权资产，然而，随着我国农业经济的持续发展，不同的农村产权资产形式也不断地涌现。例如，伴随农业现代化而大量使用的播种机、收割机、拖拉机等大型农机具，以及温室、大棚等现代农业设施，这些农村产权资产均具有较高的实际价值和金融价值，如果在制度上进行一定的修正，则可以成为有效的抵押物。目前，我国有些省份已经开始了大型农机具以及农业设施的抵押贷款试点，接下来，政府可以在对试点经验进行全面总结的基础上，对一些行之有效的经验在全国范围内进行推广。同时，还应该因地制宜、因时制宜地对一些新兴的农村产权资产进行抵押贷款试点，并最终形成更为完善的农村产权资产抵押贷款体系。

8.2.2.3 加强金融基础设施建设

本书的研究结论显示，缺乏金融基础设施是金融服务交易成本高的原因之一，无论是传统的金融服务还是金融服务创新，都必须依靠金融基础设施的不断完善。具体而言，政府可以在以下方面做出改进：

（1）进一步加大金融的服务网点覆盖。鼓励和引导银行业金融机构到机构空白乡镇设立标准化固定营业网点。做好对机构空白乡镇及未通村情况的排查摸底，坚持实事求是原则，针对具备商业可持续条件的机构空白乡镇及未通村，细化制定分年度实施规划。对暂不具备条件的机构空白乡镇，继续完善多种形式的简易便民服务。依托"村两委"、农村社区超市、供销社经营网点等，重点运用多样化金融电子机具向行政村有效延伸服务。

（2）加快农村网络、移动通信基础设施建设。积极推广金融服务新渠道、新方式，充分利用互联网，打通人力、网点无法到达的"最后一公里"。尤其要加强贫困地区建制乡镇的机构网络覆盖率和行政村的网络覆盖率，促进农村地区能够充分享受互联网金融服务所带来的便利。在暂时没有条件进行互联网基础设施建设的地区，也应当通过通信基站的建立，让该地区充分地使用移动智能终端，加快移动智能终端与金融的深度融合，进而全方位地提升当前农村地区的金融基础设施水平。

8.2.3 多措并举，促进农户创业与金融服务创新有效协同

8.2.1 小节和 8.2.2 小节分别就农户创业与金融服务创新提出了相应的政策建议，然而，要实现两者的协同发展，仅仅单独鼓励和支持农户创业与金融服务创新还不够，还需要有效的配套措施和体制机制设计，对两者进行有效的衔接，以便让金融服务创新的发展能够促进创业农户绩效的提升，而创业农户绩效的提升又能反过来支撑金融服务创新的进一步发展。

8.2.3.1 发挥财政政策中介作用，促进两者协同发展

本书中已经多次提到，农户创业具有较强的正外部性，国家财政应当对创业农户以及支持创业农户发展的金融机构予以适当的补偿。同时，对于中国这样的转轨国家而言，市场经济的发展尚不完全，政府在经济发展中依然具有较强的主导或引导作用。为此，为了实现农户创业与金融服务创新的协同发展，则必然需要发挥财政政策的中介作用，对两者进行有效的衔接。具体而言，财政政策中介作用的发挥，可以从以下几个方面展开：

（1）财政支出与金融服务创新分工支持农户创业。农户创业经营领域涉及农业和工商业，其投入则涉及基础设施建设、劳动力雇用、土地租赁等多项投资。就农户经营和投资的属性来看，有具有公共属性的农业基础设施建设，以及具有私人属性的劳动力雇用、土地租赁等。为此，对于属性不同的财政和金融而言，则可以根据创业农户经营与投资的属性分工进行支持。财政支出主要针对公共属性部分，而金融服务创新主要针对私人属性部分。财政政策应该致力于对农业基础设施领域和大宗粮肉等基础农业发展进行支持，引导财政资金更多流向现代农业基础设施、基础农业和农业重点发展区，重点追求社会效益、生态效益、兼顾经济效益；金融服务创新应该致力于对创业农户的生产发展领域和特色效益农业发展进行支持，引导金融机构将更多的资金投向经营性农业发展领域、农业产业链形成和特色效益农业领域，重点追求经济效益，在促进农业现代化中努力实现新型农业经营体系与金融机构互利共赢。

（2）财政、银行、担保机构共担信贷支持农户创业。前文的分析已经指出，当前银行与担保机构之间存在明显的利润与风险分配不合理的现象，产生这种现象的根源在于银行不愿意承担创业农户的经营风险，将风险转嫁于弥补创业农户经营外部性的政策性担保机构。为此，具有公共属性的财政资金，应当对担保机

构弥补农户经营外部性的损失做出回应。各级财政应设立现代农业信贷风险补偿基金，按照一定的分担比例专项用于金融机构信贷支农风险补偿，以及对担保机构承担政策性担保所产生的亏损进行适当的补偿。各级财政应当建立固定的风险补偿预算机制，确保现代农业风险补偿基金按时到位，以支持金融机构积极开展新型农业经营体系信贷担保服务创新。应积极探索财政风险补偿基金的运行机制。在农业信贷风险损失分担中，建议财政补偿基金承担40%、担保机构承担30%、银行承担30%；对于已经支付了财政风险补偿基金但后期又收回了注销贷款的情形，金融机构应根据最终损失分担比例结算财政风险补偿金，并将前期获得的多余财政风险补偿金退还到财政风险补偿基金池，以实现财政风险补偿基金滚动发展。

（3）财政诱导农业保险支持创业农户发展。农户创业面临自然和市场双重风险，因此农业保险相对于其他商业保险而言风险更高，如果纯粹以商业保险的模式进行运作无疑会导致市场失灵。为此，财政有必要通过奖励、补贴等一系列手段诱导农业保险支持创业农户发展。具体而言，可以通过以下几条途径：第一，建立主要粮食品种基本保险普惠补贴制度、地方特色农产品保险保费奖补制度。第二，扩大农业保险税收优惠。第三，在地方财力允许的情况下，加快完善多层次农业保险大灾风险分散机制，探索建立政府支持的农业巨灾风险补偿基金，健全市场和政府共同参与、保险公司自行负担、再保险和特大风险政府支持的三级农业巨灾风险分散制度。第四，在地方财力较好的地区，可以试点地方财政与商业保险"联办共保"的模式，目前，这一模式已经在江苏省常州市武进区进行试点，其经验对于发达地区的农业保险具有非常高的借鉴价值。

8.2.3.2　规范创业农户的发展，降低两者协同的交易费用

要实现农户创业与金融服务创新之间的协同发展，离不开在两者之间建立一个良好的信息沟通渠道或机制。通过信息沟通渠道或机制的建立，可以实现信息在两者之间的快速、有效传递，进而极大地消除两者之间的信息不对称，降低创业农户与金融机构的交易费用，从而促进两者的协同发展。

（1）规范对家庭农场、创业大户的认定，搭建创业农户信用体系。信息不对称是制约农户创业与金融服务创新的重要因素之一，通过针对创业农户构建信用评价体系来量化创业农户的信用水平能够极大地消除创业农户与金融机构之间的信息不对称，进而有利于金融机构对农户的信用水平进行了解，有助于金融机构将信用记录良好的创业农户与信用记录较差的创业农户进行区分，促

进金融资源的有效配置。中央银行在创业农户信用体系建设方面可发挥主导作用，负责记录、归集、公布、查询、监督创业农户的相关信息，建立和完善创业农户的信用档案数据库，并实现这些信息的实时动态更新，最终实现创业农户资信的共享。同时，鉴于信息不对称对市场有效运行、政府工作高效开展的巨大阻碍作用，建立创业农户信用评价体系的意义远远超过其在金融领域的运用。

（2）促进创业农户规范发展，降低金融创新服务的交易费用。创业农户难以向金融机构提供税收、财务等标准金融信息也是造成自身与金融机构之间信息不对称的原因之一，因此，除了通过中央银行或地方政府建立信用评价体系以外，还应鼓励创业农户引进现代财务制度，使自身信息尤其是金融信息标准化。具体而言，可以通过以下两条途径：第一，鼓励创业农户使用规范的生产记录和财务收支记录，通过对生产记录、财务收支记录的标准化，以达到自身金融信息标准化的目的，从而在申请金融资源时，能够做到向金融机构提供标准化的金融信息，进而减轻两者之间的信息不对称，促进农户创业与金融服务创新的有效协同。第二，提升标准化生产和经营管理水平，鼓励创业农户的生产经营实现标准化作业。对于农业型创业农户而言，应当尽量做到农产品的生产、加工等流程的标准化；对于非农型创业农户而言，应当尽量做到自身的生产、经营达到行业的标准。通过上述措施实现自身资产金融价值的标准化，进而消除创业农户与金融机构之间的信息不对称。

（3）加强农民金融教育，提升农户的金融能力。除了信息不对称，农户金融素养和能力低下、金融常识与技能欠缺、对金融产品与业务不熟悉、金融法律知识较为匮乏，难以与金融机构之间形成有效的沟通，也是造成农户创业与金融服务创新之间难以有效协同的重要原因。因此，政府应通过普及金融教育等手段，有效提升农民的金融素养和能力。具体而言，可以根据农民的实际受教育情况进行分级，通过以下三条途径提升农户的金融素养和能力：第一，针对小学文化水平及以下的农民，应着重对其进行简单的消费性金融知识普及与培训，增强其获取消费性金融资源的能力；第二，针对初中文化水平的农民，应侧重对其进行金融服务办理程序的培训，提高其获取生产性金融资源的能力；第三，对于初中文化水平以上的农民，应进一步依托中、高等教育资源提升其获取和运用金融资源的能力（温涛等，2018）。

8.2.3.3 多部门配合，因地制宜地进行金融服务创新

农户创业是一个集资金、科技、劳动力、项目、管理和市场机会等要素于一体的系统性工程，因此要实现农户创业与金融服务创新的有效协同，不仅需要金融机构通过金融服务创新来满足创业农户的金融需求，还需要农技部门、农委、财政部门、科研院所等多部门的配合，为创业农户提供必要的技术服务、财政补贴、管理培训等多重服务，为金融机构提供农户的生产经营信息、资产信息、信用情况等信息。否则，创业农户不仅无法实现预期创业目标，而且也会加重金融系统支持农户创业的风险。

（1）创业农户、金融机构与技术供给服务的协调配合。金融机构向创业农户发放创业贷款，需要先了解农户创业过程中的技术储备、技术运用与技术后续服务保障情况，才能最终决定是否需要向创业农户贷款，因为资金和技术都是决定农户创业成功与否的关键要素。如果没有科技保障，农户创业就不可能取得成功，金融机构所提供的金融服务也会面临巨大的风险。所以，建立科技创新部门（高校）、技术推广服务部门、金融机构与创业农户的对接机制，确保科技要素与资金要素都能及时到达创业农户手中，对促进农户创业具有决定性意义，可以采取"学校+农技服务人员+金融机构+创业农户"合作共担风险模式，通过对接会、合作决策、合作跟踪指导、合作监督来实现对接目标。

（2）建立创业农户、金融机构与行政部门的沟通共享机制。农户创业涉及的行政服务部门众多，包括中国人民银行、财政部门、农业农村部门、自然资源部门、林业部门、国家金融监督管理总局、证监会等行政机构，任何一个部门对创业农户决策不配套，都将直接影响相关政策的有效落地。而要实现各部门有效决策，需要在各地建立统一的创业农户信息数据库，实行多部门现代农业信息联网和共享，以便各部门在做出对应的支持政策时有充分的信息基础。同时，需要加强财政部门与中国人民银行、国家金融监督管理总局、证监会等行政金融部门的配合与协作，建立决策联席会议制度，形成协同决策、一致决策机制，就财政、金融支持创业农户发展的政策进行统一协调，使财政与金融在支持创业农户发展方面实现合理的分工，在促进金融支持创业农户发展中的风险防范中实现合理的衔接和配合，确保财税部门对创业农户的财政贴息、风险补偿金、税收优惠政策及时到位，与中国人民银行、国家金融监督管理总局等监管部门的风险监管形成无缝对接，提高金融机构开展现代农业金融服务的积极性。

（3）加快金融立法进程，建立促进两者协同的制度体系。除上述措施之外，我国还亟待通过立法工作的推进，完善我国金融的制度设计，保障我国金融市场的稳健运行。一方面，中央政府可以借鉴国外的通常做法，通过立法来解决金融市场的问题，以法律的形式规范农村政策性金融机构的性质、地位、功能、经营目标、业务范围等，明确界定其与政府、财政、中央银行、银行业监管机构的关系。另一方面，还可以专门规定农业保险法律制度，明确规定农业保险的目标、保障范围、保障水平、保险机构和运行方式，明确政府的职能作用、农民的参与方式等，保障农业的持续、稳定和健康发展。

参考文献

［1］［美］保罗·萨缪尔森. 经济学（第18版）［M］. 北京：人民邮电出版社，2007.

［2］贝多广. 宏观金融论［M］. 上海：上海三联书店，1988.

［3］蔡昉，都阳. 转型中的中国城市发展——城市级层结构、融资能力与迁移政策［J］. 经济研究，2003（6）：64-71+95.

［4］曹龙骐. 金融学［M］. 北京：高等教育出版社，2003.

［5］陈雷. 关于构建我国农村科技金融支撑体系框架的政策建议［J］. 当代经济，2010（24）：34-36.

［6］陈雨露，马勇，杨栋. 农户类型变迁中的资本机制：假说与实证［J］. 金融研究，2009（4）：52-62.

［7］陈雨露，马勇. 地方政府的介入与农信社信贷资源错配［J］. 经济理论与经济管理，2010（4）：19-24.

［8］陈雨露. 中国农村金融论纲［M］. 北京：中国金融出版社，2010.

［9］程恩江，刘西川. 小额信贷缓解农户正规信贷配给了吗？——来自三个非政府小额信贷项目区的经验证据［J］. 金融研究，2010（12）：190-206.

［10］程郁，韩俊，罗丹. 供给配给与需求压抑交互影响下的正规信贷约束：来自1874户农户金融需求行为考察［J］. 世界经济，2009（5）：73-82.

［11］程郁，罗丹. 信贷约束下农户的创业选择——基于中国农户调查的实证分析［J］. 中国农村经济，2009（11）：25-38.

［12］邓伟，刘萍萍. 金融发展、企业家精神与城乡收入差距［J］. 浙江工商大学学报，2016（4）：82-91.

［13］董景荣，周洪力. 技术创新内涵的理论思考［J］. 科技管理研究，2007（7）：27-29.

[14] 董晓林，杨小丽．农村金融市场结构与中小企业信贷可获性——基于江苏县域的经济数据［J］．中国农村经济，2011（5）：82-92+96.

[15] 段应碧．农业产业化龙头企业的金融支持［J］．中国流通经济，2007（9）：4-6.

[16] 傅家骥．技术创新学［M］．北京：清华大学出版社，1998.

[17] 甘犁，尹志超，贾男，等．中国家庭金融调查报告2012［M］．成都：西南财经大学出版社，2012.

[18] 高帆．我国农村中的需求型金融抑制及其解除［J］．中国农村经济，2002（12）：68-72.

[19] 高静，张应良．农户创业：初始社会资本影响创业者机会识别行为研究——基于518份农户创业调查的实证分析［J］．农业技术经济，2013（1）：32-39.

[20] 郭军盈．我国农民创业的区域差异研究［J］．经济问题探索，2006（6）：70-74.

[21] 郭云南，王春飞．新型农村合作医疗保险与自主创业［J］．经济学（季刊），2016，15（4）：1463-1482.

[22] 郝朝艳，平新乔，张海洋，等．农户的创业选择及其影响因素——来自"金融调查"的证据［J］．中国农村经济，2012（4）：57-65+95.

[23] 何广文．农村信用社制度变迁：困境与路径选择［J］．经济与管理研究，2009（1）：50-54.

[24] 贺雪峰，董磊明．农民外出务工的逻辑与中国的城市化道路［J］．中国农村观察，2009（2）：12-18+95.

[25] 贺雪峰．缺乏分层与缺失记忆型村庄的权力结构——关于村庄性质的一项内部考察［J］．社会学研究，2001（2）：68-73.

[26] 胡豹．农业结构调整中农户决策行为研究［D］．杭州：浙江大学，2004.

[27] 胡士华，卢满生．信息、借贷交易成本与借贷匹配——来自农村中小企业的经验证据［J］．金融研究，2011（10）：100-111.

[28] 黄惠春．农村土地承包经营权抵押贷款可得性分析——基于江苏试点地区的经验证据［J］．中国农村经济，2014（3）：48-57.

[29] 黄宗智．中国的隐性农业革命［J］．中国乡村研究，2010（2）：1-

10+259.

[30] 黄祖辉, 刘西川, 程恩江. 贫困地区农户正规信贷市场低参与程度的经验解释 [J]. 经济研究, 2009 (4): 116-128.

[31] 黄祖辉, 俞宁. 新型农业经营主体: 现状、约束与发展思路——以浙江省为例的分析 [J]. 中国农村经济, 2010 (10): 16-26+56.

[32] 黎文靖, 李茫茫. "实体+金融": 融资约束、政策迎合还是市场竞争? ——基于不同产权性质视角的经验研究 [J]. 金融研究, 2017 (8): 100-116.

[33] 李宏彬, 李杏, 姚先国, 等. 企业家的创业与创新精神对中国经济增长的影响 [J]. 经济研究, 2009, 44 (10): 99-108.

[34] 李金诚. 农业科技成果产业化与农业经济增长方式的转变 [J]. 农业经济问题, 1998 (9): 53-55.

[35] 李树, 于文超. 农村金融多样性对农民创业影响的作用机制研究 [J]. 财经研究, 2018, 44 (1): 4-19.

[36] 李思慧, 徐保昌. 金融市场化、融资约束与企业成本加成: 来自中国制造业企业的证据 [J]. 国际贸易问题, 2018 (2): 164-174.

[37] 李似鸿. 金融需求、金融供给与乡村自治——基于贫困地区农户金融行为的考察与分析 [J]. 管理世界, 2010 (1): 74-87.

[38] 李维安, 马超. "实业+金融"的产融结合模式与企业投资效——基于中国上市公司控股金融机构的研究 [J]. 金融研究, 2014 (11): 109-126.

[39] 李宪宝, 高强. 行为逻辑、分化结果与发展前景——对1978年以来我国农户分化行为的考察 [J]. 农业经济问题, 2013, 34 (2): 56-65+111.

[40] 李心丹, 束兰根. 科技金融: 理论与实践 [M]. 南京: 南京大学出版社, 2013.

[41] 李燕凌, 欧阳万福. 县乡政府财政支农支出效率的实证分析 [J]. 经济研究, 2011, 46 (10): 110-122+149.

[42] 李祎雯, 张兵. 非正规金融对农村家庭创业的影响机制研究 [J]. 经济科学, 2016 (2): 93-105.

[43] 梁惠清, 王征兵. 当前我国农民创业者投资行为分析 [J]. 农业经济问题, 2009 (10): 84-93.

[44] 林文声, 秦明, 王志刚. 农地确权颁证与农户农业投资行为 [J]. 农

业技术经济，2017（12）：4-14.

[45] 林毅夫，蔡昉，李周．对赶超战略的反思［J］．战略与管理，1994（6）：1-12.

[46] 林毅夫．制度、技术与中国农业发展［M］．上海：上海三联书店，2005.

[47] 刘杰，郑风田．流动性约束对农户创业选择行为的影响——基于晋、甘、浙三省894户农民家庭的调查［J］．财贸研究，2011，22（3）：28-35+60.

[48] 刘唐宇．农民工回乡创业的影响因素分析［J］．农业经济问题，2009（9）：117-122.

[49] 刘西川，杨奇明，陈立辉．农户信贷市场的正规部门与非正规部门：替代还是互补？［J］．经济研究，2014，49（11）：145-158.

[50] 柳凌韵，周宏．正规金融约束、规模农地流入与农机长期投资——基于水稻种植规模农户的数据调查［J］．农业经济问题，2017，38（9）：65-76.

[51] 鲁传一，李子奈．企业家精神与经济增长理论［J］．清华大学学报（哲学社会科学版），2000（3）：42-49.

[52] 陆静．金融发展与经济增长关系的理论与实证研究——基于中国省际面板数据的协整分析［J］．中国管理科学，2012（1）：177-184.

[53] 陆岷峰，张惠．金融产业资本与实体经济利润合理分配研究［J］．经济学动态，2012（6）：53-57.

[54] 罗超平，牛可，张梓榆，等．粮食价格波动与主产区农户福利效应——基于主产区省际面板数据的分析［J］．中国软科学，2017（2）：37-53.

[55] 罗超平，张梓榆，王志章．金融发展与产业结构升级：长期均衡与短期动态关系［J］．中国软科学，2016（5）：21-29.

[56] 罗超平，张梓榆，吴超，等．金融支持供给侧结构性改革：储蓄投资转化效率的再分析［J］．宏观经济研究，2016（3）：8-23.

[57] 罗凯．打工经历与职业转换和创业参与［J］．世界经济，2009（6）：77-87.

[58] 马草原．金融双重门槛效应与城乡收入差距——基于风险预期的理论模型与实证检验［J］．经济科学，2009（3）：59-73.

[59] 马丁丑，刘发跃，杨林娟，等．欠发达地区农民专业合作社信贷融资与成长发育的实证分析——基于对甘肃省示范性农民专业合作社的调查［J］．中

国农村经济，2011（7）：34-41.

　　[60] 马光荣，杨恩艳．社会网络、非正规金融与创业［J］．经济研究，2011，46（3）：83-94.

　　[61] 马九杰，吴本健．利率浮动政策、差别定价策略与金融机构对农户的信贷配给［J］．金融研究，2012（4）：155-168.

　　[62] ［德］马克思，恩格斯．马克思恩格斯全集［M］．北京：人民出版社，1973.

　　[63] 马勇，陈雨露．农村金融中的政府角色：理论诠释与中国的选择［J］．经济体制改革，2009（4）：86-91.

　　[64] 米建国，李建伟．我国金融发展与经济增长关系的理论思考与实证分析［J］．管理世界，2002（4）：23-30.

　　[65] 米运生，曾泽莹，高亚佳．农地转出、信贷可得性与农户融资模式的正规化［J］．农业经济问题，2017（5）：36-45+110-111.

　　[66] 彭艳玲，孔荣，Calum G.Turvey．农村土地经营权抵押、流动性约束与农户差异性创业选择研究——基于陕、甘、豫、鲁1465份入户调查数据［J］．农业技术经济，2016（5）：50-59.

　　[67] 齐成喜，陈柳钦，陆文龙．我国农业产业化与农村城镇化的互动发展研究［J］．安徽农业科学，2005（12）：2446-2449.

　　[68] 邵传林．制度变迁视域下的金融深化与企业家精神——来自中国省级层面的经验证据［J］．中国经济问题，2014（5）：3-18.

　　[69] 盛丹，王永进．产业集聚、信贷资源配置效率与企业的融资成本——来自世界银行调查数据和中国工业企业数据的证据［J］．管理世界，2013（6）：85-98.

　　[70] 盛广耀．制度变迁的关联性与户籍制度改革分析［J］．经济学家，2017（4）：59-66.

　　[71] 宋克勤．生产运作管理教程［M］．上海：上海财经大学出版社，2002.

　　[72] 苏建军，徐璋勇．金融发展、产业结构升级与经济增长——理论与经验研究［J］．工业技术经济，2014，33（2）：139-149.

　　[73] 苏静，胡宗义，唐李伟，等．农村非正规金融发展减贫效应的门槛特征与地区差异——基于面板平滑转换模型的分析［J］．中国农村经济，2013

（7）：58-71.

[74] 苏士儒，段成东，李文靖，等 . 农村非正规金融发展与金融体系建设 [J]. 金融研究，2006（5）：167-180.

[75] 谈儒勇 . 中国金融发展和经济增长关系的实证研究 [J]. 经济研究，1999（10）：53-61.

[76] 檀学文 . 宁夏科技特派员制度的机制与效果 [J]. 中国农村经济，2007（4）：60-68.

[77] 仝志辉，温铁军 . 资本和部门下乡与小农户经济的组织化道路——兼对专业合作社道路提出质疑 [J]. 开放时代，2009（4）：5-26.

[78] 万良勇，廖明情，胡璟 . 产融结合与企业融资约束——基于上市公司参股银行的实证研究 [J]. 南开管理评论，2015，18（2）：64-72+91.

[79] 王定祥，丁忠民，李伶俐，等 . 金融市场成长论 [M]. 北京：科学出版社，2012.

[80] 王定祥，李伶俐，冉光和 . 金融资本形成与经济增长 [J]. 经济研究，2009（9）：39-51.

[81] 王广谦 . 中国经济增长新阶段与金融发展 [M]. 北京：中国发展出版社，2003.

[82] 王立国，赵婉妤 . 我国金融发展与产业结构升级研究 [J]. 财经问题研究，2015（1）：22-29.

[83] 王明天，梁媛媛，薛永基 . 社会资本对林区创业农户生态保护行为影响的实证分析 [J]. 中国农村观察，2017（2）：81-92.

[84] 王胜 . 分税制以来中国地方财政支农绩效评价：基于分级支出视角 [J]. 中国管理科学，2010（1）：26-32.

[85] 王曙光 . 问道乡野：农村发展、制度创新与反贫困 [M]. 北京：北京大学出版社，2014.

[86] 王西玉，崔传义，赵阳 . 打工与回乡：就业转变和农村发——关于部分进城民工回乡创业的研究 [J]. 管理世界，2003（7）：99-109+155.

[87] 王小华，田庆刚，王定祥 . 东南亚国家农村扶贫信贷制度的比较与启示 [J]. 上海金融学院学报，2011（2）：93-102.

[88] 王小华，王定祥，温涛 . 中国农贷的减贫增收效应：贫困县与非贫困县的分层比较 [J]. 数量经济技术经济研究，2014（9）：40-55.

［89］王小华，王定祥．金融资本跨境流动及其效应研究［J］．金融理论与实践，2013（1）：1-6.

［90］王小华，温涛，王定祥．县域农村金融抑制与农民收入内部不平等［J］．经济科学，2014（2）：44-54.

［91］王小华，温涛，宜文．地方政府财政支出对中国通货膨胀的冲击效应研究——基于凯恩斯 AD-AS 视角［J］．财贸研究，2013（2）：1-11.

［92］王小华，温涛．城乡居民消费行为及结构演化的差异研究［J］．数量经济技术经济研究，2015，32（10）：90-107.

［93］王小华，温涛．贫困型农户融资困境分析与政策建议——基于重庆市的调查数据分析［J］．区域金融研究，2011（8）：83-88.

［94］王一鸣．全面认识中国经济新常态［J］．求是，2014（22）：40-43.

［95］王煜宇．新型农村金融服务主体与发展定位：解析村镇银行［J］．改革，2012（4）：116-123.

［96］韦吉飞，王建华，李录堂．农民创业行为影响因素研究——基于西北五省区调查的实证分析［J］．财贸研究，2008，19（5）：16-22.

［97］魏众．健康对非农就业及其工资决定的影响［J］．经济研究，2004（2）：64-74.

［98］温涛，董文杰．财政金融支农政策的总体效应与时空差异——基于中国省际面板数据的研究［J］．农业技术经济，2011（1）：24-33.

［99］温涛，冉光和，熊德平．中国金融发展与农民收入增长［J］．经济研究，2005（9）：30-431.

［100］温涛，田纪华，王小华．农民收入结构对消费结构的总体影响与区域差异研究［J］．中国软科学，2013（3）：42-52.

［101］温涛，王小华，董文杰．政府教育资源配置的绩效评价与改进路径——以重庆市为例［J］．西南大学学报（社会科学版），2013，39（2）：48-56+174.

［102］温涛，王小华，宜文．城乡居民收入差距的时空演化与区域差异——基于收入结构的视角［J］．当代经济研究，2012（11）：20-26.

［103］温涛，王小华．财政金融支农政策对粮食价格波动的影响——基于中国 1952-2009 年的经验验证［J］．东南大学学报（哲学社会科学版），2012（3）：43-49+127.

［104］温涛，王煜宇．政府主导的农业信贷、财政支农模式的经济效应——基于中国 1952~2002 年的经验验证［J］．中国农村经济，2005（10）：20-29.

［105］温涛，张梓榆，王定祥．城乡工资水平差距与农地流转［J］．农业技术经济，2017（2）：4-14.

［106］温涛，张梓榆，王定祥．农村金融发展的人力资本门槛效应研究［J］．中国软科学，2018（3）：65-75.

［107］温涛，张梓榆．信贷扩张、研发投入与中国经济增长的"量"与"质"［J］．科研管理，2018，39（1）：1-8.

［108］温涛，张梓榆．中国金融产业对农业与非农产业发展作用的比较研究［J］．农业技术经济，2015（7）：46-59.

［109］温涛，朱炯，王小华．中国农贷市场的"精英俘获"机制：贫困县与非贫困县的分层比较［J］．经济研究，2016，51（2）：111-125

［110］武志．金融发展与经济增长：来自中国的经验分析［J］．金融研究，2010（5）：58-68.

［111］肖华芳，包晓岚．农民创业的信贷约束——基于湖北省 930 家农村微小企业的实证研究［J］．农业技术经济，2011（2）：102-109.

［112］肖卫，肖琳子．二元经济中的农业技术进步、粮食增产与农民增收——来自 2001~2010 年中国省级面板数据的经验证据［J］．中国农村经济，2013（6）：4-13+47.

［113］熊德平．金融与金融发展：基于交易视角的概念重构［J］．财经理论与实践，2007（2）：8-13.

［114］熊德平．农村金融与农村经济协调发展机制与模式研究［M］．北京：社会科学文献出版社，2005.

［115］徐超，吴玲萍，孙文平．外出务工经历、社会资本与返乡农民工创业——来自 CHIPS 数据的证据［J］．财经研究，2017，43（12）：30-44.

［116］徐勇，邓大才．社会化小农：解释当今农户的一种视角［J］．学术月刊，2006（7）：5-13.

［117］徐璋勇，杨贺．农户信贷行为倾向及其影响因素分析——基于西部 11 省（区）1664 户农户的调查［J］．中国软科学，2014（3）：45-56.

［118］许经勇．论农村土地市场的发育［J］．财经科学，1994（3）：35-39.

［119］薛永基，潘焕学，李健．融资方式影响科技创业型企业绩效的实证研

究 [J]. 经济与管理研究，2010（11）：61-67.

[120] 杨婵，贺小刚，李征宇. 家庭结构与农民创业——基于中国千村调查的数据分析 [J]. 中国工业经济，2017（12）：170-188.

[121] 杨军，张龙耀，姜岩. 社区金融资源、家庭融资与农户创业——基于CHARLS调查数据 [J]. 农业技术经济，2013（11）：71-79.

[122] 杨琳，李建伟. 金融结构转变与实体经济结构升级（上）[J]. 财贸经济，2002（2）：9-13.

[123] 杨琳，李建伟. 金融结构转变与实体经济结构升级（下）[J]. 财贸经济，2002（3）：11-14.

[124] 杨琳. 金融发展与实体经济增长 [M]. 北京：中国金融出版社，2002.

[125] [美] 伊斯雷尔·柯兹纳. 市场过程的含义 [M]. 冯兴元，等译. 北京：中国社会科学出版社，1992.

[126] 尹宗成，李向军. 金融发展与区域经济增长——基于企业家精神的视角 [J]. 中央财经大学学报，2012（11）：38-44.

[127] 应展宇. 论金融发展中货币政策中间目标的调整 [J]. 经济评论，2003（5）：77-81.

[128] 尤小文. 农户：一个概念的探讨 [J]. 中国农村观察，1999（5）：19+21+53+20+22.

[129] 于亢亢，朱信凯，王浩. 现代农业经营主体的变化趋势与动因——基于全国范围县级问卷调查的分析 [J]. 中国农村经济，2012（10）：78-90.

[130] 于涛. 金融发展、企业家精神与产业结构升级——基于主观博弈的视角 [J]. 东北财经大学学报，2015（5）：18-23.

[131] 袁长军. 新常态是中国经济发展的必然过程 [J]. 红旗文稿，2014（24）：18-19.

[132] 曾国平，王燕飞. 中国金融发展与产业结构变迁 [J]. 财贸经济，2007（8）：12-19.

[133] 张兵，刘丹，李祎雯. 匹配经济学视角下农户借贷匹配决定因素的实证分析 [J]. 经济科学，2014（4）：93-105.

[134] 张川川，John Giles，赵耀辉. 新型农村社会养老保险政策效果评估——收入、贫困、消费、主观福利和劳动供给 [J]. 经济学（季刊），2015

（1）：203-230.

［135］张海洋，郝朝艳，平新乔，等．社会资本与农户创业中的金融约束——基于农村金融调查数据的研究［J］．浙江社会科学，2015（7）：15-27+155.

［136］张红宇，张海阳，李伟毅，等．当前农民增收形势分析与对策思路［J］．农业经济问题，2013（4）：9-14.

［137］张红宇，张海阳，李伟毅，等．农民收入增长阶段目标与长效机制［J］．农村工作通讯，2010（9）：40-42.

［138］张红宇．宏观经济下行背景下如何促进农民增收和产权制度改革［J］．农村工作通讯，2012（15）：16-18.

［139］张红宇．农民收入必须实现超常规增长［J］．农村财政与财务，2013（6）：5-6.

［140］张红宇．实现农民收入超常规增长的意义及影响因素［J］．农村工作通讯，2013（8）：60-62.

［141］张继良，徐荣华，关冰，等．城乡收入差距变动趋势及影响因素——江苏样本分析［J］．中国农村经济，2009（12）：32-43.

［142］张杰．中国农村金融制度：结构、变迁与政策［M］．北京：中国人民大学出版社，2003.

［143］张立军，湛泳．金融发展影响城乡收入差距的三大效应分析及其检验［J］．数量经济技术经济研究，2006（12）：73-81.

［144］张龙耀，江春．中国农村金融市场中非价格信贷配给的理论和实证分析［J］．金融研究，2011（7）：98-113.

［145］张龙耀，杨军，张海宁．金融发展、家庭创业与城乡居民收入——基于微观视角的经验分析［J］．中国农村经济，2013（7）：47-57+84.

［146］张宁，张兵．农村非正规金融、农户内部收入差距与贫困［J］．经济科学，2015（1）：53-65.

［147］张三峰，卜茂亮，杨德才．信用评级能缓解农户正规金融信贷配给吗？——基于全国10省农户借贷数据的经验研究［J］．经济科学，2013（2）：81-93.

［148］张亦春，郑振龙，林海．金融市场学［M］．北京：高等教育出版社，2008.

[149] 张应良，高静，张建峰．创业农户正规金融信贷约束研究——基于939份农户创业调查的实证分析 [J]．农业技术经济，2015（1）：64-74.

[150] 张雨，朱媛娇．科技特派员创业行动投融资机制理论探索 [J]．农业经济问题，2009（7）：49-51.

[151] 张梓榆，王定祥．农户经营特征分化与农地经营权流转 [J]．现代经济探讨，2018（1）：114-123.

[152] 张梓榆，温涛，王小华．"新常态"下中国农贷市场供求关系的重新解读——基于农户分化视角 [J]．农业技术经济，2018（4）：54-64.

[153] 赵勇，雷达．金融发展与经济增长：生产率促进抑或资本形成 [J]．世界经济，2010（2）：37-50.

[154] 郑风田，孙谨．从生存到发展——论我国失地农民创业支持体系的构建 [J]．经济学家，2006（1）：54-61.

[155] 中国经济增长前沿课题组，张平，刘霞辉，袁富华．中国经济转型的结构性特征、风险与效率提升路径 [J]．经济研究，2013（10）：4-17+28.

[156] 周立，王子明．中国各地区金融发展与经济增长实证分析：1978-2000 [J]．金融研究，2002（10）：1-13.

[157] 周立，周向阳．中国金融体系的形成与发展逻辑 [J]．经济学家，2009（8）：22-30.

[158] 周立．改革期间中国国家财政能力和金融能力的变化 [J]．财贸经济，2003（4）：44-51+96.

[159] 周立．中国各地区金融发展与经济增长 [M]．北京：清华大学出版社，2004.

[160] 周晔馨．社会资本是穷人的资本吗？——基于中国农户收入的经验证据 [J]．管理世界，2012（7）：83-95.

[161] 周振，伍振军，孔祥智．中国农村资金净流出的机理、规模与趋势：1978~2012年 [J]．管理世界，2015（1）：63-74.

[162] 朱喜，李子奈．我国农村正式金融机构对农户的信贷配给——一个联立离散选择模型的实证分析 [J]．数量经济技术经济研究，2006（3）：37-49.

[163] 朱子云．中国城乡居民收入差距的分解分析 [J]．数量经济技术经济研究，2014（2）：52-67.

[164] 庄子银．南方模仿、企业家精神和长期增长 [J]．经济研究，2003

（1）：62－70＋94.

［165］Aghion P. , Bolton P. A Theory of Trickle－Down Growth and Development ［J］. The Review of Economic Studies, 1997, 64（2）：151－172.

［166］Aghion P. , Fally T. , Scarpetta S. Credit Constraints as a Barrier to the Entry and Post－Entry Growth of Firms ［J］. Economic Policy, 2007, 22（52）：732－779.

［167］Aghion P. , Howitt P. , Brant－Collett M. , et al. Endogenous Growth Theory ［M］. Cambridge：MIT Press, 1998.

［168］Aghion P. , Howitt P. , Mayer－Foulkes D. The Effect of Financial Development on Convergence：Theory and Evidence ［J］. The Quarterly Journal of Economics, 2005, 120（1）：173－222.

［169］Amore M. D. , Schneider C. , et al. Credit Supply and Corporate Innovation ［J］. Journal of Financial Economics, 2013, 109（3）：835－855.

［170］Andersen S. , Nielsen K. M. Ability or Finances as Constraints on Entrepreneurship? Evidence from Survival Rates in a Natural Experiment ［J］. The Review of Financial Studies, 2012, 25（12）：3684－3710.

［171］Ansoff H. I. Corporate Strategy：An Analytic Approach to Business Policy for Growth and Expansion ［M］. New York：McGraw－Hill Companies, 1965.

［172］Ardichvili A. , Cardozo R. , Ray S. A Theory of Entrepreneurial Opportunity Identification and Development ［J］. Journal of Business Venturing, 2003, 18（1）：105－123.

［173］Asongu S. A. , Tchamyou V. S. Inequality, Finance and Pro－Poor Investment in Africa ［R］. Yaoundé：African Governance and Development Institute（AGDI）, 2015.

［174］Asongu S. A. Investment and Inequality in Africa：Which Financial Channels Are Good for the Poor? ［J］. African Finance Journal, 2013, 15（2）：44－66.

［175］Banerjee A. V. , Newman A. F. Occupational Choice and the Process of Development ［J］. Journal of Political Economy, 1993, 101（2）：274－298.

［176］Barro R. J. Inequality, Growth, and Investment ［R］. National Bureau of Economic Research, 1999.

［177］Barslund M. , Tarp F. Formal and Informal Rural Credit in Four Provinces of Vietnam [J]. The Journal of Development Studies, 2008, 44 (4): 485-503.

[178] Bascha A., Walz U. Convertible Securities and Optimal Exit Decisions in Venture Capital Finance [J]. Journal of Corporate Finance, 2001, 7 (3): 285-306.

[179] Batuo M. E., Asongu S. A. The Impact of Liberalisation Policies on Income Inequality in African Countries [J]. Journal of Economic Studies, 2015, 42 (1):68-100.

[180] Bechard J. P., Gregoire D. Entrepreneurship Education Research Revisited: The Case of Higher Education [J]. Academy of Management Learning and Education, 2005, 4 (1): 22-43.

[181] Beck T., Demirgüç-Kunt A., Maksimovic V. Financial and Legal Constraints to Growth: Does Firm Size Matter? [J]. The Journal of Finance, 2005, 60 (1): 137-177.

[182] Beck T., Levine R., Loayza N. Finance and the Sources of Growth [J]. Journal of Financial Economics, 2000 (58): 261-300.

[183] Beck T., Levine R. A New Database on Financial Development and Structure [M]. Washington: World Bank Publications, 1999.

[184] Berger A. N., Udell G. F. The Economics of Small Business Finance: The Roles of Private Equity and Debt Markets in the Financial Growth Cycle [J]. Journal of Banking and Finance, 2008 (6): 89-96.

[185] Berman E., Bound J., Machin S. Implications of Skill-Biased Technological Change: International Evidence [J]. The Quarterly Journal of Economics, 1998, 113 (4): 1245-1279.

[186] Bianchi M., Bobba M. Liquidity, Risk, and Occupational Choices [J]. Review of Economic Studies, 2013, 80 (2): 491-511.

[187] Bianchi M. Financial Development, Entrepreneurship, and Job Satisfaction [J]. Review of Economics and Statistics, 2012, 94 (1): 273-286.

[188] Black S. E., Strahan P. E. Entrepreneurship and Bank Credit Availability [J]. The Journal of Finance, 2002, 57 (6): 2807-2833.

[189] Bodie Z., Merton R. C. Finance [M]. New Jersey: Prentice Hall, 2000.

[190] Bodlaj M., Coenders G., Zabkar V. Responsive and Proactive Market

Orientation and Innovation Success under Market and Technological Turbulence [J].
Journal of Business Economics and Management, 2012, 13 (4): 666-687.

[191] Boháček R. Financial Constraints and Entrepreneurial Investment [J].
Journal of Monetary Economics, 2006, 53 (8): 2195-2212.

[192] Brown J. R., Martinsson G., Petersen B. C. Do Financing Constraints
Matter for R&D? [J]. European Economic Review, 2012, 56 (8): 1512-1529.

[193] Buera F. J. A Dynamic Model of Entrepreneurship with Borrowing Con-
straints: Theory and Evidence [J]. Annals of Finance, 2009 (5): 443-464.

[194] Burhop C. Did Banks Cause the German Industrialization? [J]. Exploration
in Economic History, 2006, 43 (1): 39-63.

[195] Cantillon R. Essays on the Nature of Commerce in General [M]. New
York: Routledge, 2017.

[196] Carroll C. D. A Theory of the Consumption Function, with and without Liq-
uidity Constraints [J]. Journal of Economic perspectives, 2001, 15 (3): 23-45.

[197] Caves D. W., Christensen L. R., Diewert W. E. The Economic Theory of
Index Numbers and the Measurement of Input, Output, and Productivity [J]. Econo-
metrica: Journal of the Econometric Society, 1982, 50 (6): 1393-1414.

[198] Chapple D. G., McCoull C. J., Swain R. Changes in Reproductive Invest-
ment Following Caudal Autotomy in Viviparous Skinks: Lipid Depletion or Energetic
Diversion? [J]. Journal of Herpetology, 2002, 36 (3): 480-486.

[199] Charles K. K., Hurst E. The Correlation of Wealth across Generations
[J]. Journal of Political Economy, 2003, 111 (6): 1155-1182.

[200] Chava S., Oettl A., et al. Banking Deregulation and Innovation [J].
Journal of Financial Economics, 2013, 109 (3): 759-774.

[201] Chayanov A. V. The Theory of Peasant Economy [M]. Madison: Universi-
ty of Wisconsin Press, 1925.

[202] Cho D. S. The Anatomy of the Korean General Trading Company [J]. Jour-
nal of Business Research, 1984, 12 (2): 241-255.

[203] Chowdhury T. A., Mukhopadhaya P. Assessment of Multidimensional Pov-
erty and Effectiveness of Microfinance-driven Government and NGO Projects in the Ru-
ral Bangladesh [J]. The Journal of Socio-Economics, 2012, 41 (5): 500-512.

［204］Claessens S. , Feijen E. , Laeven L. Does Campaign Finance Imply Political Factors? ［C］. Tinbergen Institute Discussion Papers, Amsterdam and Rotterdam: Tinbergen Institute, 2006.

［205］Claessens S. , Perotti E. Finance and Inequality: Channels and Evidence ［J］. Journal of Comparative Economics, 2007, 35 (4): 748-773.

［206］Cole A. The Entrepreneur: Introductory Remarks ［J］. American Review of Economics, 1968, 58 (2): 60-63.

［207］Collins M. The Bank of England as Lender of Last Resort, 1857－1878 ［J］. The Economic History Review, 1992, 45 (1): 145-153.

［208］Curley J. G. , Shaw E. S. Financial Aspects of Economic Development ［J］. The American Economic Review, 1955, 45 (4): 515-538.

［209］Dabla-Norris E. , Kersting E. , Verdier G. Firm Productivity, Innovation and Financial Development ［R］. IMF Working Paper, 2010.

［210］Davidsson P. , Honig B. The Role of Social and Human Capital among Nascent Entrepreneurs ［J］. Journal of Business Venturing, 2003, 18 (3): 301-331.

［211］De Haan J. , Sturm J. E. Finance and Income Inequality: A Review and New Evidence ［J］. European Journal of Political Economy, 2017 (50): 171-195.

［212］Demirgüç-Kunt A. , Levine R. Finance and Inequality: Theory and Evidence ［J］. Annual Review of Financial Economics, 2009, 1 (1): 287-318.

［213］Dutrénit G. , Rocha-Lackiz A. , Vera-Cruz A. O. Functions of the Intermediary Organizations for Agricultural Innovation in Mexico: The Chiapas Produce Foundation ［J］. Review of Policy Research, 2012, 29 (6): 693-712.

［214］Eatwell J. , Milgate M. , Newman P. The New Palgrave Dictionary of Money and Finance ［M］. Cambridge: The Macmillan Press, 1992.

［215］Evans D. S. , Jovanovic B. An Estimated Model of Entrepreneurial Choice under Liquidity Constraints ［J］. Journal of Political Economy, 1989, 97 (4): 808-827.

［216］Evans D. S. , Leighton L. S. Some Empirical Aspects of Entrepreneurship ［J］. The American Economic Review, 1989, 79 (3): 519-535.

［217］Färe R. , Grosskopf S. , Norris M. Productivity Growth, Technical Progress, and Efficiency Change in Industrialized Countries: Reply [J]. The American Economic Review, 1997, 87 (5): 1040-1044.

[218] Fafchamps M. Risk Sharing and Quasi-Credit [J]. Journal of International Trade & Economic Development, 1999, 8 (3): 257-278.

[219] Feder G. , Feeny D. Land Tenure and Property Rights: Theory and Implications for Development Policy [J]. The World Bank Economic Review, 1991 (1): 135-153.

[220] Fisher I. The Making of Index Numbers [M]. Boston: Houghton Mifflinl, 1922.

[221] Ford J. D. , Schellenberg D. A. Conceptual Issues of Linkage in the Assessment of Organizational Performance [J]. Academy of Management Review, 1982, 7 (1): 49-58.

[222] Freeman C. , Soete L. The Economics of Industrial Innovation [M]. London: Frances Pinter, 1997.

[223] Frijters P. , Kong T. , Meng X. Migrant Entrepreneurs and Credit Constraints under Labour Market Discrimination [C]. IZA Discussion Papers 5967, Bonn: Institute of Labor Economics (IZA), 2011.

[224] Fry M. J. Money and Capital or Financial Deepening in Economic Development? [J]. Journal of Money Credit and Banking, 1978, 10 (4): 464-475.

[225] Fry M. J. Money, Interest, Inflation and Growth in Turkey [J]. Journal of Monetary Economics, 1980b, 6 (4): 535-545.

[226] Fry M. J. Saving, Investment, Growth and the Cost of Financial Repression [J]. World Development, 1980a, 8 (4): 317-327.

[227] Galbis V. Financial Intermediation and Economic Growth in Less – Developed Countries: Atheoretical Approach [J]. The Journal of Development Studies, 1977, 13 (2): 58-72.

[228] Galor O. , Zeria J. Income Distribution and Macroeconomics [J]. The Review of Economic Wtudies, 1993, 60 (1): 35-52.

[229] Gartner W. B. A Conceptual Framework for Describing the Phenomenon of New Venture Creation [J]. Academy of Management Review, 1985, 10 (4): 696-706.

[230] Gilbert B. A., McDougall P. P., Audretsch D. B. Clusters, Knowledge Spillovers and New Venture Performance: An Empirical Examination [J]. Journal of Business Venturing, 2008, 23 (4): 405-422.

[231] Goldsmith R. N. Financial Structure and Development [M]. New Haven: Yale University Press, 1969.

[232] Greenwood J., Jovanovic B. Financial Development, Growth, and the Distribution of Income [J]. Journal of Political Economy, 1990, 98 (5): 1076-1107.

[233] Grifin A., Hauser J. R. Integrating R&D and Marketing: A Review and Analysis of the Literature [J]. Journal of Product Innovation Management, 1996, 13 (3): 191-215.

[234] Gurley J. G., Shaw E. S. Financial Intermediaries and the Saving-Investment Process [J]. The Journal of the American Finance Association, 1956, 11 (2): 257-276.

[235] Guy C., Becker S. Human Capital, A Theoretical and Empirical Analysis with Special Reference to Education [J]. Revue économique, 1967 (18-1): 132-133.

[236] Hakelius K. Cooperative Values: Farmers' Cooperatives in the Minds of the Farmers [J]. Uppsala Swedish University of Agricultural Sciences, 1996.

[237] Hansen B. E. Threshold Effects in Non-Dynamic Panels: Estimation, Testing, and Inference [J]. Journal of Econometrics, 1999, 93 (2): 345-368.

[238] Hellmann T., Murdock K., Stiglitz J. Financial Restraint: Toward A New Paradigm [J]. The Role of Government in East Asian Economic Development: Comparative Institutional Analysis, 1997: 163-207.

[239] Hicks J. R. A Theory of Economic History [M]. New York: Oxford University Press, 1969.

[240] Holt D. H. Entrepreneurship: New Venture Creation [M]. New Jersey: Prentice Hall, 1992.

[241] Holtz-Eakin D., Joulfaian D., Rosen H. S. Entrepreneurial Decisions and Liquidity Constraints [J]. The RAND Journal of Economics, 1994 (25-2): 334-347.

［242］Holtz-Eakin D. , Joulfaian D. , Rosen H. S. Sticking It Out: Entrepreneurial Survival and Liquidity Constraints ［J］. Journal of Political Economy, 1993, 102 (1): 53-75.

［243］Hurst E. , Lusardi A. Liquidity Constraints, Household Wealth, and Entrepreneurship ［J］. Journal of Political Economy, 2004, 112 (2): 319-347.

［244］Islam A. , Maitra P. Health Shocks and Consumption Smoothing in Rural Households: Does Microcredit Have A Role to Play? ［J］. Journal of Development Economics, 2012, 97 (2): 232-243.

［245］Itami H. Roehl T. W. Mobilizing Invisible Assets ［M］. Cambridge: Harvard University Press, 1987.

［246］Johansson E. Self-Employment and Liquidity Constraints: Evidence from Finland ［J］. The Scandinavian Journal of Economics, 2000, 102 (1): 123-134.

［247］Kapur B. K. Alternative Stabilization Policies for Less-Developed Economics ［J］. Journal of Political Economy, 1976, 84 (4, Part1): 777-795.

［248］Karaivanov A. Financial Constraints and Occupational Choice in Thai Villages ［J］. Journal of Development Economics, 2012, 97 (2): 201-220.

［249］Kerr W. , Nanda R. Democratizing Entry: Banking Deregulations, Financing Constraints, and Entrepreneurship ［R］. HBS Finance Working Paper, 2008.

［250］Kerr W. R. , Nanda R. Democratizing Entry: Banking Deregulations, Financing Constraints, and Entrepreneurship ［J］. Journal of Financial Economics, 2009, 94 (1): 124-149.

［251］Kerr W. R. , Nanda R. Financing Constraints and Entrepreneurship ［M］// David B. A. , Oliver F. Stephan H. , Adam L. Handbook of Research on Innovation and Entrepreneurship. Cheltenham: Elgar, 2011: 88-103.

［252］King R. G. , Levine R. Finance and Growth: Schumpeter Might Be Right ［J］. The Quarterly Journal of Economics, 1993a, 108 (3): 717-737.

［253］King R. G. , Levine R. Finance, Entrepreneurship and Growth ［J］. Journal of Monetary Economics, 1993b, 32 (3): 513-542.

［254］Kirzner L. Competition and Entrepreneurship ［M］. Chicago: University of Chicago Press, 1973.

［255］Klapper L. , Laeven L. , Rajan R. Entry Regulation as A Barrier to Entrepreneurship [J]. Journal of Financial Economics, 2006, 82 (3): 591-629.

[256] Klychova G. S., Fakhretdinova E. N., Klychova A. S., et al. Development of Accounting and Financial Reporting for Small and Medium-Sized Businesses in Accordance with International Financial Reporting Standards [J]. Asian Social Science, 2015, 11 (11): 318.

[257] Klychova G. S., Nizamutdinov M. M., Safiullin L. N., et al. Priorities of Agricultural Credit Cooperation Development [J]. Mediterranean Journal of Social Sciences, 2014, 5 (18): 215.

[258] Knight F. H. Risk, Uncertainty and Profit [M]. Boston: Houghton Mifflin, 1921.

[259] Kourilsky M. L., Walstad W. B. Entrepreneurship and Female Youth: Knowledge, Attitudes, Gender Differences, and Educational Practices [J]. Journal of Business Venturing, 1998, 13 (1): 77-88.

[260] Kuratko D. F. The Emergence of Entrepreneurship Education: Development, Trends, and Challenges [J]. Entrepreneurship Theory and Practice, 2005, 29 (5): 577-597.

[261] Laeven L., Levine R. Corporate Governance, Regulation, and Bank Risk Taking [R]. World Bank Working Paper, 2007.

[262] Levine R., Zervos S. Stock Markets, Banks, and Economic Growth [J]. American Economic Review, 1998, 88 (3): 537-558.

[263] Levine R. Financial Development and Economic Growth: Views and Agenda [J]. Journal of Economic Literature, 1997, 35 (2): 688-726.

[264] Lofstrom M., Bates T., Parker S. C. Why Are Some People More Likely to Become Small-Businesses Owners than Others: Entrepreneurship Entry and Industry-Specific Barriers [J]. Journal of Business Venturing, 2014, 29 (2): 232-251.

[265] Low M. B., Macmillan I. C. Entrepreneurship: Past Research and Future Challenges [J]. Journal of Management, 1988, 14 (2): 139-161.

[266] Lucas R. E. On the Mechanism of Economic Development [J]. Journal of Monetary Economics, 1998, 22 (1): 3-42.

[267] Lundström A., Stevenson L. A. Entrepreneurship Policy: Theory and Practice [J]. International Studies in Entrepreneurship, 2005 (8): 90-93.

［268］ Lundström A. , Stevenson L. A. Patterns and Trends in Entrepreneurship/ SME Policy and Practice in Ten Economies ［M］. Örebro: Swedish Foundation for Entrepreneurship and Small Business Research, 2001.

［269］ MacMillan I. C. Controlling Competitive Dynamics by Taking Strategic Initiative ［J］. Academy of Management Perspectives, 1988, 2 （2）: 111-118.

［270］ Mankiw N. G. , Romer D. , Weil D. N. A Contribution to the Empirics of Economic Growth ［J］. The Quarterly Journal of Economics, 1992, 107 （2）: 407-437.

［271］ Mastuyama K. Endogenous Inequality ［J］. The Review of Economic Studies, 2000, 67 （4）: 743-759.

［272］ Mayer C. , Alexander I. Banks and Securities Markets: Corporate Financing in Germany and the United Kingdom ［J］. Journal of the Japanese and International Economies, 1990, 4 （4）: 450-475.

［273］ Mayer C. Financial Systems, Corporate Finance and Economic Development ［M］ // Hubbard R. G. Asymmetric Information, Corporate Finance and Investment. Chicago: The University of Chicago Press, 1990: 307-332.

［274］ Mazure. Financial Support for Agriculture and Rural Development: Credits, Credit Guarantees, and Investments ［J］. Economic Science for Rural Development, 2007 （14）.

［275］ McKinnon R. I. Money and Capital in Economic Development ［M］. Washington: Brookings Institution, 1973.

［276］ Menzies T. V. , Paradi J. C. Entrepreneurship Education and Engineering Students: Career Path and Business Performance ［J］. The International Journal of Entrepreneurship and Innovation, 2003, 4 （2）: 121-132.

［277］ Morris M. H. Entrepreneurial Intensity: Sustainable Advantages for Individual, Organizations, and Societies ［M］. San Francisco: Praeger, 1998.

［278］ Muravyev A. , Talavera O. , Schäfer D. Entrepreneurs' Gender and Financial Constraints: Evidence from International Data ［J］. Journal of Comparative Economics, 2009, 37 （2）: 270-286.

［279］ North D. C. Institutions, Institutional Change and Economic Performance ［M］. Cambridge: Cambridge University Press, 1990.

[280] Pagano M. Financial Markets and Growth: An Overview [J]. European Economic Review, 1993, 37 (2-3): 613-622.

[281] Pal D. , Laha A. K. Sectoral Credit Choice in Rural India [J]. Journal of Choice Modelling, 2015 (14): 1-16.

[282] Panda S. , Dash S. Constraints Faced by Entrepreneurs in Developing Countries: A Review and Assessment [J]. World Review of Entrepreneurship, Management and Sustainable Development, 2014, 10 (4): 405-421.

[283] Paulson A. L. , Townsend R. Entrepreneurship and Financial Constraints in Thailand [J]. Journal of Corporate Finance, 2004, 10 (2): 229-262.

[284] Petrova K. Part-Time Entrepreneurship and Financial Constraints: Evidence from the Panel Study of Entrepreneurial Dynamics [J]. Small Business Economics, 2012, 39 (2): 473-493.

[285] Polanyi K. , Arensberg C. M. , Pearson H. W. Trade and Market in the Early Empires: Economies in History and Theory [M]. New York: Free Press, 1957.

[286] Poper S. Product Innovation and Small Business Growth: A Comparison of the Strategies of German, U. K. and Irish Companies [J]. Small Business Economics, 1997 (9): 523-537.

[287] Popkin S. The Rational Peasant [M]. California: University of California Press, 1979.

[288] Pradhan R. P. , Arvin M. B. , Norman N. R. The Dynamics of Information and Communications Technologies Infrastructure, Economic Growth, and Financial Development: Evidence from Asian Countries [J]. Technology in Society, 2015 (42): 135-149.

[289] Rajan R. G. , Zingales L. Financial Dependence and Growth [J]. The American Economic Review, 1998, 88 (3): 559-586.

[290] Ray S. C. , Desli E. Productivity Growth, Technical Progress, and Efficiency Change in Industrialized Countries: Comment [J]. The American Economic Review, 1997, 87 (5): 1033-1039.

[291] Ribas R. P. Direct and Indirect Effects of Cash Transfers on Entrepreneurship [C]. San Francisco: Agricultural and Applied Economics Association, 2014.

[292] Rin M. D. , Hellmann T. Banks as Catalysts for Industrialization [J].

Journal of Financial Intermediation, 2002, 11 (4): 366-397.

［293］Rosenbaum P. R. , Rubin D. B. , Constructing A Control Group Using Multivariate Matched Sampling Methods That Incorporate the Propensity Score ［J］. The American Statistician, 1985, 39 (1): 33-38.

［294］Santarelli E. , Vivarelli M. Entrepreneurship and the Process of Firms' Entry, Survival and Growth ［J］. Industrial and Corporate Change, 2007, 16 (3): 455-488.

［295］Sasidhara S. , Lukos P. J. J. , Komera S. Financing Constraints and Investments in R&D: Evidence from Indian Manufacturing Firms ［J］. The Quarterly Review of Economics and Finance, 2015 (55): 28-39.

［296］Saxenian A. Regional Advantage: Culture and Competition in Silicon Valley and Route 128 ［M］. Cambridge: Harvard University Press, 1994.

［297］Schultz T. W. Transforming Traditional Agriculture ［J］. The Economic Journal, 1964, 74 (296): 996-999.

［298］Schumpeter J. A. The Theory of Economic Development: An Inquiry into Profits, Capital, Credit, Interest, and the Business Cycle ［M］. Cambridge: Harvard University Press, 1934.

［299］Schumpeter J. The Theory of Economic Development ［M］. Cambridge, MA: Harvard University Press, 1912.

［300］Schäfer D. , Talavera O. Entrepreneurship, Windfall Gains and Financial Constraints: The Case of Germany ［C］. DIW Discussion Papers No. 480. Berlin: Deutsches Institut für Wirtschaftsforschung (DIW), 2005.

［301］Scott J. The Moral Economy of the Peasant ［M］. New Haven: Yale University Pess, 1976.

［302］Shane S. , Venkataraman S. The Promise of Entrepreneurship as A Field of Research ［J］. Academy of Management Review, 2000, 25 (1): 217-226.

［303］Shaw E. S. Financial Deeping in Economic Development ［M］. Oxford: Oxford University Press, 1973.

［304］Shin H. S. Securitization and Financial Stability ［J］. The Economic Journal, 2009, 119 (536): 309-332.

［305］Simon H. A. Rationality in Psychology and Economics ［J］. Journal of Business, 1986, 59 (4): S209-S224.

［306］Singh K. , Hodder J. E. Multinational Capital Structure and Financial Flexibility ［J］. Journal of International Money and Finance, 2000, 19 (6): 853-884.

［307］Singh R. , Hills G. E. , Hybels R. C. , et al. Opportunity Recognition through Social Network Characteristics of Entrepreneurs ［J］. Frontiers of Entrepreneurship Research, 1999, 19 (10): 228-241.

［308］Singh R. P. A Comment on Developing the Field of Entrepreneurship through the Study of Opportunity Recognition and Exploitation ［J］. Academy of Management Review, 2001, 26 (1): 10-12.

［309］Smith J. A. , Todd P. E. Does Matching Overcome LaLonde's Critique of Nonexperimental Estimators? ［J］. Journal of Econometrics, 2005, 125 (1-2): 305-353.

［310］Stam E. , Wennberg K. The Roles of R&D in New Firm Growth ［J］. Small Business Economics, 2009 (33): 77-89.

［311］Stevenson H. H. , Roberts M. J. , Grousbeck H. I. New Business Ventures and the Entrepreneur ［M］. New York: McGraw-Hill, 1999.

［312］Stiglitz J. E. , Weiss A. Credit Rationing in Markets with Imperfect Information ［J］. The American Economic Review, 1981, 71 (3): 393-410.

［313］Stiglitz J. E. The New Development Economics ［J］. World Development, 1986, 14 (2): 257-265.

［314］Su M. On The Policy of Agriculture Financial Support in China ［R］. OECD: China is the Global Economy: Agriculture Policies in China after WTO Acession, 2002 (10): 151-159.

［315］Swedberg R. Entrepreneurship: The Social Science View ［M］. Oxford: Oxford University Press, 2000.

［316］Tadesse S. Financial Development and Technology ［D］. Ann Arbor:University of Michigan, 2007.

［317］Taylor M. P. Self-Employment and Windfall Gains in Britain: Evidence from Panel Data ［J］. Economica, 2001, 68 (272): 539-565.

［318］Terjesen S. Building A Better Rat Trap: Technological Innovation, Human Capital, and The Irula ［J］. Entrepreneurship Theory and Practice, 2007, 31 (6): 953-963.

[319] Timmons J. A. New Venture Creation: Entrepreneurship for the 21st Century [M]. Boston: McGraw-Hill Education, 1999.

[320] Turvey C. G., Kong R. Informal Lending amongst Friends and Relatives: Can Microcredit Compete in Rural China? [J]. China Economic Review, 2010, 21 (4): 544-556.

[321] Vitaliano P. Cooperative Enterprise: An Alternative Conceptual Basis for Analyzing A Complex Institution [J]. American Journal of Agricultural Economics, 1983, 65 (5): 1078-1083.

[322] Volberda H. W., Van Der Weerdt N., Verwaal E., et al. Contingency Fit, Institutional Fit, and Firm Performance: A Metafit Approach to Organization-Environment Relationships [J]. Organization Science, 2012, 23 (4): 1040-1054.

[323] Weber M. Grundriss Zu Den Vorlesungen über Allgemeine Nationalökonomie [M]. Tübingen: Mohr, 1898.

[324] Weber M. Max Weber on Law in Economy and Society [M]. Cambridge: Harvard University Press, 1954.

[325] Weston J. F., Brigham E. F. Managerial Finance [M]. NewYork: Dryden Press, 1970.

[326] Woodward W. A Social Network Theory of Entrepreneurship: An Emprical Study [D]. Chapel Hill: University of North Carolina, 1988.

附　录

表 A-1　新型农业经营主体的信贷需求调查

A. 新型农业经营主体的基本特征

A01 贵经营主体属于什么类型？＿＿＿＿＿＿＿＿＿＿＿（可多选）

[1] 专业大户；　　　　　　　[2] 家庭农场；

[3] 农业生产企业；　　　　　[4] 合作社；

[5] 一般农户；　　　　　　　[6] 其他，请说明＿＿＿＿＿＿

A02 开始实现规模化经营的时间是＿＿＿＿＿年

A03 是否有工商注册＿＿＿＿（[1] 是；[2] 否）；注册的时间＿＿＿＿年

A04 主要经营项目种类＿＿＿＿＿＿＿＿

[1] 粮食；　　　　　　　　　[2] 蔬菜；

[3] 水果；　　　　　　　　　[4] 花卉苗木；

[5] 养殖；　　　　　　　　　[6] 其他，请说明＿＿＿＿＿

A041 具体种植和养殖的产品包括＿＿＿＿＿＿＿＿＿（请填写具体名称）

A05 该经营主体负责人（户主）信息：

A051 年龄＿＿＿＿＿岁

A052 性别＿＿＿＿＿（[1] 男；[2] 女）

A053 受教育水平＿＿＿＿＿（填写编码）

[1] 未上学；　　　　　　　　[2] 小学；

[3] 初中；　　　　　　　　　[4] 高中/中专/技校；

［5］大专/高职；　　　　　　　　［6］本科；

［7］研究生及以上

A054 在此之前从事什么职业？＿＿＿＿＿＿＿＿＿＿＿

［1］专业务农；　　　　　　　　［2］自营工商业；

［3］农林产品销售；　　　　　　［4］工业企业；

［5］房地产企业；

［6］科技型企业（包括信息技术、生物技术等）；

［7］金融机构；　　　　　　　　［8］政府/事业单位；

［9］其他，请说明＿＿＿＿＿＿＿

A055 是否党员＿＿＿＿＿＿＿（［1］是；［2］否）

A056 是否本村、乡（镇）人＿＿＿＿＿＿＿（［1］是；［2］否）

A057 是否是或曾经担任村干部＿＿＿＿＿＿（［1］现在是；［2］曾经是；［3］否）

A058 是否退伍军人＿＿＿＿＿＿＿（［1］是；［2］否）

A06 该经营主体创立时的出资主体是＿＿＿＿＿＿＿＿＿＿＿

［1］农户家庭独资；　　　　　　［2］多个农户家庭合资；

［3］农户入股；　　　　　　　　［4］企业投资；

［5］私人老板独资；　　　　　　［6］多人（非农户）合伙投资；

［7］其他，请说明＿＿＿＿＿＿＿

B. 土地利用情况

B01 目前实际经营的土地面积＿＿＿＿＿＿亩，其中自有承包地＿＿＿＿＿亩

其中：有设施（包括大棚、温室）种植的面积＿＿＿＿＿＿＿＿＿亩；畜禽舍/水产养殖的生产设施用地面积＿＿＿＿＿＿＿＿＿亩；仓库、管理和生活用房及配套基础设施面积＿＿＿＿＿＿＿亩。

B02 流转获得的土地是否获得政府颁发的土地经营权证？＿＿＿＿＿＿＿

［1］是；　　　　　　　　　　　［2］否（跳转至 B03）

B021 经营权证实际核发的经营面积为＿＿＿＿＿＿＿＿亩

B03 经营土地是如何获得的？＿＿＿＿＿＿＿＿＿＿＿

［1］与村民自行协商转让；　　　［2］土地入股合作；

［3］由村集体帮助协调转让；　　［4］由村集体集中后统一发包转让；

［5］通过土地流转服务中介转让；［6］其他，请说明＿＿＿＿＿＿＿

B04 土地流转或入股合同订立的时间是＿＿＿＿＿＿＿＿年

B041 合同规定的土地经营使用权的期限是＿＿＿＿＿＿＿＿年

B042 如果土地是租赁，转入土地的年租金是每亩＿＿＿＿＿＿＿＿元（如粮食请换算），需要一次性缴纳多长时间的租金，即一次付＿＿＿＿＿＿＿＿年的租金（B043）

B044 如果是土地入股（否则跳转至 B05），请回答：2013 年每亩土地每年的分红为＿＿＿＿＿＿＿＿元

B05 当前经营的土地是否集中连片（即是否能够实现规模化经营）? ＿＿＿＿＿＿＿＿
［1］是；   ［2］否

B051 经营土地分散在几个地块＿＿＿＿＿＿＿＿块，各自的面积分别是：地块 1
＿＿＿＿＿＿＿＿亩；地块 2 ＿＿＿＿＿＿＿＿亩；地块 3 ＿＿＿＿＿＿＿＿亩；地块 4 ＿＿＿＿＿＿＿＿
亩；地块 5 ＿＿＿＿＿＿＿＿亩（如果不止 5 块地，填写最大的 5 块地）

C. 生产经营情况

C01 生产经营的劳动力投入

C011 家庭或合伙成员投入的劳动力数量＿＿＿＿＿＿＿＿人

C012 雇用的农业工人＿＿＿＿＿＿＿＿人

C013 承包给＿＿＿＿＿＿＿＿户农户经营

C02 当前自有的农业生产设备数量＿＿＿＿＿＿＿＿台，总资产价值＿＿＿＿＿＿＿＿万
元，具体设备的名称是＿＿＿＿＿＿＿＿＿＿＿＿

C03 2012 年的净利润是＿＿＿＿＿＿＿＿万元，2013 年的净利润是＿＿＿＿＿＿＿＿万
元，2014 年预计净利润能有＿＿＿＿＿＿＿＿万元

C04 近 3 年的生产投资情况

（单位：元）C0301_2012-C0314_2014

	2012 年	2013 年	2014 年
01 购买生产设备			
02 建生产性房舍（畜舍、厂房、仓库等）			
03 租用土地支出			
04 生产设施改造（大棚、温室、灌溉等）			
05 买种苗/种畜禽			
06 购买农药化肥			
07 租用农机设备			

续表

	2012 年	2013 年	2014 年
08 饲料/兽药/防疫			
09 购买农膜、套袋等			
10 水/电/燃料费			
11 雇工支出			
12 税收支出			
13 农业保险保费支出			
14 其他（请说明_____）			

C05 近 3 年的毛收入（不扣除经营成本）情况

（单位：元）C0401_2012-C0408_2014

	2012 年	2013 年	2014 年
01 粮食作物种植收入			
02 经济作物种植收入			
03 养殖业收入			
04 工商经营收入			
05 房屋土地出售或租赁收入			
06 政府支持生产的补贴与奖励			
07 其中：农业保险保费补贴			
08 其他（请指出：_____）			

C06 生产的产品如何销售？_____

［1］商贩来收购；　　　　［2］加工企业收购；

［3］合作社/协会组织统一销售；　［4］直送超市；

［5］网络电商平台；　　　［6］消费者直接订购；

［7］消费者来观光、采摘；　［8］自有直营店；

［9］其他，请说明_____

C07 通过统一购销、生产服务、技术支持等方式与_____户农户有业务关联

D. 金融需求行为

D01 是否以农村土地使用权或住房为抵押申请过贷款？_____（可多选）

[1] 没有（跳转至 D05）；

[2] 以农村承包土地经营权或收益权（回答 D02 部分）；

[3] 以农村住房（回答 D03 部分）

D02 农村承包土地经营权抵押贷款获得的时间是_____年，获得的贷款金额是_____万元，贷款期限_____年，年利率约合_____%

D021 用于贷款抵押的农村承包经营权面积_____亩，剩余经营期限_____年，评估价值_____万元，评估、中介等费用_____元

D022 贷款评估时是否考虑地上附着物的价值_____（[1] 是；[2] 否），计入评估价值的地上附着物具体有什么？（请说明）_____评估价值为_____万元

D023 该笔贷款的用途是_____（可多选）

[1] 农业生产基础设施建设投资；　[2] 购置农业机械设备；

[3] 支付土地租金；　　　　　　　[4] 引进新技术、新品种等；

[5] 购买化肥、饲料、农膜等农业生产资料；

[6] 支付人员工资；　　　　　　　[7] 工商业创业投资；

[8] 其他，请说明_____

D024 该笔贷款是否已经或者能够按期偿还_____

[1] 还未到期，但肯定能够偿还；　[2] 还未到期，还款还存在不确定性；

[3] 已经到期还款

D03 农村住房抵押贷款获得的时间是_____年，获得的贷款金额是_____万元，贷款期限_____年，年利率约合_____%

D031 用于贷款抵押的农村住房面积_____平方米，宅基地占地面积_____亩，评估价值_____万元，评估、中介等费用_____元

D032 该笔贷款的用途是_____（可多选）

[1] 农业生产基础设施建设投资；　[2] 购置农业机械设备；

[3] 支付土地租金；　　　　　　　[4] 引进新技术、新品种等；

[5] 购买化肥、饲料、农膜等农业生产资料；

[6] 支付人员工资；　　　　　　　[7] 工商业创业投资；

[8] 其他，请说明_____

D033 该笔贷款是否已经或者能够按期偿还_____

[1] 还未到期，但肯定能够偿还；　[2] 还未到期，还款还存在不确定性；

［3］已经到期还款

D04 如果上述农村土地使用权或住房抵押贷款不能偿还，您将会怎么办？
_____（也可自行描述）

［1］放弃土地、房产及相关附着物，任凭银行处置；

［2］想方设法筹集资金还上；

［3］继续偿还利息和支付租金，希望银行贷款延期；

［4］其他，请说明_____

D05 除了上述农地抵押贷款外，近4年内是否还有其他的借款或贷款_____

［1］是；   ［2］否（跳转至D06）

D051 除了上述农地抵押贷款外，其他的借款或贷款的总额是_____
万元

D06 到目前为止，该经营组织（包括法人及负责人个人）的负债余额（即
未偿还借款）还有_____万元

D07 已有的所有借款是否能够满足你的生产发展的需要？_____

［1］是（跳转至D08）；   ［2］否

D071 您还需要_____万元贷款才能更好地满足生产发展的需要

D08 您最希望能够用于抵押申请贷款的资产是什么？_____

［1］农村土地经营权；   ［2］农村住房；

［3］农村集体建设用地；   ［4］农业机械设备；

［5］农业生产性设施（包括大棚、畜舍、鱼塘、灌溉设施及其他辅助基础
设施）；

［6］预订订单；   ［7］保险保单；

［8］其他，请说明_____

D09 请你具体说明一下2011~2014年金额最大的三笔借款的情况

D091 第一笔借款的情况

（1）借款的时间_____年，借款金额是_____万元，借款期限
_____月，年利率约合_____%

（2）借款的来源是_____

［1］农村信用社；   ［2］农业银行；

［3］村镇银行；   ［4］其他银行；

［5］小额贷款公司；   ［6］资金互助社；

［7］亲戚朋友；　　　　　　　［8］民间高利贷；

［9］其他，请说明＿＿＿＿＿＿

（3）借款的用途是＿＿＿＿＿＿＿＿＿＿＿

［1］农业生产基础设施建设投资；［2］购置农业机械设备；

［3］支付土地租金；　　　　　［4］引进新技术、新品种等；

［5］购买化肥、饲料、农膜等农业生产资料；

［6］支付人员工资；　　　　　［7］工商业创业投资；

［8］家庭消费；　　　　　　　［9］归还其他贷款；

［10］其他，请说明＿＿＿＿＿＿

（4）借款是否需要抵押或担保？＿＿＿＿＿＿＿＿＿＿

［1］都不需要；

［2］需要抵押，抵押物是＿＿＿＿＿＿（①城市房产；②个人汽车；③有价证券；④其他）；

［3］需要担保，由谁担保＿＿＿＿＿＿（①亲戚朋友；②乡村干部；③合作社社员；④小组联保；⑤担保公司；⑥其他，请说明＿＿＿＿＿＿）

D092 第二笔借款的情况

（1）借款的时间＿＿＿＿＿年，借款金额是＿＿＿＿＿万元，借款期限＿＿＿＿＿月，年利率约合＿＿＿＿＿％

（2）借款的来源是＿＿＿＿＿＿＿＿＿＿

［1］农村信用社；　　　　　　［2］农业银行；

［3］村镇银行；　　　　　　　［4］其他银行；

［5］小额贷款公司；　　　　　［6］资金互助社；

［7］亲戚朋友；　　　　　　　［8］民间高利贷；

［9］其他，请说明＿＿＿＿＿＿

（3）借款的用途是＿＿＿＿＿＿＿＿＿＿＿

［1］农业生产基础设施建设投资；［2］购置农业机械设备；

［3］支付土地租金；　　　　　［4］引进新技术、新品种等；

［5］购买化肥、饲料、农膜等农业生产资料；

［6］支付人员工资；　　　　　［7］工商业创业投资；

［8］家庭消费；　　　　　　　［9］归还其他贷款；

［10］其他，请说明＿＿＿＿＿＿

（4）借款是否需要抵押或担保？＿＿＿＿＿＿＿＿＿＿

［1］都不需要；

［2］需要抵押，抵押物是＿＿＿＿＿＿（①城市房产；②个人汽车；③有价证券；④其他）；

［3］需要担保，由谁担保＿＿＿＿＿＿（①亲戚朋友；②乡村干部；③合作社社员；④小组联保；⑤担保公司；⑥其他，请说明＿＿＿＿＿＿）

D093　第三笔贷款的情况

（1）借款的时间＿＿＿＿＿年，借款金额是＿＿＿＿＿万元，借款期限＿＿＿＿＿月，年利率约合＿＿＿＿＿％

（2）借款的来源是＿＿＿＿＿＿＿＿

［1］农村信用社；　　　　　　　［2］农业银行；

［3］村镇银行；　　　　　　　　［4］其他银行；

［5］小额贷款公司；　　　　　　［6］资金互助社；

［7］亲戚朋友；　　　　　　　　［8］民间高利贷；

［9］其他，请说明＿＿＿＿＿＿

（3）借款的用途是＿＿＿＿＿＿＿＿

［1］农业生产基础设施建设投资；［2］购置农业机械设备；

［3］支付土地租金；　　　　　　［4］引进新技术、新品种等；

［5］购买化肥、饲料、农膜等农业生产资料；

［6］支付人员工资；　　　　　　［7］工商业创业投资；

［8］家庭消费；　　　　　　　　［9］归还其他贷款；

［10］其他，请说明＿＿＿＿＿＿

（4）借款是否需要抵押或担保？＿＿＿＿＿＿＿＿＿＿

［1］都不需要；

［2］需要抵押，抵押物是＿＿＿＿＿＿（①城市房产；②个人汽车；③有价证券；④其他）；

［3］需要担保，由谁担保＿＿＿＿＿＿（①亲戚朋友；②乡村干部；③合作社社员；④小组联保；⑤担保公司；⑥其他，请说明＿＿＿＿＿＿）

表 A-2　金融机构金融服务创新问卷调查

1. 贵公司的名称是＿＿＿＿＿＿＿＿＿＿＿，机构性质属于＿＿＿＿＿＿＿＿＿＿

　A. 国有商业银行　　　　　　　　B. 农业政策性银行

　C. 农村商业（合作）银行　　　　D. 地方股份制银行

　E. 村镇银行　　　　　　　　　　F. 农业担保机构

2. 贵公司近3年基本业务经营情况调查表

年份	总资产 （亿元）	总负债 （亿元）	总利润 （亿元）	存款余额 （亿元）	贷款余额 （亿元）	不良贷款率 （%）	从业人员规模 （人）
2014							
2015							
2016							

3. 贵公司近3年全口径涉农贷款发放情况调查表

年份	业务数量 （笔）	年利率 （%）	不良率 （%）	实际贷款金额 （万元）
2014				
2015				
2016				

4. 贵公司近3年农村企业贷款发放情况调查表

年份	业务数量 （笔）	年利率 （%）	不良率 （%）	实际贷款金额 （万元）
2014				
2015				
2016				

5. 贵公司近3年农户贷款发放情况调查表（去除"两权"抵押贷款）

年份	业务数量 （笔）	年利率 （%）	不良率 （%）	实际贷款金额 （万元）
2014				
2015				
2016				

6. 贵公司开展农村土地承包经营权抵押贷款意愿调查表（请在相应选项后的□中打√）

是否开设农村土地承包经营权抵押贷款业务	开展农村土地承包经营权抵押贷款的意愿	对于承包土地类型的选择主要为	利用农村土地承包经营权抵押贷款对抵押物的要求是	目前农村土地承包经营权抵押贷款的主要难点是	造成这些难点的主要原因是
①是□ ②否□	①非常愿意□ ②愿意□ ③一般□ ④不太愿意□ ⑤不愿意□	①耕地□ ②园地□ ③草地□ ④水面□ ⑤滩涂□ ⑥其他＿＿□	①有权证□ ②已进行抵押登记□ ③土地已流转□ ④土地已实现规模经营□ ⑤土地未被纳入征收范围□ ⑥土地未受污染或损毁□ ⑦其他＿＿＿＿□	①价值评估难□ ②贷款手续烦琐□ ③抵押处置难□ ④贷款管理难□ ⑤价值变现难□ ⑥其他＿＿＿＿□	①缺少专业评估机构□ ②缺乏统一评估标准□ ③流通市场不健全□ ④风险分担机制不完善□ ⑤信息不对称□ ⑥法律约束强□ ⑦其他＿＿＿＿□

7. 贵公司近3年开展农村土地承包经营权抵押贷款的情况统计表

年份	业务数量 （笔）	年利率 （%）	不良率 （%）	面积 （亩）	评估价值 （万元）	实际贷款金额 （万元）
2014						
2015						
2016						

8. 贵公司开展农户住房产权抵押贷款的意愿调查表（在相应选项后的□中打√）

是否开展农户住房抵押贷款业务	开展农户住房产权抵押贷款的意愿	开展农户住房产权抵押贷款对抵押物的要求是	目前农户住房产权抵押贷款的主要难点是	造成这些难点的主要原因是
①是□ ②否□	①非常愿意□ ②愿意□ ③一般□ ④不太愿意□ ⑤不愿意□	①有权证□ ②已进行抵押登记□ ③已在国土部门备案□ ④房屋无破损，能正常使用□ ⑤其他_____□	①价值评估难□ ②农房变现难□ ③抵押处置难□ ④法律约束强□ ⑤其他_____□	①农房流转受限，可能形成"有价无市"的局面□ ②一户农户只有一处宅基地，难以对抵押物进行强制执行□ ③农房评估标准不统一□ ④其他_____□

9. 贵公司近3年开展农户住房产权抵押贷款的情况统计表

年份	业务数量（笔）	年利率（%）	不良率（%）	面积（平方米）	评估价值（万元）	实际贷款金额（万元）
2014						
2015						
2016						

10. 贵公司对农村贷款的主要形式为（可多选）：

A. 信用贷款　　　　　　　　B. 保证（担保）贷款

C. 抵押贷款　　　　　　　　D. 质押贷款

E. 其他

11. 贵公司对农村贷款申请人主要看重的是（可多选）：

A. 信用记录　　　　　　　　B. 还款能力

C. 生产经营状况　　　　　　D. 产权资产变现能力

E. 产权资产价值评估可靠性　F. 产权资产处置难易度

G. 有无担保人

12. 贵公司对农村贷款对象的选择偏向于：

A. 专业大户　　　　　　　　B. 家庭农场

C. 农业专业合作社　　　　　D. 农业龙头企业

E. 普通农户　　　　　　　　F. 村集体经济组织

G. 农业社会化服务组织

13. 贵公司认为推进农村产权抵押贷款还需要从哪些方面加以改进（可多选）：

A. 完善农村产权抵押融资法律支撑体系

B. 加大政府财政信贷政策支持力度

C. 建立农村产权收储、评估与管理体系

D. 完善农村产权流转体系

E. 加强相关部门合作，降低监管成本

F. 完善风险分担机制，降低贷款风险

G. 其他_____